中国社会科学院创新工程学术出版资助项目

二十国集团与全球经济治理

高海红 等 ◆ 著

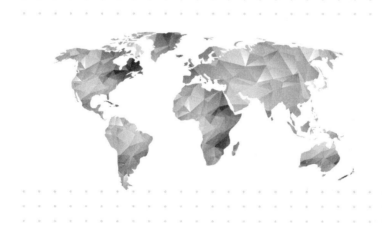

中国社会科学出版社

图书在版编目（CIP）数据

二十国集团与全球经济治理/高海红等著. —北京：中国社会科学
出版社，2016.5

ISBN 978 - 7 - 5161 - 7749 - 5

Ⅰ.①二…　Ⅱ.①高…　Ⅲ.①世界经济—研究　Ⅳ.①F11

中国版本图书馆 CIP 数据核字（2016）第 051496 号

出 版 人	赵剑英
责任编辑	张　林
特约编辑	文一鸥
责任校对	季　静
责任印制	戴　宽

出　　版	中国社会科学出版社
社　　址	北京鼓楼西大街甲 158 号
邮　　编	100720
网　　址	http://www.csspw.cn
发 行 部	010 - 84083685
门 市 部	010 - 84029450
经　　销	新华书店及其他书店

印　　刷	北京明恒达印务有限公司
装　　订	廊坊市广阳区广增装订厂
版　　次	2016 年 5 月第 1 版
印　　次	2016 年 5 月第 1 次印刷

开　　本	710×1000　1/16
印　　张	19.75
插　　页	2
字　　数	325 千字
定　　价	76.00 元

目 录

序　言

在一个高度全球化的世界中，相互依存日益紧密的各经济体面临的全球问题日趋严重且紧迫。所谓全球问题，指的是那些影响广度覆盖了整个世界或绝大多数人口、同时它们的解决需要各国共同努力方可实现的问题。典型的全球问题包括气候变化、生态环境恶化、大规模传染病等，其中贸易与投资机制、国际货币金融体系的稳定和演进，在本次金融危机爆发以来的八年多时间内，一直是全球问题名单榜上最重要的两个议题。

世界各国化解或缓解全球问题的努力，便是所谓的全球治理。理论上讲，全球治理应当让每个国家都参与进来，在协调一致的情况下，形成大家共同遵守的准则与规章。但考虑到当今世界有两百多个经济体，各经济体与治理议题的利益攸关度相差甚大，它们对特定治理议题的影响力又天差地远，因而为了减少集体行动难度，尽量兼顾有效性和代表性，G20 应运而生了。

至少在国际货币金融领域，G20 成员，特别是其核心成员，如美国、欧盟、中国、日本，其影响力之巨大显而易见。这便是高海红研究员及她的同事，选取 G20 与全球经济治理作为研究对象的主因。本书作者在分析全球治理概念和机制的基础上，回顾了 G20 走过的历程，探讨了全球经济再平衡、国际货币体系改革与金融监管、宏观政策协调等一系列重大问题，并给出了有价值的政策建议。他们的研究展现了中国社会科学世界经济与政治研究所国际金融团队的厚重实力与成果质量。

张宇燕

2016 年 3 月 14 日

前　言

　　过去几十年，全球经济一体化不断深入发展，各国之间经济彼此渗透、交互影响。维护一个稳定的全球经济秩序、避免危机发生以及防止危机扩散，已经成为世界各国共同的诉求。2008 年源于发达国家的全球金融危机，其传播幅度之广、影响程度之深，足以反映全球范围内各国经济合作的迫切性。然而在危机期间，原有的包括国际货币基金组织等在内的国际金融机构功能基本丧失，仅仅包括主要发达国家的七国集团峰会在应对全球范围的危机中早已名存实亡。在这样的背景下，二十国集团（G20）迅速成为世界主要经济体商讨危机应对措施的重要平台。在 2008 年升级为领导人峰会以来，G20 已经成为包括发达国家和发展中国家在内的、世界最具有代表性的国家之间的最高协商机制，其与现有的功能性国际金融机构，如国际货币基金组织、世界银行和国际清算银行等密切合作，是世界主要国家在政治层面达成共识的全球性治理机制。

　　确立新的符合世界经济格局变化的全球治理理念，以及提出符合各国诉求又具有可操作性政策主张，一直以来是 G20 的重要使命。相比之下，新的全球治理理论体系建立仍处于探索时期。在政策层面，G20 紧跟世界经济形势变化不断推出重要议题。比如，G20 先后在可持续发展、国际货币体系改革、国际金融机构改革、国际金融监管、宏观政策协调、全球再平衡、大宗商品价格和打击避税等领域进行协商以尽可能达成共识，并通过发布公报、宣言和行动计划等形式体现合作成果。

　　中国作为大型的新兴经济体在全球经济中的重要性日益提高。G20 已成为中国提高在全球经济治理中话语权的重要平台，也是中国与世界主要国家一起分担责任和义务的主要协商机制。2016 年中国又是 G20 峰会的轮值主席国。在这样的背景下，本书讨论 G20 与全球经济治理问题，结合中国在全球治理中新角色，动态跟踪中国在重要领域中的权力获得与义务分担，并提出相应的政策建议。

本书的重点是讨论 G20 的核心议题。其包括：国际货币体系改革、国际金融监管、宏观政策协调和全球再平衡。需要指出的是，随着世界经济形势的变化，G20 的议题也在调整。本书所讨论的议题具有战略性和长期性，并且集中体现了中国在全球经济中的地位和作用变化，以及中国在全球治理中的利益诉求。

本书结构和主要内容如下。

第一章对 G20 重要议题的相关成果进行了文献综述。其包括总结全球治理概念和机制，针对国际货币体系改革、国际金融监管、宏观政策协调、溢出效应分析、公共债务管理和全球经济再平衡在内的重要问题进行文献回顾，提出本书的研究目标的方法论。G20 是一个综合性的全球治理平台，对其研究需要具有系统性。本章对重要议题进行文献梳理和总结，其目的是为后续章节的各项议题分析提供理论背景和框架基础。

第二章对 G20 的发展历程和成员国的基本经济状况进行了分析。本章第一节首先回顾了 G20 的发展历程，包括历次财政部长和央行行长会议及领导人峰会主要议题。第二节对成员国经济形势进行了动态分析，包括成员国的经济增长路径、经济结构特征、政府债务水平的变化过程以及成员国间国际收支失衡的演变。第三节对 G20 峰会议题和重要成果进行了系统回顾。最后是本章的总结和结论。在各国经济政策溢出效应明显加大，发展中国家在全球经济中的重要性不断提高的背景下，应对全球性问题需要各国的合作。从发展进程来看，G20 诞生和兴起与经济危机有关，G20 的发展正是一个不断应对共同挑战和解决共同问题的进程。

第三章研究国际货币体系改革这一 G20 重要议题。本章第一节阐述了国际货币体系改革的必要性，对美元主导体系与国际金融不稳定性、发展中国家在国际货币体系中的被动地位以及储备货币多元化和多层级金融安全网建设进行系统探讨。第二节介绍了国际货币体系改革的主要方案设计和评估，包括储备货币改革的各项动议以及流动性支持的设计，针对人民币加入特别提款权（SDR）货币篮子的含义进行了考察。第三节探讨了人民币国际化路径以及其对国际货币体系改革的意义。最后是本章的总结。全球金融危机凸显了以美元占主导的国际货币体系的不合理性，现行国际货币体系面临严峻的挑战。在各项改革方案中，实现国际储备货币的多元化是一项具有方向性的选择，其重点是除美元、欧元和日元等现有储备货币之外，提升包括人民币在内的新兴经济体的货币行使储备货币的职能。这其中，人民币国际化是中国自主的政策选择，在全球面临着安全资产的短缺状况，人民币如果成为一项安全资产，加入国际货币行列，这将有助于国际金融市场的稳定。

第四章对 G20 框架下的国际金融监管问题进行了分析。本章第一节分析了当前国际社会金融监管改革的基本共识和分歧，重点讨论了中国参与国际金融监管改革的基本原则和应对措施。第二节考察了国际资本流动现状和成因，并在第三节对资本流动管理措施进行系统分析，阐述了国际资本流动与国际货币体系改革之间的关系，强调 G20 框架下强化资本流动管理国际合作的必要性。最后是总结。全球金融危机暴露出国际金融体系监管严重滞后和不足，在相当程度上助长了金融机构过度负债、金融资产泡沫形成以及金融风险累积。在全球金融风险传染性增大的情况下，G20 探索制定有效的全球银行业监管和资本流动管理规则，这是维护全球金融稳定的重要保障。

第五章研究了宏观政策协调这一重要议题。本章第一节分析了危机以来大行其道的非传统货币政策的实施特点、机制和效果，重点阐述了美国量化宽松政策的实施和推出对全球经济的溢出效应。第二节从主权债务危机角度分析发达国家公共债务的发展和问题。第三节对公共债务的可持续性和管理经验进行了系统研究。第四节对发达经济体非传统货币政策机制、效果和溢出效应作了详细阐述。最后是本章的结论和政策建议。2009年欧洲主权债务危机爆发，美国、欧洲和日本等发达经济体长期财政收支失衡，主权债务累积的风险显现。为了控制主权债务风险，G20 成员国制订了较为详细的财政整顿计划。然而在发达国家长期宽松的货币政策以及新兴经济体面临的溢出影响加大的情况下，如何切实在 G20 成员国之间开展宏观政策协调，仍然是一个亟待达成共识的议题。

第六章讨论了全球经济再平衡问题。本章第一节分析了全球失衡的表现，剖析了全球失衡产生的深层原因。第二节分析并评估了 G20 再平衡参考指南，例如，主要指标及指标设计原则、指标的讨论与中国的立场、参考性指南指标的最终确定以及对指标谈判阶段的经验总结等。第三节探讨了全球失衡的治理与主要进展，特别是 G20 框架下，全球经济再平衡议题的主要进展；分析了全球再平衡的进展、推动因素，并对全球再平衡进展进行了评估。第四节对再平衡进程进行的数量评估进行了分析。最后是本章的总结和结论。该部分重点指出了全球经济再平衡与保护主义之间的矛盾关系，G20在全球再平衡议题上的拓展以及全球再平衡的前景。

第七章是本书的结论和政策建议。G20涵盖的国家在资源禀赋、经济发展水平等方面存在显著的差异，这正构成了在G20平台上展开合作的重要基础。针对国际货币体系改革、国际金融监管和资本流动管理、宏观政策协调以及全球再平衡等重要议题的系统分析，本章总结出重要的结论和政策建议。本章特别强调中国参与G20具有的重要意义以及如何借助G20平台实现符合中国利益。

本书研究基于作者对相关领域的长期系统跟踪研究，以及与政府决策部门、国内和国际同行的广泛交流，并以大量的原始文件为基础。本书写作的研究方法运用定性和定量分析相结合，同时运用宏观经济学、国际金融和政治经济学等学科的理论框架，对重要问题进行文献梳理和逻辑分析，对特定问题进行实证检验和情景分析，这为研究成果所得出的结论和各项政策建议提供了理论依据，并对相关问题的学术研究提供了文献参考。

本书是国家社会科学基金重点项目"二十国集团面临的全球治理重点问题研究"（11AGJ001）的研究成果，也是中国社会科学院创新工程"中国参与国际金融体系重建"的成果。国家社科基金重点项目的主持人为高海红研究员。项目组成员包括：黄薇博士、徐奇渊博士、肖立晟博士、李远芳博士、刘东民博士和邹晓梅博士。

在本书写作中，高海红负责总体协调、结构设定、内容整合和文字修订。具体议题的研究分工包括，黄薇和邹晓梅负责G20治理进程和G20国家经济形势的描述；高海红和徐奇渊负责国际货币体系改革议题研究；肖立晟和刘东民负责国际金融监管议题研究；肖立晟和李远芳负责宏观政策协调问题研究；黄薇和李远芳负责全球经济再平衡问题研究。本书写作得益于张明、陈思翀、何帆、高蓓、韩剑和杨盼盼等同仁的学术研究，作者在此表示感谢！

高海红

2015年12月

第 一 章

G20 重要议题的文献综述

从 2008 年 G20 升级为领导人峰会，成为全球治理的重要合作平台以来，学术界对 G20 及其在全球治理中的作用进行了广泛的研究。尽管目前对全球治理概念尚未形成共识，但针对 G20 框架下的重要议题的讨论已有较多的文献。本章首先对全球治理概念和机制进行总结，然后对包括国际货币体系改革、国际金融监管、宏观政策协调、溢出效应分析、公共债务管理和全球经济再平衡在内议题的重要文献进行回顾和评论。本章的最后提出本项目研究目标、方法论和创新之处。

第一节　全球治理的概念和机制研究

由于关注点和表述方式的差异，全球治理尚未形成一个完全统一的概念。[①] 全球治理委员会认为，"治理"是个人和公私机构通过运用强制力实施权力的正式制度和统治方式（也包括非正式的约定）协调相互冲突利益、管理其共同事务的各种方式的总称（卡尔松和兰法尔，1995）。世界银行从谁在治理、如何治理以及治理效果三方面指出了"治理"的内涵构成，包括：政治体制的构成形式；以发展为目的管理经济社会资源时行使权力的过程；设计、制定和实施政策的能力及履行义务的职能。经济合作与发展组织（OECD）给"治理"的定义是，一个社会中为管理其用于社会经济发展的资源而行使权力和实施控制，即其内涵包括确定利益的

---

① 尽管定义尚不统一，但是 1995 年联合国成立 50 周年，全球治理委员会发表的《天涯成比邻—全球治理委员会报告》（Our Global Neighborhood-The Report of the Commission on Global Governance）及《关于全球安全与治理的斯德哥尔摩倡议》（Stockholm Initiative on Global Security and Governance）已被广泛认为是"全球治理"理念形成的重要里程事件。

分配以及统治者和被统治者之间关系的性质（怀斯，2000）。国际关系学者詹姆斯·罗西瑙（罗西瑙，2001）则认为，"治理"涵盖了政府的行为，但也包括许多其他渠道，通过这些渠道，"命令"可以通过确定目标、发出指示和自动政策等形式传导下去。当全球治理的范畴为经济领域时，即形成了全球经济治理。概括而言，全球经济治理是指国际社会通过协商合作、建立共识、确定规则等方式，保障合理、有序的国际政治经济秩序规范，并对全球经济事务与经济政策进行协调、指导、管理和干预，以实现经济短期稳定与长期增长。

在 G20 治理机制研究方面，赵瑾（2010）指出 G20 将成为 21 世纪全球经济治理的新机制，是全球经济发展内在三大矛盾的必然产物，发展问题应该被确立为 G20 的首要议题和核心问题，中国应该积极参与 G20 全球治理平台中。[①] 张海冰（2010）分析了 G20 机制化的趋势及其对中国影响。作者指出，金融危机将 G20 由边缘推向中心，G20 机制化是世界经济格局调整的必然结果，对中国而言既是机遇也是挑战。崔志楠和邢悦（2011）指出国际经济权利结构发生了变化，而传统的治理模式难以为继是国际金融治理从"G7 时代"向"G20 时代"转变的根本原因，G20 适应了国际经济权力结构的变迁，在节约制度建设成本上具有相当大的优势。李杰豪和张心雨（2011）认为金融危机加剧了全球治理调整的重要性和紧迫性，G20 作用凸显是全球经济治理的新进展，G20 需要强化全球经济治理制度，追求更加公平的治理，并加强与非国家行为体的机制化联系。Nelson（2013）介绍了 G20 的运作方式，并探讨了 G20 的有效性。李春顶（2013）比较分析了 G20 主要经济体的结构改革路径，作者指出在承诺执行这一方面，产品市场监管和劳动力市场监管改革取得的进展最多，新兴市场经济体取得的进展要大于发达国家。金中夏和李良松（2014）详细分析了 G20 成员国之间的贸易和证券投资数据，并根据其紧密程度将成员国区分为美国集团、欧洲集团、英联邦集团和亚太集团。中国应根据不同集团的特点采取不同措施加强与这些集团的经济联系，特别是亚太集团，并通过加速对外直接投资和证券投资，进一步开放国内资本

---

① 作者认为三大矛盾包括：发展中国家在全球经济中的影响力增强，但其在全球经济治理结构中却被边缘化；全球经济网络化导致全球经济互动加强，但同时全球治理结构却由发达国家单独控制；全球国际生产要素相互融合，但现存三大国际经济组织相互分离。

市场等举措，提升中国在 G20 中的地位。

除了探讨 G20 在全球治理中的作用及前景，学术界也开始对 G20 广泛关注的议题进行深入研究，例如，国际货币体系改革、跨境资本流动、国际金融监管、全球宏观经济政策协调、财政整顿、结构改革和全球再平衡等议题。

第二节　国际货币体系改革研究

2008 年 9 月美国次贷危机全面爆发，并逐步升级成为全球性的金融危机。这促使美国政府对其货币政策、金融监管、经济发展方式等问题进行全面反思。与此同时，当前以美元为核心的国际货币体系，也遭到了广泛质疑：2009 年 3 月，中国人民银行行长周小川公开提出在国际储备中扩大特别提款权（SDR）用途，以降低对美元作为国际储备货币的依赖程度的建议。并且，这一建议得到了包括俄罗斯、巴西等新兴经济体的积极响应；法国总统萨科齐也于不同场合多次表态，支持国际货币体系的多元化设想。此后，对现行国际货币体系进行改革的反思和呼声越来越多，这些讨论甚至被纳入 G20 峰会的议题中。另外，在联合国框架下，由经济学家斯蒂格利茨牵头，成立了有多国经济学家参与的国际货币金融体系改革委员会，并对国际货币体系改革提出了具体的政策报告。尽管在可预见的未来，美元的地位仍将难以动摇；但不可否认的是，国际货币体系改革已经悄然酝酿，近年来以人民币国际化为代表的新元素也正在助力推动国际货币体系的多元化。随着国际货币体系内在矛盾的进一步积累，国际货币体系改革必将成为一种历史发展趋势。本节重点针对国际收支调节机制、国际货币基金组织投票权改革以及人民币国际化这三个方面对现有研究文献进行总结。

一　国际货币体系国际收支调节机制研究

国际货币体系的两大基本职能分别是为国际交易提供流动性和促进经常项目失衡的调整（Yu，2010）。国际货币体系的演进，正是以这两大基本职能为线索的。当这两方面职能都能正常发挥作用时，则国际货币体系将维持运转；但是，当其中一项或者两项职能的实现面临障碍，而且这种障碍是当前国际货币体系必然导致的，则旧的体系将被新的体系所替代。

迄今为止，国际货币体系主要经历了金本位制①、金汇兑本位制②、布雷顿森林体系③以及后布雷顿森林体系（或称牙买加体系)④。其中，在布雷顿森林体系之前的数十年中，国际货币体系呈现分裂、无序状态，各国纷纷实行"以邻为壑"、竞相贬值的汇率政策，也曾经一度使国际货币体系陷入持续动荡。

在国际金本位的历史时期，由于黄金产量稳定增长，而实体经济规模相对有限，因此黄金能够为国际交易提供充足的流动性；另外，由于价格—铸币流动机制（休谟；1752），黄金的自由流动也能对国际收支经常项目做出迅速和有效的调整。但是，金本位条件下，价格—铸币流动机制对经常项目的调整往往是痛苦的，例如赤字国将面临黄金外流，然后通过货币供给的紧缩来重新实现进出口的平衡；而且，随着经济的发展，黄金提供的流动性越来越难以满足实体经济的需要。因此，国际金本位制逐渐面临危机。

之后的金汇兑本位制，由于本国纸币与黄金的可兑换性受到了各种约束，因此实际上在给定黄金数量的基础上，就增大了货币的创造乘数，并由此满足了流动性的需求。但是，在 1928 年美国的货币紧缩政策之后，大量黄金流入美国，这加剧了黄金分布的不均；之后大萧条导致的欧美银行危机，使得黄金到基础货币的创造乘数、基础货币到 M1 的创造乘数大幅下降（Bernanke，1995），在给定黄金数量的情况下，即产生了严重的货币数量紧缩。最终，在银行危机和汇率危机的双重冲击下，国际金汇总本位制崩溃了。这种体系的不稳定源于以下几方面：（1）基础货币并非外生，基础货币也需要由黄金数量经过一个内生的货币乘数创造得到，因此，这更加强了货币数量的内生性。（2）在货币创造乘数下降的情况下，为了增加货币供给只有提高基础货币数量，为此各国只有对有限的黄金展开"争夺战"，这将加剧体系的不均和无序。(3) 在银行危机和汇率危机冲击下，尤其是在国际资本自由流动的情况下，国际金汇兑本位制的附属

---

① 19 世纪中后期至第一次世界大战之前。

② 第一次世界大战后，美国实行了金币本位制，英法两国实行金块本位制，其他欧洲国家以之为中心实行了金汇兑本位制。

③ "二战"后，在美国主导下建立的国际货币体系，本质上也是国际金汇兑本位制，只不过各国货币均通过美元与黄金挂钩。

④ 1976 年，IMF 在牙买加召开会议达成了"牙买加协议"，取消了黄金—美元—各国货币的"双挂钩"平价体系，承认浮动汇率的合法性，允许成员国自由选择汇率制度。

国家缺乏有效的政策来应对危机（Bernanke，1995）。

布雷顿森林体系避免了之前金汇兑体系的一些矛盾。首先，"二战"后，美国拥有全世界 70% 以上的黄金储备；因此，在兑换有所限制的情况下，美国可以通过黄金—美元—各国货币的"双挂钩"体系，为全球其他国家提供流动性。其次，由于美国在"二战"后确立的国际地位，以及"二战"后对金融体系、汇率体系的重塑，国际金汇兑体系下的货币乘数可能实现相对的稳定。最后，布雷顿森林体系允许各国对国际资本流动进行限制，并且通过 IMF 对长期的国际收支失衡提供调整帮助。在"二战"后的 20 多年中，布雷顿森林体系对国际金融秩序起到了稳定的作用。但是，正如特里芬（1960）指出的，在该体系下必将产生的一个矛盾是：美元为其他国家提供流动性，以及同时保证其他国家对美元的信心，两者之间存在根本性的冲突。这正是著名的特里芬两难。历史验证了特里芬的预言，"二战"后欧洲各国普遍面临的"美元荒"，逐渐演变为 20 世纪 70 年代前后出现的"美元灾"。

在为其他各国提供美元流动性，以及保持国际市场对美元的信心之间，貌似存在折中的可能；如果是这样，那特里芬两难中间似乎另有一条蹊径。但实际上，美元的流出就意味着美国国际收支逆差的积累，而各国经济贸易的发展意味着对流动性的需求越来越大；在这样的情况下，美国国际收支逆差不断积累，最终美元还是要面对流动性的信心的两难选择。这是任何一个主权货币充当国际本位币都将面临的问题，回顾布雷顿森林体系重建之初，凯恩斯计划提出建立班考（Bancor）的设想，不得不赞叹其目光之长远。而特里芬难题，以及最后美国国际收支逆差的持续积累表明：布雷顿森林体系无法同时提供充足的流动性和实现对国际收支进行调整这两项职能，因此最终被新的牙买加体系所替代。

现行的国际货币体系是在 1976 年签订的《牙买加协议》基础上，几经修订演变而来，也被称为牙买加体系。该体系吸收了布雷顿森林体系的经验教训，确认浮动汇率制度的合法地位，实现黄金的非货币化和多种储备货币并存，建立了特别提款权这一特殊储备资产。

美国次贷危机引发的金融危机已经渐次演变为中长期内发达经济体面临的主权债务问题。这些问题实际体现了当前主要前国际货币体系中蕴含的巨大风险和缺陷，对现行国际货币体系进行改革的呼声随之高涨。2009年 4 月为应对金融危机，英国伦敦召开的 G20 首脑峰会提出国际货币体系改革问题：涉及加强金融监管和国际金融机构增资与配额改革问题。同年9月，在匹兹堡的G20峰会进一步落实了以上问题。2010年加拿大多伦多峰会和首尔峰会则从国际金融高管选拔、IMF投票权改革、金融监管等方面进行了讨论，并通过了IMF份额改革报告、Basel Ⅲ以及与资本流动和SIFI国际准则和原则方面的内容。2012年在法国政府的推动下，对于国际货币体系改革的讨论得到了加强，频频召开与国际货币体系改革相关的高级别研讨会，峰会也呼吁建立一个更稳定、更抗风险的国际货币体系，扩大IMF的SDR货币篮子、加强金融监管等。2016年IMF将人民币纳入SDR篮子之中，这一重要事件也进一步引发了国内外各界对现行国际货币体系的关注和探讨。

　　国际货币体系对于全球经济活动影响深远，其形成过程不仅依赖经济格局，而且也受到历史、文化、国际关系等多种因素的制约。在旧体制主要受益者仍起主导作用的情况下，对现行国际货币体系改革或者改变并不是一项短期的、容易的任务。但是，国际社会的声音和努力已经昭示了这种变化已经以一种渐进的方式在进行。联合国国际货币与金融系统改革委员会以及早先的研究（Ocampo，2010 a，b；Williamson，2010）指出，旧有的国际货币体系是导致全球金融不稳定和经济疲软的主要原因。2002年以来，美元价值出现大幅波动，且存在显著的长期贬值趋势。美元已经不再适宜作为一个好的价值储藏媒介。Stiglitz和Greenwald（2010）对当前以美元为核心的国际货币体系提出了严厉批评，认为该体系具有内在的不稳定性（特里芬两难）、中心国家与外围国家的不平等性、与全球充分就业目标的不相容性（通货紧缩压力）、给储备货币发行国带来长期的成本与风险等问题。

二　人民币国际化研究

　　针对人民币国际化的文献近年来可以说是汗牛充栋。在20世纪90年代，研究重点是评估人民币在周边国家流通状况、数额和地域分布，目的是评估境外人民币流通对跨境资本流动的影响。随后，人民币国际化研究迅速转向一系列政策性分析。这些研究的主要内容包括如下几个方面。一是针对人民币国际化的成本收益展开讨论；二是分析人民币国际使用对中国国内货币政策的有效性产生怎样的影响；三是研究人民币国际化对国际货币秩序的影响；四是针对人民币离岸市场发展，引发了对人民币离岸中心建设、各个离岸市场之间的关系以及跨境人民币流动动态监控的讨论；五是与人民币国际化配合的各项政策时序问题。其中，中国资本项目开放、汇率政策的灵活性、国内金融市场发展和金融体系改革之间如何协调，成为讨论人民币国际化成功与否的关键。需要指出的是，在政策时序问题上存在较大的争论。主张快速推进资本项目开放的观点认为，只有开放中国的资本项目才能实现人民币"走出去"的目的。在资本项目开放时序和风险的可控性方面，这一主张所持有的观点也相对乐观，比较有代表的是中国人民银行一些研究结论，比如中国人民银行调查统计司课题组（2012）的研究。而一些经济学家则认为，快速的资本项目开放和缓慢的国内金融改革，只会增加资本流动风险，甚至阻碍人民币国际化进程（张斌 2011；RCIF 2012；余永定 2011；张明 2011）。

我们重点梳理关于人民币国际化含义、人民币国际化与中国资本开放政策关系以及人民币国际化的政策争论和人民币离岸市场发展的研究文献。

（一）人民币国际化的含义

对人民币国际化定义的不同理论诠释，会衍生出不同的政策含义。

1. 货币职能的视角

基于科恩（1971）对货币职能的研究，Kenen（1983）提炼出了一般国际货币的三大功能（计价单位、交易媒介、价值储藏）在两个部门（政府部门、私人部门）的六种组合情况（表 1.2.1）。这成为后继研究国际货币、对货币国际化程度进行测度的基本框架（Chinn 和 Frankel，2007；Gao 和 Yu，2012）。

表 1.2.1　　　　　　　　国际货币的六种具体功能

货币功能	官方用途	私人用途
记账单位	汇率的驻锚货币	贸易和金融交易计价
交易媒介	外汇干预载体货币	贸易和金融交易结算
价值储藏	外汇储备	金融资产投资

资料来源和说明：作者根据 Kenen, Peter B（1983）"International Money and Macroeconomics," in K. A. Elliott and J. Williamson eds. , World Economics Problems, Institute for International Economics, Washington 整理。

其中，后两个功能的实现需要有现实的货币。在交易媒介功能方面，Grassman（1973）提出的 Grassman 法则。经过 McKinnon（1979）、Carse 和 Wood（1981）、Page（1977）和 Mundell（1983）等的发展，拓展成为以下内容：（1）在发达国家和发展中国家的双边贸易中，发达国家的货币占据了统治地位；（2）在发达国家内部间的出口票据中，本币的重要性因出口国在全球贸易中相应的分量而大小不一，经济规模越小则以本币作为载体货币出口的份额就越小；（3）由于初级产品通常为大宗均质商品，在该贸易领域中，"信息传递的经济性"要求采用单一货币，而美元就是事实上的首选货币。

此外，Rose（1991）、Bayoumi 和 Eichengreen（1994）等研究者，从国家经济实力的差距来考察国际货币体系的结构，这与 Grassman 法则的角度也是一致的。而对于已经成为国际交易媒介的货币，Swoboda（1969）和 Tavlas（1991）分别从规模经济、交易成本的角度进行研究，认为国际货币在使用上具有历史惯性。

在价值贮藏功能方面，Hayek（1970）和 Cooper（1986）都认为，作为一种资产持有形式，货币国际地位的变化在很大程度上取决于这种货币的稳定性。Williams（1968）和 Kenen（1988）等人的研究发现，金融部门的发展以及金融市场的自由化程度是决定货币国际化程度的关键性因素，英镑和美元发展的历史都说明了这一点。

可见，从货币职能的角度定义货币国际化，考察了货币国际化的表现形式和分类，易于对政策进行分类、对货币国际化的进展进行测度和观察。但是，这种定义仍局限于表象，对理解其本质并没有直接帮助，甚至还可能对政策操作造成舍本逐末的误导。

2. 交易网络与分工网络互动的角度

科恩（1971）认为，"货币势力范围"由国家实施的地域影响和市场产生的交易网络影响两者构成。其中：国家这只看得见的手所实施的影响，即货币发行和管理的垄断权主要在本国领土内发挥作用；通过市场交易网络这只无形的手产生的影响，使货币不仅在国内发挥作用，也在本国领土外发生作用。

杨格定理（Young，1928）的重要内容之一也提出：不但市场的大小决定分工程度，而且市场的大小也受到分工程度的制约。杨小凯（1991）采用新兴古典经济学的超边际分析论证了这一观点的正确性。因此，前面所述市场交易网络的扩展过程，实质上受到国内分工程度深化推动，当然这一分工程度的深化是源于国内市场规模的迅速扩大和交易效率的提高（杨小凯，1999）。所以，从本质上来看，国际货币的背后是这样一种经济系统：良好的制度安排使市场交易效率与分工程度形成良性循环。在此基础上造就了国际分工中具有强势地位的国家，而货币国际化就是其分工体系在国际上的进一步扩展（徐奇渊、李婧，2008）。从这个角度来看，可持续的人民币国际化进程，要求中国在国际分工网络中具有强势地位，以此为基础，在货币交易网络中实现人民币的广泛使用。从这个角度来看，人民币国际化不仅需要对外开放，更需要国内改革。正是从这个意义上，国内产业结构的调整升级以及金融市场改革的全面深化，与人民币国际化具有深度的内在契合（徐奇渊、杨盼盼，2014）。

3. 国家权威的角度

张宇燕和张静春（2008）抛开了货币是交易媒介、从而具有长期中性的传统视角，强调应该从货币作为计价单位的属性出发，并且指出：货币具有国家和权力的特征，它反映建立在国家权威基础上的社会信用关系，因此，货币是真实经济的重要变量之一。在此基础上，该研究认为：国际货币体系并非一个中性体系，货币是国家财富的直接创造者。拥有国际货币地位不仅能为发行国带来各种经济利益，还能获得影响别国货币政策的主动权，并主导国际上货币和大宗商品的定价权，从而长期影响别国的经济发展。这种新的理解，主要是从政府、国家权威角度来对货币以及国际货币的性质进行解读。基于这一属性的判断，货币国际化进程也反映了国家间的斗争和权威更迭；由此政府也应在其中起到主导作用。

上述货币国际化的三种视角，分别从表面现象、市场主导、政府主导进行了诠释。实际上，后两者在科恩（1971）的观点中获得了某种程度的统一，他认为，"货币势力范围"由国家实施的地域影响，以及市场产生的交易网络影响两者共同构成。其中：国家权威是看得见的手，而市场交易网络是无形的手。不过科恩（1971）认为，国家力量主要在国内或地域内发挥影响力，而张宇燕、张静春（2008）则指出，国家权威也可以超越国界范围对货币国际化产生影响力。因此，货币国际化的过程中，就出现了市场、政府两种驱动力量，以及对这两种力量关系的不同看法。

所有关于人民币国际化的认识分歧、政策争论，即聚焦于此，尤其是聚焦于下述这样的问题：人民币国际化进程中，是市场起主要作用、顺其自然地发展（Gao 和 Yu，2012），还是政府起主要作用将其作为一个战略（潘英丽、吴君，2012）。如果政府要发挥作用，那么应当以何种方式发挥作用，是基于理论、遵循既定顺序的规则，还是更多地面对现实、倾向于实用主义的做法？①

（二）人民币国际化的政策争论和市场发展研究

围绕人民币国际化对在岸市场的影响以及离岸市场发展中出现的问题，结合理论上对人民币国际化成本、收益的预期，研究者对人民币国际化问题展开了激烈的交锋。

1. 关于人民币升值预期的背景及其伴随的热钱流入问题

人民币跨境结算快速发展的重要背景是单边升值预期（冯孝忠，2010）。为了进一步推进人民币国际化，政府将可能进一步开放资本项目，尤其是开启境外人民币的回流投资趋势，这可能招致更大规模的短期国际资本流入（张明，2011）。而且，一旦人民币升值预期不再继续，则人民币跨境结算的增长势头可能出现停顿；届时，已经形成的人民币资产规模将在香港市场占据实质意义的比例，那么，这种逆动可能引发香港金融市场的不稳定（冯孝忠，2010）。事实上，何帆等（2011）实地调研发现并提出了人民币结算的收、付不平衡现象，佐证了前述观点。Eichengreen（2009）也指出，在人民币单边升值预期背景下，只有接受人民币付款的人才有兴趣参与，这时候人民币国际化进程是"跛足"的。

由于香港人民币存款的主要持有者是企业、持有动机出于升值预期和利差考虑，并且香港的人民币都是等待机会回流境内的，因此，Wang（2011）也认为，香港人民币存款基本可以被看作热钱。不过，He（2011）则认为，香港人民币存款的主要持有者为企业，而且这些企业都是跨境结算的参与方，这恰恰表明绝大部分的人民币跨境结算都是有真实贸易背景作支撑的，并不能完全看成热钱。但 Garber（2011）的分析表明，在升值预期的激励下，即便具有真实交易基础的人民币结算也可能具

---

① 有趣的是，尽管这两个问题的回答都存在争议，但在实践中，官方都采取了一定程度的折中做法。对于第一个问题：官方对"人民币国际化""人民币国际化战略"的描述都非常谨慎。人民币跨境结算试点始于 2009 年 7 月，但直到 2011 年年初官方才有"人民币国际化"的提法。而到目前为止，官方多次在各种场合表明，人民币国际化是一个顺其自然、水到渠成的过程，并且尚未见"人民币国际化"作为一种国家战略的提法。但从其政策行为上来看，其推动人民币国际化的态度是相当积极的。第二个问题的争论及其最后的折中方式，将在下文中提及。

有投机属性，并对国内经济产生影响。在这个争论的背景下，李波、伍戈和裴诚（2013）基于细分数据的研究发现，虽然升值预期对跨境贸易人民币结算具有统计上显著的影响，但这种影响并没有决定性，从而为该领域的争论提供了一个折中的经验结论。

但是 2013 年年初，大量短期流动资金利用人民币跨境贸易结算进行虚假贸易，以套取离岸、在岸市场的利差、汇价差（主要是利差）（吴海英和徐奇渊，2014），表明至少在这段时期，投机因素对人民币跨境结算具有重要的影响。

因此，尽管中国资本管制总体仍然有效（McCauley，2011；Ito，2011），但人民币贸易结算政策的放开和香港人民币离岸市场的建立，为跨境资金的流动打开了新的渠道，甚至进一步刺激了短期资本流动（余永定，2011）。20 世纪 80 年代日元国际化、东京离岸市场的发展，以及在此基础上的跨境"再贷款游戏"，也在这方面提供了教训（殷剑峰，2011）。

2. 人民币国际化将导致外汇储备加速积累，冲击国内货币政策

人民币跨境结算的试点放开和 CNH 市场建立以来的大部分时间里，跨境人民币收、付金额中，付款比例都在 60% 以上，其中 2014 年第 1 季度这一比例为 66.7%（这意味着同期人民币收款比例为 33.3%）。由于进口人民币结算而减少的内地市场上的外汇需求，远大于出口人民币贸易结算带来的外汇供给减少，外汇市场上净供给增加。货币当局为了维持既定的汇率水平不得不购入更多外汇资产，导致外汇储备增加。殷剑峰（2011）、张明（2011）也指出，随着人民币跨境贸易结算的发展，中国对美元风险的暴露不仅没有减少，反而在不断增加。根据国际投资头寸表也可以得出同样的结论（张斌，2011a）。

但马骏（2011）认为，由于 CNH 具有货币创造乘数以及过程的渐进性，离岸市场发展对外储影响可控；且外储增加的同时，对应的一部分人民币并不回流，因此外储增量并不需要全部对冲。不过马骏（2010）的分析直接假设 CNH 货币创造乘数为 2。而 Garber（2011）估算只有 1.07。这意味着相同规模的 CNH 市场扩张，后一种情况下离岸市场将对中国外储产生更大冲击。因此，前者可能低估了离岸市场对内地货币政策的影响。

进一步地，由于人民币跨境结算导致货币当局被迫购入更多外汇，同时投放更多人民币。张明（2011）认为这是对国内货币政策独立性的重

大威胁。陈平和王雪（2012）也认为，随人民币国际化和相应的资本项目开放，政府必然要在货币政策的独立性和汇率的稳定性之间做出权衡和取舍。但是，央行在稳定汇率的同时，使用准备金、央票等工具可以对外汇占款投放进行对冲，回笼外汇渠道投放的货币，从而实现一定程度的货币政策独立性，不过，这种看起来两全其美的做法，货币当局最终还是要为此付出财务损失的代价（张斌，2011a）。

实际上，关于人民币跨境结算是否以及为何导致外汇储备加速增长的争论，在很大程度上还是关于金融改革顺序的争论。徐奇渊和何帆（2012）的研究指出，在面临升值预期、双顺差的背景下，如果给定央行要维持汇率稳定的目标，则跨境结算的全面推进必然带来外汇储备的加速上升。所以应该加快人民币汇率制度改革，增强人民币汇率的弹性，以此作为人民币国际化的配套措施。

3. 关于人民币离岸市场发展的讨论

首先，为什么要发展香港人民币离岸市场。

在资本项目管制的背景下，发展离岸市场必然会对国内货币政策、宏观经济造成冲击。这两者看似矛盾，那么为什么要发展离岸市场，尤其是香港离岸市场？一种解释认为，发展人民币离岸市场有助于推进人民币国际化。何东和麦考利（2011）认为，国外投资者通常倾向于利用离岸市场来增加某种货币的头寸。因此，离岸市场发展有助于推进人民币国际化。而且，即便在资本管制的条件下，只要离岸金融机构在境内银行具有自由支取的清算账户，则人民币国际化并不必然要求资本项目开放。另一种重要理由是风险可控：内地货币当局对香港地区的人民币业务发展能保持控制，香港离岸市场一定程度上可以看作放松资本管制的试点（李稻葵、刘霖林，2008）。

人民币离岸市场建立以后，各项人民币产品在短时间内实现了快速增长。但对此不乏质疑，张斌（2011a）以中国的对外投资头寸表为分析框架，指出其中两大问题是对外资产远大于对外负债，对外资产收益率远低于对外负债的收益率。在人民币仍处于升值趋势的背景下，发展离岸市场将进一步加剧这两大问题。因此，人民币汇率改革、外储体制改革更为迫切和优先。

发展人民币离岸市场倒逼国内金融体系改革，这也是支持发展人民币离岸市场的另一重要观点（黄海洲，2010；何东和马骏，2011；王信，

2011）。但也有不同意见，Murase（2010）结合日本发展离岸市场的历史教训，认为现行人民币在岸—离岸模式，将制造出新的寻租空间和相应的利益集团，反而可能延缓国内金融体系改革的步伐。余永定（2011a）和张斌（2011b）则认为，人民币离岸市场发展对国内宏观经济管理形成了新的压力，但其能否转化成倒逼改革的动力并不确定。

其次，香港人民币离岸市场为何迅猛发展。

Garber（2011）揭示了离岸与在岸市场之间的套汇互动机制，认为人民币升值预期是驱动香港人民币市场发展的核心因素；FDI 和跨境贸易的货币结算，均具有套汇交易的性质。除套汇交易机制之外，余永定（2012）指出还应该考虑套息交易。张斌和徐奇渊（2012）则基于一个贸易商、离岸市场商业银行、对冲基金的多主体框架，解释了资本项目管制的背景下，离岸市场上的套利、套汇活动是如何同时联系运转的。

上述所有争论，实际上最终都可以归结为这样一个问题，即中国的金融市场改革是否应该遵循一定的顺序来推进。具体来说，这个顺序包括利率市场化、汇率制度改革以及与资本项目开放紧密相连的人民币国际化（Yu，2012），甚至还包括更广泛意义上的国内市场改革（张礼卿，2012）。但是，比较激进的观点认为人民币国际化和相关的资本项目开放进程，不必遵循固定的顺序（中国人民银行调查统计司课题组，2012），甚至可以采取与理论顺序完全相反的倒逼方式（黄海洲，2010；何东和马骏，2011；王信，2011），以开放来推动国内市场改革。正是对这一顺序认识的分歧，引发了对上述问题的激烈讨论。有趣的是，在这个争论当中，实践上的共识要大于理论上的分歧，因此，政策决策者似乎采取了一种更加折中的方案（徐奇渊，2013）。

第三节　国际资本流动和金融监管研究

1973 年之后，布雷顿森林体系解体，国际货币体系走向浮动汇率制，与此同时，金融全球化与自由化在全球迅速展开，越来越多的国家开始放弃资本项目管制转而支持金融开放，这使得资本的跨境流动日趋活跃。国际资本流动和金融监管开始受到学术界的广泛关注。

一 国际资本流动研究

20 世纪 80 年代伴随金融开放浪潮，国际资本流动规模不断增大。学术界和国际金融机构针对国际资本流动形式、结构和成因展开了深入的讨论。

首先在资本流动规模、地域和结构特点方面，学界和国际金融机构进行持续的跟踪分析。IMF 发表金融稳定报告，针对国际资本流动的规模和风险等问题进行系统的统计和分析。根据 IMF 的研究，在 20 世纪 80 年代资本流动的高峰时期，发达经济体和新兴市场经济体的资本流动规模都曾达到 GDP 的 5% 以上（IMF，2011a）。20 世纪 90 年代以后，伴随金融危机的不断出现，国际资本流动规模呈现涨落周期波动（IMF，2011b）。这其中，第一次波动从 1995 年第 4 季度开始到 1998 年第 2 季度结束，以亚洲金融危机为转折；第二次从 2006 年第 4 季度开始到 2008 年第 2 季度结束，以美国金融危机为转折；第三次从 2009 年第 3 季度开始至今，资本流动复苏的步伐快于实体经济复苏的速度。

从地域结构来看，凭借强劲的经济增长前景以及政府和私人部门健康的资产负债结构，新兴市场经济体再次成为全球资本重要的流入地，但是在具体的资本流入目的地上则与上一轮资本流动稍有不同，一个重要的变化就是东欧新兴市场经济体和独联体国家的资本流入出现明显的下降，而在此前一轮的资本流动中其吸引的资本总量甚至一度超过亚洲国家，而亚洲和拉美新兴市场经济体资本流入基本达到危机前的规模（IMF，2011b）。

2008 年以来的国际资本流动另一个重要的特点就是资本流动结构发生重要变化，组合投资出现急剧性增长，而以银行资本为主的其他资本和对外直接投资则出现一定下降。相比之前的资本流动，本轮资本流动中组合投资规模占 GDP 的平均比例可以达到 1.2%，而此前这一比例只有 0.3% 左右（IMF，2011b）。这一现象值得注意。首先，由于组合投资的波动性和易变性比直接投资和债权投资更大，因此本轮资本流动在未来发生流动逆转的风险也就更大（张明和郑英，2011）。其次，银行资本流动出现下降，这反映出作为跨境资本流动中介的国际银行体系仍处于资产负债表的修复之中（IMF，2011b），国际金融体系尤其是银行体系仍处在重压之下。最后，对外直接投资在本轮资本流动中也并未出现恢复性增长，这说明本轮资本流动并不是基于坚实的实体经济支撑。因此，本轮资本流动对世界经济的潜在风险冲击将会比历次更大。

其次是针对资本流动动因的研究。Reinhart 和 Montiel（2001）认为，资本流动受到多种因素的影响，具体可以分为三类：拉动因素、推动因素和金融一体化因素。拉动因素（Pull Factors）是指可以改善资本流入目的国发行资产的风险收益状况，以此来吸引更多资本流入该国，这主要是从资本接受国的角度来分析的。推动因素（Push Factors）是指那些降低资本流出国对资本吸引力的因素，例如一国发行资产的风险收益不断恶化，这将促使资本从该国抽逃。与拉动因素相对应，其主要是从资本流出国角度来分析的。金融一体化因素则是从全球角度来分析资本流动，金融一体化程度越高，说明资本流动的障碍越少，资本流动的规模将会越大。在这三种因素中，金融一体化对于资本流动的影响往往被看作一种长期趋势，在短期内其并不发挥主要作用，因此短期资本流动的影响因素主要集中在推动因素和拉动因素上。

IMF（2011c）从周期性因素和结构性因素对影响新兴市场资本流入推动因素和拉动因素作了进一步细分（表 1.3.1）。实证研究表明，全球流动性扩张对新兴市场经济体资本流入，特别是对资产组合投资中的股权资本流入作用明显（Psalida 和 Sun，2011），这也许是本轮资本流动中组合投资规模占比较大的一个原因。

表 1.3.1　　　　　　　影响新兴市场资本流入的因素

	周期性因素	结构性因素
推动因素	◆美国的低利率 ◆全球低风险规避 ◆发达经济体紧张的资产负债表	◆国际资产组合投资多样化 ◆发达经济体低的潜在增长率
拉动因素	◆商品价格高企 ◆资本流入国的高利率 ◆资本流入国的低通胀	◆新兴市场改善的资产负债表 ◆新兴市场高的潜在增长率 ◆贸易开放度

资料来源和说明：IMF "Recent Experiences in Managing Capital Inflows: Cross-Cutting Themes and Possible Framework." February 14, 2011。

美国金融危机爆发之后，全球风险偏好不断变化，这成为短期内影响国际资本流动一个非常重要的因素（Forbes 和 Warnock，2011）。当全球金融风险上升、投资者风险偏好降低时，资本输出国对外资本开始回流，而资本流入国则面临资本突然停止（Sudden Stop）或者逆转，2008 年下半年出现的资本流动枯竭即对应这种情况。而从 2009 年下半年开始，随着金融危机的缓和，全球投资者风险偏好再次上升，资本对外输出重新扩张，全球资本流动迅速恢复。全球风险偏好表现出的这种时变性和不稳定性，放大了资本流动对于全球经济特别是资本流入国经济的冲击，在当前世界经济与金融形势不断动荡的情势下，更需要提起各国监管当局密切注意。

从拉动因素来看，新兴市场经济体良好的经济表现成为国际资本流入的主要吸引因素（2011c）。从历史上看，国际资本流动浪潮的兴起与新兴和发展中经济体经济快速增长的时间恰好契合，从 2003 年开始，新兴和发展中经济体与发达经济体的经济增长差距逐渐拉大且保持平稳（图1.3.1）。美国金融危机以及随之爆发的欧洲主权债务危机使得发达经济体的经济增长前景更加黯淡，相比发达经济体，新兴和发展中经济体高速的经济成长率预示着更多的投资机会与更高的投资收益，国际资本源源不断流入新兴市场经济体也就不足为奇了。此外，一国的外部融资需求、资本账户开放度、制度质量（Ghosh 等，2012）、利率水平差异（IMF，2010a）等也影响着新兴和发展中经济体的资本流入。

图1.3.1　发达经济体与新兴和发展中经济体经济增长（1980—2016 年）

资料来源：IMF World Economic Outlook Database，September 2011。

对资本流入因素进行"拉动"和"推动"分析识别，有利于帮助资本流入国对于资本流动的有效管理（Fratzscher，2011）。如果影响资本流入的主要因素来自拉动方面，那么对资本流动进行管理的主要对象应该是资本流入国，相关的措施主要为流入国国内相关政策的调整，而如果影响资本流入的主要因素来自推动方面，那么对资本流动进行管理的主要对象应该是资本流出国，除了流出国国内政策进行相应的调整外，资本流入国还可以通过资本管制来避免资本的急剧流入。因此，面对急剧的资本流入，除了区分出拉动因素和推动因素之外，另一个重要的问题就是要识别出哪种因素在资本流动中发挥了更大的作用。

然而，对影响因素作用大小的识别往往依赖于资本流动特殊的时间与背景，甚至学者采用的分析方法不同其结论也会大相径庭，这最终使得这一问题变为技术问题而无定论（表1.3.2）。

有关最近一轮资本流动，Fratzscher（2011）和IMF（2011a）都指出拉动因素在其中发挥了较大的作用。Fratzscher（2011）认为推动因素和拉动因素在不同的资本流动阶段是不断变化的，其认为在2005年至2007年美国金融危机之前阶段以及2007年至2008年金融危机期间，国际资本净流动主要受推动因素的驱动，而在2009年3月开始的新一轮资本复苏中，拉动因素逐渐成为驱动资本流动的主要力量，特别是对于亚洲以及拉美的新兴市场经济体尤为如此。IMF（2011a）也将推动因素和拉动因素在资本流动中的作用进行了动态化处理，其进一步将推动因素细分为全球因素和地区因素，不过与Fratzscher（2011）不同的是，IMF认为自1980年起，国家因素（拉动因素）在国际资本流动中一直发挥着主要作用，而推动因素（全球因素加上区域因素）在亚洲金融危机之后一直到2003年虽然对于资本流动的促进作用有所提高，但是其贡献度最高也不过略微超过40%。但是我们注意到，全球因素在本轮资本流动复苏中作用上升明显，说明全球经济形势变化在本轮资本流动中或将发挥重大作用。

表 1.3.2   推动因素和拉动因素对于资本流动的影响

文献	时间	研究对象	结果
Fernandez-Arias（1996）	1989 年至 1993 年上半年	13 个中等收入发展中国家	推动因素大于拉动因素
Chuhan, Claessens, and Mamingi（1998）	1988 年 1 月至 1992 年 9 月	9 个拉美国家	推动因素和拉动因素相当
		9 个亚洲国家	拉动因素大于推动因素
Kim（2000）	1957 年第 1 季度至 1995 年第 3 季度	4 个发展中国家（各个国家时间段不尽相同）	推动因素大于拉动因素
Hernández et al.（2001）	1977 年至 1984 年	26 个发展中国家	拉动因素大于推动因素
	1987 年至 1997 年	28 个发展中国家	
Mody et al.（2001）	1990 年 1 月至 2000 年 12 月	32 个发展中国家	拉动因素大于推动因素
Baek（2006）	1989 年至 2002 年	5 个拉美国家	拉动因素大于推动因素
		4 个亚洲国家	推动因素大于拉动因素

资料来源和说明：作者根据表中文献整理。

如何有效识别和度量两类驱动因素（拉动和推动）对新兴市场国际资本流动的影响，成为当前学术界和实务界的重点研究对象。对资本流入驱动因素的识别，有助于增强资本流动管理的有效性。如果导致资本流入主要是国内拉动因素，则仅凭资本流入国进行国内政策调整就能有效地降低资本流入；如果导致资本流入主要是外部推动因素，则对国际资本流动的管理就离不开资本来源国的努力；如果拉动因素与推动因素同时发挥着重要作用，那么资本流入国与来源国就必须加强政策协调以管理资本流动。因此，对国际资本流动驱动因素的比较和分解有重要的理论价值和政策含义。

二　国际金融监管政策研究

2008 年金融危机之后，国际金融监管改革成为金融领域的全球热点问题。宏观审慎监管、跨国金融监管合作、系统性风险预警、巴塞尔协议Ⅲ与银行业审慎监管、影子银行监管等既是国际金融监管领域的重点内容，也是 G20 集团讨论的重要议题。

在全球金融危机之前，宏观审慎监管的理念已经提了出来，但是没有受到足够的重视，没有意识到其在防范危机方面的关键性作用。更为重要的是，在宏观审慎监管与货币政策的协调方面，研究成果较少，这直接影响央行在防范金融危机方面的职能设定。因此，在危机后则成为一个研究重点，主要涉及两方面问题：一是宏观审慎监管与货币政策相结合的必要性和有效性；二是两者能否同时成为央行的职能。

IMF 的 Blandchard 等（2010）认为，货币政策仅仅盯住核心通胀率是不够的，资产价格、信贷总量等指标都应该纳入货币政策的考察目标；反过来，宏观审慎监管也无法独立完成金融稳定的任务。因此，货币政策必须和宏观审慎监管结合起来。ECB 的 Angelini 等（2012）通过对银行部门建立动态一般均衡模型，来评估货币政策与宏观审慎监管的相互影响，研究指出，如果货币政策与宏观审慎监管不能相互配合，则有可能产生政策冲突。在金融危机时期，如果央行超越了货币稳定的单一目标而与宏观审慎政策积极配合，则能够通过影响贷款供应而产生显著的经济效益。Vinals 等（2010）的研究认为，宏观审慎监管在维护金融稳定方面的效果显著优于货币政策，如逆周期的资本缓冲和拨备，但是，由于宏观审慎监管产生的效果具有不确定性，因此，还需要货币政策的配合。上述研究均从正面支持了货币政策与宏观审慎监管的结合。但是，Suh（2011）运用动态随机一般均衡模式，却得出了相反的结论，该研究表明，货币政策与宏观审慎监管的最优组合是不组合，即货币政策只负责价格稳定而宏观审慎监管只负责信贷稳定，这意味着两种政策实质上的分离。

对于宏观审慎监管是否应成为央行的职能，同样有不少争议。国际清算银行总裁 Caruana（2010）认为，央行执行宏观审慎监管有两大优势，一是它本来具有强大的宏观经济监测与分析判断能力；二是央行固有的独立性对于执行宏观审慎监管很有帮助，因为实施宏观审慎监管有时并不受政府的欢迎，比如，在经济繁荣期，宏观审慎监管部门会出台收缩性政策制约资产泡沫。Cukierman（2011）则根据央行执行宏观审慎监管在不同时期产生的效果进行了分析，他认为，在危机爆发时期，央行通过承担"最后贷款人"职责可以很好地完成危机治理、保障金融稳定的任务，但是从长期来看，这一职能的行使将损害价格稳定，并影响到央行的独立性。Cukierman（2011）同时指出，央行很难对资产价格泡沫进行判断，这就使其在行使宏观审慎监管职能方面具有缺陷。

伴随金融全球化的不断深入，跨国金融监管问题日益凸显，这已经成为危机后 G20 平台关注的焦点之一。Schoenmaker 于 2012 年提出了金融监管领域的新"三元悖论"（Trilemma in Financial Supervision），即金融稳定、金融一体化和母国监管三者无法同时实现。伴随欧债危机的爆发，这一理论迅速得到学术界和各国政府的高度重视。Schoenmaker（2012）将他的金融监管三元悖论进一步细化为"全球金融稳定、跨国银行和母国监管"的不可能三角，并提出需要在欧盟层面打破母国监管，由欧央行和欧洲银监局共同执行银行业跨国统一监管。事实上，欧洲银行单一监管机制就是在这一理论指导下，并受迫于欧债危机的压力而确立的，这成为学术理论被实践所证实并迅速上升为国际合作政策的典型案例。Pan（2010）首先分析了 2008 年金融危机前的两种错误思想：一是把国际金融监管寄托于非正式的跨国机构；二是忽视了对跨境金融机构和系统性风险的监管，在此基础上他提出，必须要突破现有的国际法律制度，让渡部分国家主权，建立真正的国际金融监管实体，使该实体拥有监管资源和权力。Goodhart（2011）的研究认为，应在国际性的金融监管机构中建立全球强制性规则，包括实行惩罚机制。

虽然系统性风险的识别是金融监管的难点，但是出于监管的需求，这类研究一直是全球金融危机后的研究热点。Acharya 等（2010）通过构建简单模型，来测度单体金融机构对系统性风险的贡献度，研究表明，贡献度与该机构的杠杆率、波动性、相关性、尾部依赖性呈正相关。研究不仅对 2007—2009 年的新兴市场进行了模型测试，还提出应依据贡献度大小对金融机构进行征税，将金融机构的负外部性内部化。Brownlees 和 Engle（2012）构建了 SRISK 指数来预测某一金融机构是否会引发系统性风险，该指数是金融机构的规模、杠杆率和边际预期损失的函数，用以反映市场下行条件下金融机构的资本短缺。通过对 2000 年至 2010 年美国大型金融机构的数据检验，表明该指数可以得到良好的预测效果。

影子银行在全球金融危机中的表现备受诟病，这使得影子银行的监管研究成为一个热点。FSB（2014）发布的《2014 年全球影子银行监管报告》指出，全球范围内广义的影子银行规模在 2013 年增长了 5 万亿美元，达到 75 万亿美元，影子银行对金融系统的潜在风险可能在上升；其资产规模相当于全球金融资产的 25%，银行资产的 50%，GDP的 120%，这个比例自 2008 年来相对不变。针对影子银行系统的作用与监管，Hakkarainen（2014）的研究指出，一个运营良好的影子银行系统对实体经济是有利的，与其非常严厉的管制，不如在管制中竞争。政府应该系统性地监管重要的影子银行机构，同时，传统的银行与影子银行系统的分离也是非常重要的。Godfrey 等（2014）利用颗粒数据（Granular Data），测度了爱尔兰的影子银行。文章使用 FSB 对影子银行的定义，利用 granular 货币市场、投资机构、金融中介公司上报给中央银行的数据，建立了分析测度影子银行的框架。推导出了影子银行系统活动程度的初步估计。

《巴塞尔协议Ⅲ》的出台与实施是危机后国际金融监管改革所取得的最重要成果。但是，这一领域的研究却显示出学者对于新巴塞尔协议的不同看法。Brei 和 Gambacorta（2014）分析了巴塞尔协定Ⅲ中的杠杆率在经济周期中的表现。考虑到金融危机后银行行为模式的结构性转变，文章利用来自世界银行的 14 个发达经济体 1995—2012 年的数据，分析了资本充足率的周期性特点，得出的结论为，《巴塞尔协定Ⅲ》中的杠杆率比风险加权管制资本率更为反周期性：在繁荣时更紧，在衰退时更宽松。Banerjee 和 Mio（2011）分析了流动性管制对银行资产负债表的影响。2010 年，英国出台了更为严格的管制，要求银行持有更多高质量的流动性资产（HQLA），但文章并没有发现更严格的流动性管制，对银行资产负债表总体上有影响，也没有发现其通过减少借贷供给，提高借款利率，对借款给非金融机构有不利的影响。Alpanday 等（2014）构建了一个小型开放经济的凯恩斯型 DSGE 模型，分析了金融冲击和宏观审慎监管对加拿大经济的影响。考虑到名义和实际刚性，文章发现，为了减少家庭债务，针对性的工具，如价值贷款最为有效且成本最小，其次分别是银行资本管制和货币政策。

第四节　溢出效应理论与实证研究

理论上，对于融入全球经济和金融体系的开放经济体，其宏观经济与金融波动会导致经济和金融结构、经济和金融总量及有关资产和商品价格发生变化，由此对与之存在紧密经济和金融联系的经济体产生直接影响。受之影响的经济体会产生适当变化，从而再向外影响其他相关的经济体，如此影响最终会间接传导到诸多国家乃至全球。从这一点看，任何开放国家的经济波动都会产生或大或小的溢出效应，开放国家宏观和金融经济溢出效应早已有之，溢出效应并非新话题。

一　溢出效应的内涵与外延

追溯相关文献，直接对溢出效应的界定大多结合某个领域展开，比如人力资本投资溢出效应、R&D 溢出效应、外商直接投资溢出效应等，还没有发现对开放经济体综合溢出效应进行明确定义的经典资料。可能的原因在于溢出效应十分普遍，容易理解而没有必要进行定义式说明，或者是由于溢出效应涵盖经济社会方方面面的内容，内涵具有较大的复杂性，难以准确把握。尽管 IMF 在近年来发布的官方报告或者研究报告，多次提到溢出效应，但仍然没有给出完整清晰的概念内涵界定。

宏观经济学和金融经济学领域中，仅有较少数的研究应用"溢出效应"这一提法，大部分研究应用"相依性（interdependence）""经济周期协同性（business cycle synchronization）""同步运动（comovement）""脱钩（decoupling）"或者"挂钩（recoupling）""金融和经济一体化（financial and economic integration）""传染性（contagion）"等主题，但其研究实质均涉及了溢出效应。这类研究大致从研究主题上可分为两类。

一类文献关注不同类型经济体之间宏观经济的相依性以及名义和实际冲击的国际传导（international transmission），早期文献主要关注贸易渠道的经济周期联系，近年来则开始逐渐重视金融渠道的经济周期联系。

另一类文献主要围绕金融市场的相依性及有关的金融危机传染性（contagion）问题，从而涉及溢出效应问题。由于金融市场相依性与危机传染性均涉及了宏观基本面及贸易联系等方面因素，而宏观相依性与经济周期的国际传导也涉及了跨国金融联系，两类研究在研究范围上有一定交叉，研究中也相互引用，这显示对于开放经济的研究，传统的宏观经济学与国际金融逐渐在多方面相互借鉴及融合。

二　理论及经验研究综述

针对宏观政策的溢出效应问题，理论界重点以宏观经济相依性为依据，分解各种可能的传导渠道，解析传导机理并分析其效应。这其中不仅包括理论研究，也包括了大量的经验研究成果。

（一）宏观经济相依性及国际传导研究

1. 理论研究

宏观经济相依性指各经济体名义和实际的宏观变量——特别是产出和物价——跨越国境与其他经济体宏观变量的相互影响程度，国际传导则专指这种影响通过何种途径实现。自 19 世纪以来，世界经济就已呈现不同程度的相互依存关系。各国之间通过商品和服务贸易、人员流动、金融和实物资本流动以及信息传输等方式联系起来。这一进程在两次世界大战时期逆转，后又随着布雷顿森林体系的建立及其对国际贸易鼓励而恢复。

20 世纪 70 年代初布雷顿森林体系瓦解后，主要货币与美元之间汇率波动，导致外汇风险私人化，这促使政府放松对跨境资本流动的控制手段和对银行活动的管制，于是开启了国际金融市场自由化的进程，出现以市场为导向的全球金融体系。因此，20 世纪 70 年代中后期以来，主要经济体之间的相互依存关系发展得更为紧密，并随着"亚洲四小龙"以及中国等新兴经济体的陆续崛起，呈现日新月异的局面。

由于经济和金融全球化发展、国际货币体系与各国经贸金融体制的演进，根据冲击的性质（名义或实际）、汇率体制（固定/盯住或浮动）、资本项目开放度（封闭/开放）等基本维度上的区别，国际传导呈现不同的特点。对此，包括货币学派、凯恩斯学派、真实经济周期学派等在内的经济学家对不同时期宏观经济相互依存及国际传导建构有关理论加以阐释。在各种传导渠道中，最直接的是国际收支经常项，经这一渠道对相对价格、产出、收入发生影响，以及由于利差导致的资本流动，实现除风险溢价、税收及交易成本等差异外的利率平价。货币数量论一般将传导机制概括为储备—流动（reserve-flow）传导机制，其次是价格—套利（price-arbitrage）机制。凯恩斯学派则概括为吸收（absorption）渠道和投资组合—平衡（portfolio-balance）渠道的利率调整（Branson，1975）。这些渠道都可能在现实中发挥作用，其相对强度则是一个经验问题。

（1）有关货币冲击国际传导的传统理论

以货币冲击为例。对早期金本位制下的通胀和通缩的国际间传导，古典经济学家大卫·休谟早在 18 世纪中期提出的"物价—现金流动机制（Price Specie-Flow Mechanism）"就已论及。休谟是货币数量论早期的代表人物。根据他的思想，金本位下，一国货币扩张会造成外国的贸易盈余，这一盈余使得金币流向外国，导致外国的货币供给增速上升，从而产生更快的名义收入增长和更高的通货膨胀率。除经过经常项目传导外，货币冲击后国际利差导致的资本项目流动也促进了国际传导。20 世纪 30 年代大萧条的经典案例刺激了相当多的研究者对金本位制度在景气与萧条国际传导中扮演的角色进行深入研究。基本结论是，金本位不能隔绝（insulation）外国的价格波动，是大萧条的扩散深化的直接原因。

与金本位制下一国无法隔绝于外国宏观波动的道理类似，同属于固定汇率安排的布雷顿森林体系下，储备货币国家的货币冲击通过经常账户对其他国家的货币供应、国内支出、价格水平和实际收入产生影响。不过在布雷顿森林体系下，由于资本流动受到管制，货币冲击后由国际利差引发的传导机制被阻隔。

传统上汇率安排一直被认为在货币冲击的国际传导中发挥关键作用。这是因为根据理论，浮动汇率制下货币冲击很大程度上可被隔绝。在资本管制的情况下，本国货币供应增加导致经常账户赤字后，名义汇率会随之贬值，从而又通过经常账户抵消对外国货币供应及支出的影响。这一性质及货币政策独立性的预期是导致国际货币体系转向浮动的理论基础。不过近年经验显示，浮动汇率并没有产生以往理论预期的隔绝效果。理论上对浮动汇率制下宏观经济的相依性提出的解释包括资本流动加快、汇率预期以及政策上的相互依存等（Batten 和 Ott，1985；Burdekin，1989；Darby 和 Lothian，1989；Lastrapes 和 Koray，1990）。如根据蒙代尔—弗莱明—多恩布什模型，在浮动汇率和资本自由流动的情况下，本国货币供应增加不仅导致经常账户赤字，进而引起汇率贬值；还会导致本国利率下降，从而使得资本外流，而这又使得本币贬值，对外国经济产生紧缩效果。

另外，对于浮动汇率制下货币冲击的国际传导，研究者在传统的经常账户和资本账户渠道外，还提出了一些新的国际传导渠道。如 Miles（1978）、Brittain（1981）提出了直接货币替代会导致货币需求函数的相依性，Mckinnon（1982）则提出了间接的货币替代，即本国与外国资产的替代，导致货币需求函数的相依性。另外，还可能存在货币供应上的相依性，如 Mckinnon（1982）提出政策反应函数中包括汇率以及外国利率后会导致本国与外国的货币供应存在关联，Bordo 等（1987）提出了缓冲器效应（buffer stock effect）导致货币供应也存在跨国相依性。

（2）有关实际冲击国际传导的传统理论

实际冲击可能由政府税收和支出政策、技术变化、产品偏好、劳动供给决策、储蓄消费决策等多方面因素引起。对外国的传导效应可通过一系列渠道发生，譬如产品和资产市场上的套利、用一国产品替代另一国产品、对外国产品的需求变动，由于进口投入品成本变动导致的供给变化、生产中的外部性、国内资产价格变化对外国财富的影响等（Stockman，1993）。

实际冲击的国际传导总体较名义冲击更为复杂，如技术或禀赋这样的实际冲击对外国实际变量（如产出、消费）的影响较为显然，但实际冲击对外国货币供应及名义价格的影响是不确定的，还取决于本国与外国产品的替代弹性、贸易品与不可贸易品的替代弹性及跨期替代弹性等（Backus等，1993；Baxter和Crucini，1993）。

由于本研究更多地关注大国政策的溢出效应，因此对于实际冲击的有关文献，将重点关注涉及财政政策国际传导的研究。作为"IS-LM"模型在开放经济下的形式，蒙代尔—弗莱明—多恩布什模型预测，固定汇率制和资本管制情况下，本国政府支出上升将导致国内实际支出和收入上升，进口需求上升，国内的贸易赤字和外国的贸易盈余。在此基础上，两国的实际收入上升幅度取决于乘数效应。不过两国贸易账户的不平衡不会一直持续，赤字国储备下降将使得货币供应下降，从而逆转之前的影响。如允许资本自由流动，政府支出上升使得本国利率提高，这将引发资本流入，进一步提高本国收入，并削弱外国收入上升的幅度。因此，这一情况下财政政策冲击对外国的传导作用要弱于资本受管制的情形（Dornbusch，1976；Mussa，1979）。

浮动汇率制下如果有资本管制，那么，实际冲击类似货币冲击的情况，对外国物价和产出的国际传导也将被隔绝。本国政府支出上升虽会导致贸易赤字和外国的产出上升，但汇率贬值又会抵消这一效应。此时如果资本可以完全自由流动，那么，政府支出上升导致的国内利率上升将带来资本流入，引起本国汇率升值，刺激外国产出。所以蒙代尔—弗莱明模型预测，浮动汇率制下资本若自由流动，那么本国实际冲击将对外国产生正向传导作用。正是基于资本流动使得不同国家的利率紧密联系、货币和财政政策存在溢出效应的前提，Cooper（1985）、Fischer（1987）等提出国际政策协作能产生比各自为政更好的福利效果。

（3）新开放经济宏观经济学

虽然蒙代尔—弗莱明—多恩布什模型在开放经济的政策分析中一直是主流工具，不过，该模型也存在一些局限。第一，它没有在跨期优化行为基础上建立起货币需求函数、储蓄投资行为及贸易平衡方程。第二，模型中预期是静态的。第三，没有考虑国家规模对货币及财政政策有效性的影响。第四，仅考虑资本流量意义上的均衡，而没有考虑存量均衡。第五，模型没有考虑资产和货币跨国配置后的财富效应。

自 20 世纪 80 年代以来，众多研究者分别从不同角度弥补上述缺陷，修正有关开放经济下国际传导的理论模型。一个方向是在充分就业和灵活价格的两国一般均衡模型中融入理性预期和不确定性。另一个方向是在跨期优化模型中引入垄断竞争和名义刚性等刻画市场不完美性的条件。

特别是 Obstfeld 和 Rogoff（1995）认为，由于其同时兼具了传统蒙代尔—弗莱明模型在政策应用中的现实性与跨期优化模型的微观基础，激发了大量对开放经济动态一般均衡模型的研究，并形成所谓"新开放经济宏观经济学（New Open Economy Macroeconomics）"（Lane，2001）这一新的分支。Obstfeld 和 Rogoff（1995）所创始的新开放宏观经济学模型，在政策应用中具有一些鲜明的优势。首先，这类模型可区分冲击的短期和长期效应。其次，模型建立在代表性消费者—生产者的最优化行为上，政策冲击的福利效应因而能得以度量。

根据 Obstfeld 和 Rogoff（1995）最初的模型，本国未被预期的持久性货币供应上升最初将使得本国产出与消费水平提升。本国名义汇率贬值使得贸易条件恶化，加之世界实际利率下降，这都对外国消费产生刺激效应。然而，外国产出所受传导效应的方向却并不固定。这是因为总体消费和相对价格变动对产出的影响相反。不过，本国的经常账户将产生盈余。

这一情况下，货币在长期也不是中性的。由于短期经常项目盈余意味着本国净对外资产持久性的好转，而净对外资产提高带来的净资本收益流入意味着，稳态时存在一个持久性的贸易赤字，使得本国消费高于本国产出。同时，净对外资产的财富效应也会使得本国劳动供给和产出下降，所以引起本国贸易条件持久性的改善。这种非中性体现开放宏观经济中，经济波动不仅仅受流量的影响，也受存量的影响。而从福利比较来看，尽管货币冲击对本国和外国的影响并非对称，但这一模型预测两国福利上升程度却是一样的。

对于本国政府支出永久性上升，Obstfeld 和 Rogoff（1995）的模型则预测，短期内本国收入的上升幅度会超过长期收入的上升。由于本国居民需为政府支出埋单，因此短期内本国居民消费减少量多于政府支出增加量，这导致短期真实利率下降。消费下降还导致本国货币需求下降，因此本国货币贬值，经常账户改善。

在 Obstfeld 和 Rogoff（1995）的开创性研究之后，很多学者对这一模型进行了修正和发展。后续模型的发展方向主要体现在对名义刚性（norminal rigidities）建模方式的改进，考虑对一价定律的偏离，引入金融结构、设定不同偏好与技术、引入不确定性等方面。

这些发展不断丰富了对溢出效应渠道、过程及后果的理解。不过，也正是因为各种理论模型建立在对现实不同的抽象方式上，它们对于溢出效应核心问题的回答有着细微或者显著的差异。譬如与 Obstfeld 和 Rogoff（1995）不同，Corsetti 和 Pesenti（2001）的模型更为突出内生的贸易条件对本国货币政策福利后果的影响。他们提出，本国货币供应增加将对外国产生正福利效果，而对本国的福利效果正负方向不确定。因此，理论模型提供的各种逻辑可能性，还需经过实证研究来判断其与现实是否相关。

（4）宏观周期国际传导中的金融因素

近年来，特别是在本次美国次贷危机导致全球性的金融和经济危机之后，越来越多的学者开始认识重视金融市场在宏观经济冲击国际传导以及冲击放大中具有关键作用。Krugman（2008）就提出，传统的多国宏观模型缺少一个关键的"国际金融乘数（international finance multiplier）"。所谓"国际金融乘数"，即一国的金融冲击通过金融或资产负债表联系同时影响本国及其他国家的投资活动。

对此，Devereux 和 Yetman（2010）建立了一个两国模型说明通过资产负债表渠道的国际传导，即金融市场的去杠杆化如何导致其他经济体的宏观经济遭受冲击。模型将金融市场杠杆率约束引入对宏观冲击国际传导的分析。与此类似，Kollman，Enders 和 Muller（等）（2011），Dedola 和 Lombardo（2012）也通过将国际金融市场结构特点如国际投资者、全球性银行、资本充足率等引入国际宏观模型，来说明同一问题。

另外，本次危机还引起研究者重视美元国际地位对宏观冲击国际传导的影响。由于美元在国际贸易中是主要的计价货币，不仅美国进出口以美元计价，不涉及美国的贸易也大量以美元计价（Goldberg 和 Tille，2009；

Cook 和 Devereux，2006），这使得边缘国家即便与美国仅存在有限的贸易，它所受美国货币政策的影响会因美元作为计价货币这一因素而放大。Goldberg 和 Tille（2012）对新开放经济宏观经济学基本模型进行拓展，建立一个中心—边缘国家模型说明了这一机制。引起这一机制的根本原因在于，汇率传递对美国及其他国家是不对称的。

2. 实证研究

对国际货币体系不同阶段下货币及实际冲击的国际传导经验，有关学者开展了多方面的实证研究。由于各个阶段汇率安排、资本流动及宏观经济政策实践上均存在不同特点，这意味着体制因素是各种实证结论的前提，因此有关实证研究的时代特点非常鲜明。

（1）对早期金本位与布雷顿森林体系时期的实证研究

早期的金本位下，一些经典的案例研究如对 19 世纪澳大利亚和加利福尼亚发现金矿后，货币供应、国内支出及物价上涨在国与国之间传导过程的研究（Bordo，1975）；Levy-Leboyer（1982）和 Kindleberger（1984）对英格兰银行在 1837—1838 年和 1890 年为制止黄金储备流出而提高利率后，分别导致美国、澳大利亚金融市场紧缩的国际传导效应研究。

在更一般的层面上，Huffman 和 Lothian（1984）发现在美国南北战争前，由需求冲击导致的经济周期是从英国传导至美国，而在南北战争后，经济周期则是从美国传导至英国。这一时期，包括股市崩溃和银行挤兑等类型在内的金融危机几乎同时在金本位下相互联系的多个国家发生（Bordo，1986）。对此，有经验证据显示套利交易在不同金融市场波动的联系中发挥重要作用（Morgenstern，1959）。

两次世界大战期间短暂实行的金汇兑本位制下，大萧条无疑是最经典的研究案例。Fisher（1935）最先明确提出金本位导致大萧条从美国传导至其他国家。他研究了 1929—1933 年间 27 个国家的汇率、物价及经济情况，提出经验证据说明，像中国、西班牙、阿根廷等没有采用金本位的国家受大萧条的冲击很小，经济并没有陷入通货紧缩，中国甚至在 1930 年到 1931 年上半年间经历了一定程度的景气。另外，一国从一种货币本位转入另一种本位后，其物价走势也就转换为与另一种本位的国家类似的形态（如加拿大、奥地利、瑞典、澳大利亚等）。在 Fisher 研究的基础上，Choudhri 和 Kochin（1980）还进一步确认了大萧条期间另一些欧洲国家的经验。

对布雷顿森林体系下货币冲击国际传导的大量研究也证实了该时期通货膨胀显著的跨国传导效应。如 Darby 等（1984）应用八国模型对 1955—1976 年这一时段进行了模拟，结果显示尽管这期间除美国外其他七国均运用冲销手段，在短期获得了对本国货币政策的控制，但美国货币政策仍是这期间通胀从一国传导至另一国的主要源头。这一时期主导性的传导机制体现为休谟机制的一种类型，即通过相对价格和资本流动变化引起其他国家储备和货币供应的变动。像货币替代和直接的收入效应这样的渠道，传递的国际影响则微乎其微。

（2）布雷顿森林体系崩溃后宏观相依性一般特征

1973 年布雷顿森林体系崩溃后，国际主要货币间开始自由浮动。一些经验研究显示，这一时期货币政策独立性有所增强，名义利率和物价在长期也表现出相对独立的特征。大量证据显示，国际相对物价波动性在布雷顿森林体系崩溃后变得更大，这意味着名义冲击的国际传导受汇率体制变动的显著影响（Stockman，1993；Mussa，1986，Baxter 和 Stockman，1989）。另外，短期内也有证据显示名义和实际变量的跨国相依性有所增强（Darby 和 Lothian，1989；Kose，Otrok 和 Whiteman，2008），同时鲜有证据支持实际产出、消费、投资等变量的相依性受布雷顿森林体系崩溃的显著影响（Baxter 和 Stockman，1989）。

这一时期宏观经济相依性有几方面特征性事实：①各国的产出是正相关的；②各国消费是正相关的，但相关性要弱于产出的相关性；③各国的索罗残差是正相关的，但相关性要低于产出（Costello，1991）；④贸易差额是逆周期的。对于布雷顿森林体系崩溃后短期宏观相依性存在甚至增强的原因，除资本流动加剧的因素（Fischer，1987）以外，各国面临共同的商品价格冲击也被认为一个重要原因（Cooper，1985）。近年来，一些研究还显示部分新兴经济体与发达经济体的宏观经济相依性有所降低，转而与中国的相依性增强（Yeyati and Williams，2011）。

就宏观相依性影响因素的研究发现，Chudik 和 Sdraub（2011）发现，与通常看法不同，宏观经济相依性的程度并不一定与贸易开放度有直接关系，贸易开放度提高也可能使得外国冲击对本国经济的影响下降，其中的关键因素在于贸易多样化程度。还有研究显示，产业内贸易与产业间贸易在经济周期的国际传导中发挥的作用不同。前者倾向于增强国际传导，而后者则倾向于降低特殊行业性冲击导致的宏观依存性（Li，2011）。

（3）对布雷顿森林体系崩溃后宏观冲击国际传导的实证研究

对这一时期货币扩张溢出效应的具体效果，目前仍难有定论。一方面，理论上对于浮动汇率下货币冲击后短期内的国际调整过程目前还没有确定性的认识，这导致经验模型设定上存在很大差异。货币冲击发生后，汇率经常过度调整（over-shoot），高于或低于其均衡水平。实际上，只要中央银行采用措施以限制汇率和利率的波动，浮动汇率下短期仍会发生货币冲击的国际传导。另一方面，经验上浮动汇率制下美国对其他国家的短期传导效应仍然存在。

不过，不同的经验模型运用不同的样本往往得出大相径庭的结论。譬如 Fischer（1987）对 12 个模型的模拟，美国扩张性的货币政策导致美国与 OECD 国家经常账户的恶化，同时也可推测出非 OECD 国家经常账户相应改善。然而，又有模型报告美国货币政策有很强的正向溢出效应，还有一些经验研究则报告了小幅的负向效应。

就财政政策所造成的宏观经济相依性，如果从蒙代尔—弗莱明模型的视角看，几乎是显而易见的。美国 1982 年以后经历了财政扩张，其国内实际利率显著上升，这吸引了外国资本流入，进而导致美元升值。由于资本流出，其他国家的利率也随之提高。Feldstein（1986）研究发现，将 1973—1984 年间美元对马克汇率与美国财政赤字未来五年预测值、货币增速及通胀预测等指标进行回归，财政赤字的解释效力是最大的。

然而，也有一些经验证据对这一观点提出质疑，如 Mascaro 和 Meltzer（1983）、Evans（1986）等研究显示，国内财政赤字与实际利率之间并没有稳定的关系。与其说利率由新债务的流量决定，不如说是由已有的债务存量决定的。而美元资产之所以直到 1985 年年初还能吸引外资涌入，主要因为当时优越的税收政策与逐渐走低的通货膨胀。因此，1982—1985 年美国经验并非否定了政府财政赤字与货币价值呈相反关系的历史经验。美元 1985 年以后的贬值则进一步显示，当时高赤字推高美元汇率这一流行观点存在与经验的前后不一致。

Arin 等（2006）在区分税收和支出政策冲击的情况下，研究了 1961 年到 2004 年美国财政政策冲击对加拿大经济的影响。他们发现，美国政府支出增加最初将提高美国产出，并通过国际贸易和资本流动传导至加拿大经济，导致加拿大实际利率上升同时实际汇率升值，结果是加拿大产出下降。而美国收入税增加后使得美国实际利率上升、产出减少，传导至加拿大后，使得加拿大实际利率上升，实际汇率下降。由于投资和贸易对产出的作用相互抵消，因此美国收入税上升对加拿大产出并没有显著效应。

从经验上来看，由于实证模型设定与使用样本上的差异，有关财政冲击外溢效应也还缺乏确定的经验结论。一方面，一些研究者发现财政冲击的正向溢出效应，如 Fischer（1987）、Oudiz 和 Sachs（1984）通过对多国计量模型的模拟发现，美国财政冲击对其主要贸易伙伴的真实收入具有持久的显著正向效应。而反过来，其贸易伙伴财政冲击对美国的影响却微乎其微。另一方面，也有一些证据显示美国通过负债实现的支出扩张对本国和外国产出有小幅度的负面影响（Minford，1985）。

因此，在当前浮动汇率体系下，尚没有坚实的证据说明名义或实际冲击在国际传导的具体效果。尽管理论勾勒除了国际传导的种种渠道，但并没有一致认同的计量模型，各派学者对于有关经验结果也远未达成共识。经验证据上的这种复杂性，一方面说明宏观冲击的国际传导效果需要根据具体的情景分析，另一方面在一定程度也反映了布雷顿森林体系崩溃以来的国际货币体系并不是一个纯粹的浮动汇率体系的现实。

（二）金融市场相依性及危机传染性研究

1. 理论研究

经济和金融全球化进程一方面表现为宏观经济的相依性增强，另一方面还表现为金融市场相依性增强。正如历史上大萧条这样的经济危机成为研究宏观经济相依性及国际传导的经典案例，历史上屡次大规模的金融危机，如 1997 年亚洲金融危机、2008 年国际金融危机，也构成了研究金融市场相依性及金融危机传染性的经典案例。

从 20 世纪 90 年代以来，金融危机一个明显的特点是，相比平静时期，危机期间资产价格、汇率和主权债利差在不同国家不同市场的同步运动明显增强，于是危机一旦爆发，往往不仅限于危机国家内部，而是迅速扩散到其他国家和地区，演变成区域性乃至全球性金融危机。这种危机的传染性（contagion），成为金融全球化的一个本质特征（Minsky，1992；金德尔伯格，2007）。这一现象导致经济学家提出，平静时期和危机时期下是否金融冲击的国际传导存在结构性的差异，或者说国际传导机制存在不连续性。

（1）相依性与传染性

从经验上来看，金融市场溢出效应存在两个递进的层次。第一个层次就是传统的相依性层面，表现为不同国家不同市场的同步运动及其跨境传导机制。它在经济运转良好时期存在，也在经济运转出现问题时存在，因此它不一定与金融危机爆发相联，而主要由于国家和市场之间贸易及金融的基本面联系引起。第二个层次则是近年来兴起的对"传染性"的研究。

有关文献对于传染性的定义并没有一致意见。早期对货币危机集群爆发的研究将传染性定义为一国危机爆发后，某国控制经常项目、国际储备、信贷增长等条件下，危机爆发的条件概率显著上升（Eichengreen 等，1996；Willett 等，2004）。而在强调多重均衡和羊群效应的模型中，传染性被定义为不能被经济基本面所解释的溢出效应。近年来的实证研究则将传染性定义为金融冲击跨境传导机制的结构性变化，表现为跨境冲击的联动性相对于平静时期明显增高（Boyer 等，1997；Forbes 和 Rigobon，2001，2002；Corsetti 等，2005）。

由于有关概念缺乏一致和严格定义，一些广义的传染性研究中其实很大程度上涉及的是第一层次的相依性问题。不过目前主流的传染性定义更倾向于采用狭义定义，即在经济基本面和共同冲击所导致的传导之外一国危机对其他国家的溢出效应。文献中也称之为"净传染（pure contagion）"（Calvo 和 Reinhart，1996；Kaminsky 和 Reinhart，2000；Li 等，2012）。

（2）相依性的理论依据

从相依性的角度来看，有三方面基本经济因素导致金融市场跨境同步运动。其一，一般性的冲击，即来源实际部门的冲击和基本经济变量的变化等。其结果是其他受影响地区资产价格或资本流动的联动性反映。一般性冲击主要来源发达国家，其传染范围往往涉及新兴市场经济甚至是全球范围之内。如美国利率的变化对拉美国家的资本流动产生扩散性影响，表现为美国利率变化与这一地区资本流动之间有明显的相关性（Calvo 和 Reinhart，1996）；再如 1995 年美元相对日元升值与东亚国家出口的恶化和随后金融问题的形成明显的相关性（Dornbusch 等，2000）。

其二，贸易联系和竞争性贬值。当一个国家爆发危机时，其主要贸易伙伴的出口会下降，从而导致其贸易收支恶化。基于这种预期，投资者往往会大规模从贸易伙伴国抽逃资本，投机者也会借此机会攻击其货币使其货币贬值，甚至引发贸易伙伴国的金融危机。另外，当出现危机的国家大幅度贬值其货币时，对于那些与危机国家有着共同的出口市场的国家来说，会削弱这些国家向这一共同市场的出口竞争力，这往往诱发这些国家竞争性贬值（Ades 和 Chua，1993）。

其三，金融联系。对于那些有直接金融联系的国家，如彼此之间有高比例的直接投资、证券投资或银行贷款的国家之间，源自一国的金融冲击很容易产生传导效应，即通过金融机构的网络连接、内生流动性冲击等渠道对其他国家直接削减贸易信贷、减少直接投资和其他资本流动，使这些国家的资产价格和资本流动发生相应的变化（Calvo 和 Mendoza，2000；Allen 和 Gale，2000）。

譬如，当危机出现时，如泰国出现货币贬值和股票价格暴跌，以及其他几个初期受到影响的东亚经济体开始同样问题的时候，一些国际性机构投资者开始遭受损失。为应付预期出现的大规模的现金赎回压力，他们不得不立即出售在其他新兴市场中持有的证券。国际商业银行也面临同样的流动性压力，尤其那些对特定国家或地区作为单一共同贷款人的大银行，如在东亚地区的日本银行和在拉美地区的美国银行，在特定国家或地区出现严重的贷款质量恶化时，这些银行可能迅速削减在其他有类似高风险国家的贷款，从而造成其他国家和地区资产价格下跌，甚至出现危机（高海红，2002）。

除了流动性压力之外，个别投资者为保持其投资组合中特定国家或地区的比重不变，当特定国家或地区出现危机时，投资者在抛出对这一国家或地区持有的金融资产的同时，也抛出对其他市场持有的资产，引起受传染国家和地区资产价格剧烈波动，这样，个体投资的理性行为导致总体的逆向结果。总之，那些金融资产交易全球化程度越高、国内金融市场流动性越强的国家，越容易受到影响。机构投资者在全球范围内进行投资组合分散化策略，加剧这种传导的强度（高海红，2012）。

（3）传染性的理论依据

从传染性的理论模型角度看，通常传染性被解释为与全球经济中投资者的角色有关。传染性的一种解释主要从信息不对称或信息阶流（information cascades）引发的羊群效应角度开展。由于信息不完全性的普遍存在，投资者以不充分信息形成的预期往往导致羊群行为。另外，全球化一方面削弱了搜集信息的动力，另一方面强化了对套利性的市场投资组合进行仿效的激励。在搜集和处理信息成本固定的假设下，市场的扩大会使搜集信息所带来的收益消失，投资者更趋向于模仿其他人的投资组合，从而形成羊群效应。当一个国家出现危机时，投资者在不充分掌握其他国家信息的基础上，预期其他类似国家也面临同样的问题。尽管这些国家基本经济状况良好，但由于投资者所掌握的信息是不完全的，或是错误的，投资者相应的行为将推动危机的传染（Calvo 和 Mendoza，2000；Yuan，2005）。

还有研究者从资产组合再平衡、财富约束、借贷约束及金融机构之间的网络效应等角度解释传染性。国际机构规则的变化也会影响投资者行为，从而使危机具有传染性。比如东亚危机过后，由于出现了对国际金融体系改革的广泛讨论，市场预期由国际金融机构提供的传统的官方援救会减少，这一预期在一定程度上导致 1998 年秋季巴西出现的金融动荡（Dornbusch 等，2000）。

从总体上看，传染性的理论解释虽然各有不同，但也有其共通之处，即在看上去互不相关的资本市场之上，提出由国际金融环境变化所产生的一种附加联系。而其本质则是投资者的一般行为模式①。

2. 实证研究

对金融市场相依性及危机传染性的实证研究主要围绕金融冲击国际传导的特征及渠道，相依性和传染性的度量以及由此而来的传染性存在性等方面问题展开。

（1）金融冲击国际传导的特征及影响因素

自布雷顿森林体系崩溃后，资本跨境流动规模的不断扩大，工业化国家和新兴经济体对外总资产相对 GDP 的规模快速上升，资产价格跨国相关性明显增强。各国之间愈加深化的金融联系（financial linkages）使得金融冲击的跨境溢出效应表现得越来越明显。

金融冲击的国际传导表现出来以下五方面的一般性特征。其一，随着金融联系加深，不同国家类似资产之间的价格相关性明显提高。如工业国家间的股市相关性以及长期债券收益率相关性在 21 世纪以来相比 20 世纪末都有不同程度上升。新兴经济体与美国及其他工业国、新兴经济体之间

①   对于货币危机，也有一种较为极端的观点认为不存在传染性。投资者预测与发生危机的国家具有类似宏观经济特点的国家会发生危机，于是抛售该国的货币。看上去，似乎危机集群发生，表现出传染性。但实际上，有关国家的危机之间并不存在因果关系（Dooley, Fernandez-Arias, and Kletzer, 1996；Sachs et al. , 1996）。不过这一观点实质上是对传染性做了先验的定义，因此得出很不同的结论。在绝大部分文献中，传染性的定义仍是实证性的。

的资产价格相关性都有所上升（IMF，2007）。另外，主要经济体金融波动中的国别基本面因素在下降，而全球性或跨国性因素的影响在上升（Forbes 和 Chinn，2004）。其二，不只是价格水平变化的相关性，价格波动性的相关性也明显上升（Engle 和 Susmel，1994）。譬如，美国货币政策行动的不确定性可能导致所有有关各国市场波动性的上升（Goodhart，1999）。其三，资产价格相关性在市场景气与萧条时具有明显的不对称性。相比较于全球性扩张，全球性紧缩的同步性更强。如美国股市下跌时，其他国家与美国市场的相关性要高于股市上涨时的相关性。其四，跨国金融市场联系相比跨国宏观经济联系更为明显，股价和利率的跨国相关性往往大于其 GDP 增长的相关性，同时金融市场联系紧密程度与宏观经济联系紧密程度有正向关系（Cuadro-Saez 等，2009）。其五，美国在金融冲击的发源及传播中扮演中心角色。Ehrmann 等（2005）的研究通过分解全球共同冲击以及国别冲击的方法发现 1989—2004 年，欧元区金融资产价格波动的 25% 来自美国，而美国的市场波动中仅 8% 来源欧元区。其中，美国资本市场对于欧元区的溢出效应又格外强烈，美国股价冲击的 50% 能够传导至欧元区。

对于金融冲击的国际传导渠道，早期解释较为重视贸易联系。如 1992—1993 年欧洲汇率机制（ERM）危机导致外汇、股票和债券市场不稳定快速扩散至欧洲主要国家，Eichengreen 等（1995）从有关经济体通过商品和服务贸易所形成紧密的相依性角度解释。不过一些危机经验也提示，贸易联系不足以解释金融冲击国际传导的实际效果。譬如，1994 年年末墨西哥比索危机中，与墨西哥双边贸易很小、同时几乎不在第三个共同市场与之竞争的阿根廷，却也遭受墨西哥比索贬值的严重影响。与此类似，俄罗斯在世界贸易中的重要性也无法解释 1998 年俄罗斯金融危机为何导致资本大规模撤离全球新兴市场（Kaminsky 和 Reinhart，2000）。

因此，危机经验提示除贸易联系之外，有关国家宏观经济政策及环境等基本面因素的同步运动也会导致金融冲击的跨国传导，同时还提示金融联系具体形态，譬如资本流动、银行业联系等的重要性等。如 Sula 和 Willett（2009）等发现，相比直接投资，短期银行信贷和证券投资更容易受到金融冲击的影响。Allen 和 Gale（2000）讨论了银行同业之间流动性危机如何通过信息渠道和信贷渠道进行传染。另外，在国际金融危机传染中，金融机构的多国经营也是造成不同市场溢出效应的一个重要因素

（IMF，2007）。

不过，实证研究中对于各种渠道的强度和范围仍知之甚少。已知的一些经验反映，某类资产价格的国际传导会被来自不同资产价格内部的间接传导所放大。如美国债券收益率对欧元区债券收益率的直接影响系数为0.3，但如果考虑到美国债券收益率通过其他资产价格及汇率所产生的间接传导，系数就会上升至0.48（Ehrmann等，2005）。另外，对贸易联系、国别基本面因素及金融联系在溢出效应中的相对重要性，一些研究发现，就资本和债券市场而言，国别基本面因素的重要性在下降，而双边贸易和金融联系的重要性在上升（Forbes和Chinn，2004）。

（2）相依性还是传染性

有关金融危机传染性的存在性问题，文献中对于方法论以及结论一直存在不少争论。很多研究者通过界定相依性和传染性在实证检验中可操作的定义，研究经验中金融冲击国际传导中到底存不存在传染性，还是仅仅表现为相依性。这些研究的深入不断丰富了有关金融市场跨国联系的认识。譬如，一些研究者主要应用静态相关系数构建相依性和传染性的评估框架，将传染性定义为资产价格相关系数的显著上升。Baig和Goldfajn（2001）以此检验了1997—1998年亚洲金融危机期间各国金融市场的传染性，他们发现汇率和主权债利差的相关性显著上升，但对资本市场的结论则是不确定的。

基于静态相关系数的评估框架具有直接和直观的优点，不过也存在一些明显的局限。首先，这一方法没有评估危机期间相关系数的提高在多大程度上是由于经济基本面可解释的共同冲击。Willett等（2010）和Zhang（2011）发现，对于1997—1998年亚洲金融危机期间亚洲经济体以及2007—2009年国际金融危机时期发达经济体之间的增速相关性上升，共同冲击能够解释很大一部分。其次，用相关系数上升来评估传染性还涉及如何检验相关系数变动的统计显著性的问题。Forbes和Rigobon（2001，2002）认为，危机时期更高的相关性是由于这一期间资产价格更大的波动性引起。一旦纠正了异方差的问题，他们发现多个危机时期几乎没有呈现传染性的证据，而只是反映相依性趋势的延续。

另外，从方法论的角度看，Connolly和Wang（2003），Forbes和Rigobon（2002）等综合考察了大量文献认为，无论观察到的数据是否显示金融市场之间的相依性或者传染性，都还不能得到最终肯定。原因在于，相关系数仅适用于描述金融市场间的线性关系，作为资产之间的相互关系以及协同运动等的描述并不完备。尽管如此，方法论上的不完备性并不等于研究传染性的存在性没有意义。

为了解决静态相关系数在评估相依性和传染性上的缺陷，一些学者尝试应用一些更加新式的计量经济学工具进行研究，如动态条件相关的广义自回归条件异方差模型（DCC-GARCH）、协整分析、面板分析、向量自回归分析（VAR）、动态因素分析等。

应用不同的工具，一些研究找到包括中国在内的亚洲经济体与美国金融市场快速整合的证据。其中，Zhang（2011）的计算结果显示，不同国家金融市场之间的相关性也有其长期趋势和短期波动，亚洲资本市场与美国的联系虽一直有增长趋势，但在危机期间这一关联有明显的上下波动。这说明，近年有关脱钩的争论可能错误的将短期变化当作长期趋势了。另外，Angkinand 等（2010）发现发达经济体之间的金融市场相依性也不断增强。特别是这次危机期间，美国对其他工业国家以及亚洲市场的溢出效应明显增强。

对传染性是否存在的问题，Baur 和 Fry（2008）应用固定时间效应的面板模型考重新考察了 11 个亚洲经济体在 1997—1998 年金融危机期间的股价波动。这项研究中固定时间效应被用来捕捉不能被地区或全球性变量所解释的共同波动。其研究结果显示，危机期间，相依性远远比传染性重要。不过由于研究者使用的原假设是"仅有相依性不存在传染性"，文中按照研究的规范，要求非常显著的结果才拒绝原假设，因此得出"主要是相依性"的结论并不意味着政策考量中就能忽视传染性。[①]

第五节　公共债务可持续性的理论与政策研究

全球金融危机爆发后，发达国家的公共债务水平迅速上升，2013 年年末，包括德国在内的主要发达国家公共债务占 GDP 比重都高于 80%，未来将会继续面临主权债务危机或财政整固的压力。全球金融危机已从中短期的流动性危机转变为中长期的债务危机，主要经济体的应对直接关系危机的走势及后危机时代的国际经济金融格局。在 2013 年俄罗斯的 G20

---

① 这里为 1% 的显著性。

峰会上，一个主要的议题就是主权债务的可持续性。围绕着公共债务可持续最优指标以及经济影响，各国将进行激烈的讨论，对不同国家的形势和政策措施会从不同的角度进行审视和评估，并有可能就主权债务管理的国际规则进行谈判。在此背景下，发达国家公共债务可持续性成为全球治理平台重要的研究动向。

一　公共债务可持续性的研究框架

当前各国国际金融机构关于公共债务可持续性的研究主要包括：由国际货币基金组织（IMF）所制定的旨在对开放市场国家的债务可持续性进行评估的公共债务可持续性分析（DSA）框架以及由经济合作和发展组织（OECD）所制定的旨在分析财政平衡及比较各种债务可持续性场景的财政整固框架；本国弥补预算赤字的财政惯例和框架；各种国际财政监督机制，特别是国际货币基金组织磋商报告的第四条，国际货币基金组织财政监测，经济合作和发展组织经济展望，国家评述，以及主权债务展望。上述研究的基本框架都是基于经典的财政稳定理论（Romer，1996），从中可以推导出公共债务的可持续性的影响因素：

$$B_t - B_{t-1} = r_t B_{t-1} - S_t \tag{1}$$

其中，B_t 和 B_{t-1} 分布代表当期和前一期的国债余额，r_t 代表国债实际利率，S_t 代表当期的财政盈余。

将上式两边同时除以 GDP，可以获得：

$$b_t b_{t-1} = \frac{r_t + g_t}{1 + g_t} b_{t-1} - s_t \tag{2}$$

上式显示，在稳态时，财政盈余 s_t 可以表示为国债余额与实际利率、经济增长率：

$$b = \frac{s(1+g)}{r-g} \tag{3}$$

在稳态时，一国国债占 GDP 比率至少要等于上式右边，才能保证财政稳定和可偿付性。根据（3）式，我们可以将影响一国国债稳定的变量分为三个要素：（1）财政盈余 s，财政盈余代表一国财政的流量收支变化。（2）实际利率 r，代表一国国债余额的成本。（3）经济增长率 g，代表一国未来的偿债能力。

在 IMF 和 OECD 计算国债可持续性的时候，也是采用这一基本框架，

并且对 s、r 和 g 做了长期预测和压力测试，从而获得国债的可持续性水平。但是上述研究框架并没有考虑财政政策与经济增长、实际利率之间的内在联系。IMF（2011d）指出，以往的债务可持续性研究（DSA）有四个主要缺陷：

其一，研究的假设前提远离现实。在研究债务可持续的模型中，对宏观经济状况主要有三个前提假设，财政收支余额、经济增长率与利率水平。其中，如何假定财政收支余额的变化是问题的关键，这需要同时考虑国际经验与国内的具体情况，还要考虑到财政整顿与经济增长此消彼长的关系；此外，经济增长率与利率水平也存在负相关关系。之前的研究并没有详细分析三者关系，在未来的研究中需要综合考虑上述三个假设前提的相互作用。

其二，对适宜债务水平的界定并不合理。现有的研究将可持续的债务水平分为以下两类：第一类指标是最高可持续债务水平（maximum sustainable debt level）。这是指如果一国公共债务超出这一水平，其宏观经济不可避免地会爆发债务危机。根据大多数经济学家的估计结果，发达国家公共债务的最高可持续债务占 GDP 比率为 80% —192%；新兴市场国家为35% —77%。

第二类指标是长期运行的债务水平（long-run debt level）。该指标是根据一国长期增长率、利率水平估计出来的可持续的债务水平，这一指标低于上述最高可持续债务水平。从经验分析的结果显示长期来看，发达国家的长期可运行债务水平为 50% —75%，新兴市场国家为 25%。

上述研究对适宜债务水平的界定存在较大缺陷：一方面，无法有效地估计出确切的门槛数值；另一方面，即使一国低于普遍公认的门槛值，例如 60%，但是由于财政赤字过高或债务结构不合理，公共债务可能仍然是不可持续的。

其三，对财政风险的识别不足。以往的研究对政府的或有负债关注不足，也没有有效反映国别风险以及溢出效应。由于金融体系与政府国债市场关系密切，当国内金融市场出现系统性危机时，即使国债水平较低，在政府救市的过程中，大量的私人债务也会被转化为公共债务，导致债务水平不可持续。因此，IMF（2011d）建议在分析公共债务可持续问题时，对整体经济采用资产负债表的框架，在公共部门和私人部门之间建立债务联系，从而识别出公共部门的或有负债，并将或有负债并入公共部门的表内。

其四，对公共债务结构分析不足。以往的研究着重考虑公共债务的期限、币种结构等微观结构。然而，随着全球金融一体化进程加快，这些微观指标并不能完全刻画一国公共债务的具体特征，需要进一步考察新的债务结构指标。例如，外部融资需求和债务的风险定价指标。外部融资需求可以反映主权国家的偿债压力，而债务的风险定价指标 CDS spreads 可以反映该国的宏观政治经济风险。

在上述研究的基础上，IMF 在 2013 年提出了基于风险的公共债务可持续研究方法（risk-based DSA），弥补了上述研究的缺陷。当发达/新兴市场公共债务占 GDP 高于 50%/60% 时，或公共总融资需求占 GDP 高于 10%/15% 时，IMF 会采用新的公共债务可持续性方法对其进行更加严格的审查。①

二　公共债务可持续性的指标

此前的理论和实证研究中，有两个公共债务的可持续性指标被广泛引用。

第一个是欧元区成员国公共债务规模不能超过 GDP 的 60%。在欧元区设立之初，根据马斯特里赫特条约的要求，欧元区成员的公共债务占 GDP 的比例不得超过 60%。此后，这一数据也被广泛用于约束非欧元区国家政府的公共债务规模。那么这个指标是公共债务的最优规模吗？实际上这并不是在一个严密的理论框架下计算出来的最优值，而只是 1992 年欧洲各国签订《马斯特里赫特条约》之时，欧共体 12 国公共债务占 GDP 比率的中位数。因为他们认为欧元区国家基本满足最优货币区的条件，因此，中位数可以代表各国公共债务占 GDP 收敛的趋势，这也是债务可持续的基础。然而，在 2003 年，欧元区最大的两个经济体德国和法国公共债务占 GDP 比率达到 65.3% 和 69.5%，但欧盟理事会并没有对其执行《马斯特里赫特条约》中的惩罚措施。此后，公共债务占 GDP 不能超过 60% 的警戒线形同虚设。

第二个是 Reinhart 和 Rogoff（2010）推崇的公共债务占 GDP 不能超过

---

①　公共总融资需求（public gross financing needs）是指当年度政府的净现金需求和到期债务。

90% 的上限。他们对 44 个国家 200 年的历史数据进行相关分析发现，发达国家与新兴市场国家的政府债务的阈值非常接近，大约为政府债务占 GDP 的 90%。然而，他们的分析只是简单的相关分析，并没有考虑其他变量对债务和经济增长的影响，有严重的内生性问题。Herndon 等（2013）的最新研究指出了 Reinhart 和 Rogoff（2010）的研究错误。他们的计算表明，债务占 GDP 比例超过 90% 后，经济的平均增长率为 2.2%，而非 Reinhart 和 Rogoff（2010）所宣称的 - 0.1%。

公共债务与经济增长之间的因果关系并没有强有力的理论和实证作为背景支撑，计算一个普遍适用的公共债务最优规模被认为一个不可能的任务（Wyplosz，2011）。因此，大多时候各方的研究结果，只是被政治家刻意选择为政策的理论依据。

三　公共债务的经济影响和应对政策

国债规模上升后，有两种政策用于维持国债的可持续性。

第一，财政紧缩政策与结构性改革政策。德国是这一政策的坚定执行者。自欧元区陷入主权债务危机以来，由于在统一的货币框架下，各国实行独立的财政政策，欧元区经济一直处于恶性循环中：财政赤字恶化，投资者信心下降，金融市场风险增加，重债国融资成本上升，财政赤字进一步恶化，最终导致国家违约风险上升，并引发投资者对欧元区解体的担忧。为了解除这一封闭的恶性循环，德国等欧元区领导人认为只有通过紧缩财政，执行严格的财政纪律，才能够打消企业和消费者对政府财政健康状况的担忧，最终促进长期经济增长。在这一调整框架下，欧元区国家可以通过降低劳动力成本重获竞争力，以内部贬值的方式降低债务水平，实现可持续增长。这其中的传导链条是：

财政紧缩→增加财政盈余 s_t →降低国债融资成本 r_t →提高财政偿付能力 s_t

结构性改革→提高经济增长率 g_t →降低国债占 GDP 比率→进一步提高财政偿付能力 s_t。

第二，依赖货币政策，实施通货膨胀政策。莱因哈特和罗格夫梳理了过去 800 年的主权债务危机，指出所有陷入债务危机的国家，最终都是依靠货币政策走出了债的泥沼。重债国只有实施剧烈通货膨胀，才能消除历史存量债务，并以对外贬值的方式重获竞争力，促进经济增长。因此，在处理债务危机的历史经验中，货币政策才是不折不扣的主角。这其中的传导链条是：

提高通货膨胀率→降低国债余额、对外汇率贬值→降低国债融资成本 r_t，提高经济增长率 g_t→进一步提高财政偿付能力 s_t。

那么，在经济衰退期间是否应该执行财政契约中严厉的紧缩政策？这在欧元区政府和市场之间引发了广泛讨论。德国领导人默克尔认为，欧盟财政契约的推出有助于从根本上解决欧债危机，严厉的经济紧缩和改革措施可以让欧元区重新树立市场信心，避免再度陷入债务的泥潭；法国总统候选人奥朗德则反对长期实施紧缩，主张继续扩大政府公共支出，通过促进经济增长削减赤字和债务。事实上，这两种观点分别代表了欧元区在短期阵痛和长期改革之间的取舍。其背后隐含的经济学逻辑如下：

财政紧缩是一剂标准药方。财政紧缩有利于长期经济增长论。自欧元区陷入主权债务危机以来，由于在统一的货币框架下，各国实行独立的财政政策，欧元区经济一直处于恶性循环中。为了解除这一封闭的恶性循环，一些欧元区领导人认为只有通过紧缩财政，执行严格的财政纪律，才能够打消企业和消费者对政府财政健康状况的担忧，最终促进长期内经济健康增长。德国政府和欧央行是这一政策的坚定执行者，他们认为欧元区国家可以通过降低劳动力成本重获竞争力，通过内部贬值的方式降低债务水平，实现可持续增长。爱尔兰是一个很好的范例，该国房地产泡沫崩溃后，一直坚持实行紧缩政策，2008 年到 2012 年，单位劳动力成本将累计下降超过 8%，国内商品相对于其他欧元区竞争者价格便宜了约 15%。

反对紧缩的理由也很充分，其财政紧缩政策的效果适得其反。尽管德国和欧央行为重债国制定的紧缩政策是一剂标准药方。但更多的经济学家认为财政紧缩不仅不利于短期经济增长，同时还会损害长期的潜在经济增长。具体而言：

在短期，财政紧缩政策减少支出的同时也降低了经济增长速度。一方面，财政紧缩会增强投资者对一国国债的偿还能力的信心；另一方面，经济增长速度的下降又会引发投资者对经济前景的担忧，由于在经济衰退期间，财政乘数往往大于 1，二者合起来的效果最终会让一国整体债务比率上升，而非下降。例如，目前意大利政府国债/GDP 等于 120%，财政乘数等于 1.5（即政府紧缩 1 单位会引起 GDP 减少 1.5 个单位），那么实行紧缩财政政策后，债务总量每减少 1%，GDP 总量会下降 120% × 1.5%，最终，国债/GDP 反而会上升到 120.98%。也就是说，紧缩政策在减少支出的同时也降低了整体经济规模；在这种情况下，紧缩政策本身会增加政府债券风险利差，而不是下降。这也是西班牙要求降低财政赤字标准的主要依据：在衰退最严重的国家执行严苛的财政紧缩，无疑是对降至冰点的宏观经济再泼了一盆凉水。

从长期来看，流动性陷阱下的财政紧缩会降低潜在产出。当前欧元区在一定程度上已经陷入流动性陷阱，而且失业率也达到高峰，这不仅会让财政乘数显著上升，还会产生自我实现的恶性循环：失业的居民会降低对未来的预期收入和就业率，从而降低当期需求，进一步增加失业率，恶化经济增长，降低减赤效果。在零利率和不出现通货紧缩的情况下，当期的减赤措施会对长期的潜在产出产生持续影响。

事实上，财政紧缩最大的风险在于调整过快可能导致欧元区陷入坏的均衡点。欧债危机目前面临着多重均衡——悲观主义或乐观主义的自我实现结果。与银行业挤兑自我实现的过程类似，政府国债市场也存在流动性向偿付性危机转化的可能性。由于政府负债的流动性比它们的资产流动性要高得多，因此，如果投资者认为政府具有清偿力，那么政府就可以按无风险利率借款；如果投资者开始产生怀疑，并要求更高利率，那么高利率很可能逐步导致政府违约。债务水平越高，从具有清偿力到违约之间的距离就越短，具有清偿能力下的利率与可能违约情况下的利率之间的差距就越小。

第六节　全球经济失衡研究

当今世界，除了一些极端封闭的国家外，几乎所有国家和地区都或多或少地面临经济失衡问题。只要各国自然资源不同、生产力发展水平不同、劳动力报酬不同、面临的冲击不同，就有可能通过国际贸易和国际资本流动最终造成全球经济失衡。Blanchard 和 Milesi-Ferretti（2009）的研究分析了引致失衡的主要原因，并将这些原因区分为"好的失衡"（good imbalance）和"不好的失衡"（bad imbalance）。由基本面等因素导致的失衡被认为应属于"好的失衡"，是政策治理难以改变的；而"不好的失衡"则往往是由经济政策（如贸易、税收政策等）扭曲、国内价格扭曲以及国际储备货币体系等因素所导致的。只有这些存在扭曲的环节才是G20在建设全球经济再平衡中试图加以调整的。

一　基本面因素

基本面因素包括资源禀赋差异、全球产业格局与生产模式变化、人口年龄结构和收入弹性因素。

1. 资源禀赋差异

对于资源输出国而言，经常账户顺差实际是因为提前交易该国资源所获得的本该属于未来收入的跨期收入，可被视为现在对未来的转移支付。例如对于石油输出国而言，持续的经常账户顺差实际是对其不可再生石油资源的跨期支付。外部顺差的积累可视为，其有限资源被提前使用所获得的对于未来的转移支付（Morsy，2009）。有关实证研究均发现，其他条件不变，石油财富与更高的经常账户余额相联系（Chinn等，2011）。与此类似，中国、印度等发展中国家由过去农业人口转化而来的大量新增劳动力资源，成为其发展劳动密集型产业的天然优势。这种情况下的经常账户顺差实际可被视为劳动力转移红利，这种红利会随着劳动力收入的增加而渐次消失。

2. 全球产业格局与生产模式变化

全球失衡是全球化时代无法规避的现象，体现的是资源在全球范围内的最优配置。全球化浪潮下，以美国为代表的发达国家由于在劳动成本上缺乏优势，产业结构从传统的实体制造业向虚拟的金融服务业转移。同时，随着通信和物流技术的发达，传统的产业链在地理上被打散，国际贸易向外包和模块化方向发展。过去由于国境等因素导致劳动力难以在国际间流动的客观限制，已经发生根本性改变。这种变化不仅体现在制造业中，也体现在服务业。各国工业化的差异和演进体现了比较优势的原则。Pain和Wakelin（1997）研究发现，美国每增加1%的对外直接投资将导致其出口在世界市场中的份额减少0.25%，而且这种关系将随着贸易和资本的自由化而更加显著。事实上，若一国企业的投资转移至海外是有利可图的，即使该国出口贸易恶化，但对于整个国民收入增长的影响仍是正的（即GDP增长虽然下降，但是GNP依然增长）。只要国际分工产生的效率利润足够可观，投资环境和制度环境相对稳定，企业家仍会存在跨国投资冲动，从而使得贸易失衡现象持续存在。

3. 人口年龄结构

大量的研究已经证实，存在人口老龄化问题的工业化国家，国内储蓄率逐步下降，将最终导致经常账户赤字（Higgins，1998；Cooper，2008）。根据生命周期理论，不同年龄的个体将表现出不同的储蓄行为。根据 Higgins（1998）的研究，65 岁以后的人口占比增加将使得经常账户向逆差方向变动，且年龄越高向着逆差变动的冲动越高。因为，老龄人口越多，越倾向于花费，减少储蓄，导致经常账户偏低甚至逆差。社会老龄化以及年轻劳动力供给不足，将减少全社会储蓄水平，并引致外部账户失衡。人口老龄化问题（在大萧条时期出生的"婴儿潮"从 2011 年起开始进入退休年龄）已经成为影响美国等发达国家储蓄率下降的重要因素。相较而言，由于受到生活水平、健康福利条件的限制，新兴与发展中国家的人口老龄化进程相对缓慢（表 1.6.1）。然而，随着工作人口对老年人口比例的逐步下降，尽管资本外流与经常账户顺差的现象还将在一段时间中持续，未来这些国家的顺差比重会逐渐减少。

表 1.6.1　　　　　　　　　　人口发展趋势预测

国家/地区	预期寿命（岁）			工作人口比重（15—64 岁）			老年人口比重（65—90 岁）		
	2005—2010	2025—2030	2045—2050	2010	2030	2050	2010	2030	2050
中国	73	76.6	79.3	71.9	67.2	61.4	8.2	15.9	23.3
印度	63.5	69.4	73.3	64.3	68.8	68	4.9	8.4	13.7
法国	81.2	83.9	86	64.6	59.3	56.8	17	24.3	26.9
德国	79.9	82.2	84.4	66.2	59.3	54.9	20.5	28.2	32.5
意大利	81.2	83.3	85.4	65.4	60.9	53.3	20.4	26.8	33.3
日本	82.7	85.3	87.2	64.2	58.4	50.9	22.6	30.0	37.8
英国	79.4	81.9	84.1	66	62	60.7	16.6	20.9	22.9
美国	79.2	81.4	83.3	66.8	62.3	61.4	13	19.8	21.6
全球	67.6	72.1	75.5	65.5	65.7	64.1	7.6	11.7	16.2

数据来源和说明：联合国人口署：《世界人口展望》2008 年修订版，http://esa.un.org/unpp/。

4. 收入弹性因素

由于豪斯克—麦奇不对称效应的存在，即使全球经济均衡发展，美国的经常账户失衡也会继续存在并恶化。[①] 这一效应可以描述为由于美国的进口与出口的收入弹性存在差异，导致美国或外国居民的收入增加对于贸易表现的影响存在差异，而这种差异最终反映为美国经常账户的逆差。造成这种不对称效应的因素包括"移民效应""45 度规则"、贸易结构等。[②] 尽管弹性的测度具有差异，但美国商品贸易的进口收入弹性大于出口几乎没有异议，这一效应已经被众多研究所证实。前美国财政部长 Summers（2004）也曾指出该效应与美国经常账户逆差密切相关。

二　国际货币体系与国际金融监管

"二战"结束之后，金本位制度被放弃，由该制度产生的对于经常账户失衡的自动调节机制随之丧失，以美元霸权为特征的现代国际货币体系（即 1945 年至 1971 年的布雷顿森林体系和 1973 年之后延续至今的牙买加体系）对于全球经常账户失衡不但缺乏有效的调节机制，甚至还有推波助澜的负作用。布雷顿森林体系下存在的特里芬难题在美元本位的现代国际货币体系中依旧存在。

首先，美元的主导地位使得美国政府可以以低成本地对外融资，造成改善经常账户与财政双赤字激励机制的缺失（Balakrishnan 等，2009）。在美元主导的国际货币体系下，美国政府和居民轻松地通过对外高负债支撑国内的低储蓄和高消费，维持着本国的经济繁荣，并为亚洲出口导向型经济体提供了较为充足的外部市场需求，而全球失衡就在这看似美好的增长模式中不断加剧。直至全球金融危机的爆发，才真正体现出失衡发展造成的严重后果。另外，作为世界主要的贸易结算货币和储备货币，美元币值经常会与基本面因素脱离。如在本次金融危机初期的金融市场动荡中，受避险情绪影响，美元"安全港"的身份凸显，美元持续升值，使得美

---

① 豪斯克—麦奇不对称效应（Houthakker-Magee income effect）由美国经济学家 Houthakker 和 Magee（1969）首次发现，美国的进口与出口收入弹性存在差异，美国的进口收入弹性为出口收入弹性的 1.5 倍。因此，当美国和外国居民的收入都增加 10%，美国的进口将增加 15%，但出口只会增加 10%。

② "移民效应"指移民往往会保持对原属国产品的偏好。"45 度规则"即是存在高经济增长的国家其出口收入弹性较大，进口收入弹性较低；低经济增长国家反之。

国尽管经济基本面恶化、尽管存在大额贸易逆差，然而其币值依然保持坚挺。显然，这种状况并不利于美国经济失衡的调整。由于美元特殊地位造成的这一现象，既不是美国能控制的，也不是顺差国能影响的，而是市场选择的自然结果。

其次，大宗商品价格大幅波动也将影响各国的外部失衡状况。对于逆差国而言，货币贬值可以在一定程度上通过减少进口、增加出口来改善经常账户，但是如果这些国家同时是石油依赖国，情况会变得更为复杂。尽管决定油价的根本因素仍在于全球能源供需基本状况，但美元贬值也可能引致包括石油在内的国际大宗商品价格上涨。美国的对外石油依存度尽管在近年来有所下降，但仍高于50%。能源需求的相对刚性和国际贸易中 J 曲线效应的存在，使得美元即使呈现贬值，也会导致美国经常账户暂时的恶化。

最后，全球金融监管不力和缺失所导致的过度投机与流动性过剩，在制造资产泡沫的同时也加深了全球的外部失衡程度（Aizenman 和 Marion，2009；Fratzscher 和 Straub，2009）。Lane 和 Milesi-Ferretti（2011）指出，由于全球金融市场泡沫和宽松的借贷环境，使得部分国家对未来经济增长呈现过分乐观的预期。如希腊、葡萄牙和西班牙三国的平均外部债务占 GDP 比重从 2000 年的 36% 迅速增长至 2007 年的 87%。一方面，这些国家的经济受到外部冲击而出现收缩，影响了其债务偿付能力，造成融资环境的急剧恶化；另一方面，由于债务危机等导致其货币的购买力受到影响，造成了贸易条件的改变。因此，快速扩张的债务问题，加剧了危机前后这些国家外部环境的改变，进一步加深了痛苦的经常账户调整过程。

三　投资储蓄失衡及政策因素

根据国民收入恒等式，一国的经常账户余额等于该国公共部门的财政收支余额和私人部门的储蓄投资缺口，即 $CA = (T-G) + (S-I)$。这一结论已经在大量的经验研究中得到证实，即存在经常账户逆差的国家，其往往存在储蓄过少，或投资过高的情况；反之亦然。其微观经济学基础为"恒久收入——生命周期假说"，即各国在银行信贷约束、资本市场规模、人口年龄结构等方面的差异导致了各国储蓄率和投资率的差异，并影响各国经常账户模式的差异。因此，去除扭曲性的政策，缩小国内储蓄投资缺口，将有助于降低经常账户顺差（Bernanke，2005；Greenspan，2005a，b）。

在全球失衡中，中美两国呈镜像发展的经常账户盈余和经常账户赤字，是全球失衡的重要推动因素。除国际货币体系本身的问题外，不少结构性因素导致两国的储蓄投资缺口扩大（IMF，2011e）。

中国拥有较高的私人储蓄率，而国内储蓄转化的投资相对有限。中国目前存在的对经济再平衡不利的问题和政策大致包括：（1）20世纪90年代的国有企业改革，促进了经济增长，但相应的社会保障建设则相对落后，住房、医疗和教育价格偏高，提高了私人储蓄水平。由于投资率已经非常高，国内投资的增长持续低于储蓄增长，从而扩大了储蓄投资缺口。（2）对于生产要素，如土地、水资源、能源和资本等的补贴以及出口导向政策下的税收补贴，扭曲了市场价格水平，导致市场配置资源的效果受到影响，反映为内部的福利损失和外部账户顺差扩大。（3）利率管制降低了金融体系的资源分配效率。国有企业能够轻松享受廉价资本，而私人部门则主要依赖自我储蓄融资，低于市场水平的利率是造成这一现象的重要原因。（4）汇率管制使得市场失去了自身调节能力。低估的汇率降低了货币的国际购买力水平，压低了居民与企业的消费能力，同时也抑制了企业的进口类设备投资需求。汇率并非影响国际收支失衡的唯一因素，其变化方向对于经常账户平衡方向的影响也非完全确定，但其仍在外部失衡问题中占有重要地位。①目前中国正在向更加灵活的汇率制度转变，然而仍离完全市场化的汇率制度相去甚远。

美国私人部门的低储蓄率加上私人和公共部门的高负债，推高了对外部的需求。美国引致经济失衡的政策大致可以归纳为：（1）21世纪以来经济增长动力不足、对于减税政策的依赖以及持续的战争支出，导致美国财政平衡能力逐步下降。美国的公共财政处于税收收入增长缓慢，而财政支出不断增长的结构性失衡状态中。②（2）宽松的融资环境和信贷政策，推高了私人部门的杠杆率，同时也放大了私人消费能力，压低了储

---

① 尽管理论上货币升值将意味着出口的减少和进口的增加，但是实际中名义汇率的变动对于全球失衡方向的影响并不绝对。例如，当一国主要出口品的替代性较弱、需求的价格弹性偏低，同时该产品的供给规模较大、投资建设周期较长时，该货币升值的直接后果是失衡状况的恶化，而非缓解。

② 尽管非安全性支出在危机前部分受到挤压，但军费开支（反恐军费等）不断增加。而为应对经济下行风险，2001年和2003年实施的两次减税使联邦政府收入在后面10年中减少了2.5万亿美元。尽管减税措施都设定了有效期限，但在多党执政的情况下要重新调高税率在政治上并不容易实现。

蓄水平。（3）金融创新的过度和金融监管的失位，导致资本市场呈现非理性繁荣，资产泡沫形成的财富效应进一步推动私人部门压低储蓄率。（4）尽管在美国与中国的贸易中存在较大逆差，但美国长期对高科技出口实施管制（如在美国商务部的《战略贸易许可例外规定》中将中国排除在 44 个可享受贸易便利措施的国家和地区之外），影响了其贸易的平衡能力。

储蓄投资失衡不仅仅来源存在扭曲的经济政策，在一定程度上也受到国民意识形态和文化传统的影响。因此，内部失衡的彻底改变尚待时日，但是从发现和认识到扭曲的经济政策将有助于推动这一进程的进行。部分失衡国家已经显示出主动调整意愿和政策规划，同时 G20 也构成促进全球再平衡的外部推动力量。①

第七节　G20 议题研究的意义和方法论

G20 建立于 1997 年亚洲金融危机，并于 1999 年 12 月首次召开了会议。但是直到全球危机爆发后，G20 才逐步上升为重要的国际多边合作平台。关于 G20 的已有研究，多集中在 G20 发生、发展以及机制建设方面。从多年的发展来看，G20 全球治理机制关注的重点领域在于国际货币体系改革、国际金融监管改革、宏观经济政策协调、全球经济再平衡等方面。

上述文献为本书研究奠定了基础。然而，与现实需要相比，现有研究仍显不足。首先，金融危机后新兴市场国家地位得到极大提升。而正是由于其加入，G20 已取代 G8 成为全球治理的主要平台。同时，G20 讨论的焦点问题也是中国关心的问题，外界对中国的关注也提到了空前高度。这种变化要求决策者做好充分的应对准备。从新兴市场经济角度的分析，特别是以中国视角阐述全球金融治理重要议题，这方面的研究仍不充分。其次，金融危机以来，国际经济环境发生了重大改变，世界经济复苏的不确定性增强。而中国对外部经济环境的敏感程度却与日俱增。作为金融危机

---

① 在中国的十二五规划（2011—2015 年）设定的主要目标中，刺激内需、调整结构和平衡发展成为主旋律。明确提出保障居民人均可支配收入年增长达到 7% 以上，同时完善社会保障制度，良好的未来收入预期和后顾之忧的解决将有助于降低储蓄率、释放需求。在结构调整中，将提高制造业核心竞争力、发展战略性新兴产业和促进服务业发展作为重点。这些政策预示着中国政府已经从内部开始着手治理失衡问题。

后出现的最重要的全球治理机制，G20 是中国谋求国际利益的重要平台。但是，由于在这方面研究准备得不充分，导致我国在参与 G20 合作的过程中表现较为被动。因此，相关研究亟待加强。

本书研究的基本思路是对 G20 演进历程进行完整梳理，并将 G20 成员国的基本经济状况的分析作为讨论的重要背景。在此基础上，本项研究对 G20 框架下全球治理的重大问题进行研究。本项目研究的创新之处在于，首先，选择 G20 最重要的议题，以理论视角和框架，结合动态实践，甄别 G20 成员国之间合作潜力和分歧根源，提供政策建议；其次，关于《参考性指南》，本项研究提出对中国有利的，并且其他成员国有可能接受的方案，对其他成员国方案进行及时有效的分析和评估，提出利用 G20 平台改善全球失衡问题的原则和方法；最后，本项目在研究跨境资本流动的成因时引入新开放宏观经济学的分析方法，探寻国际资本流动动因和金融监管的方向。而对此次国际资本流动对经济的影响的分析与判断，则既有静态的整体评价，也有通过联动机制分析对其进行的动态判断。新开放宏观经济学的动态与静态相结合的分析方法。在研究债务危机的成因时，我们将引入新开放宏观经济学的分析方法，将开放利益融入动态和静态分析，探寻这种此次债务危机动因和公共债务管理的方向。而对此次债务危机对经济的影响的分析与判断，则既有静态的整体评价，也有通过联动机制分析对其进行的动态判断。

本书研究的方法论，是将理论、实证研究与实践和政策动态相结合，探讨政策建议时注重经验证据和理论论证。近年来，经济学家们对国际货币体系改革、全球经济失衡和国际资本流动等都分别做了大量研究，提出了一些政策建议。然而这些建议由于缺乏统一的理论基础和总体协调思路，对 G20 这样一个包含多种议题的综合性治理平台的运作缺乏具有系统性的对策参考。本部分试图针对国际货币体系改革、资本流动管理、全球金融监管、宏观政策溢出效应、政府公共债务管理以及全球经济再平衡几个重要领域进行系统阐述，力争对 G20 根据形势变化在各种议题中的侧重和动态演变进行跟踪研究。

第 二 章

G20 发展与成员国基本经济形势分析

2008 年 9 月，雷曼兄弟公司破产，发端于美国的次贷危机不可避免地演变成自大萧条以来最严重的金融危机。作为危机发源地的发达国家，金融市场迅速崩溃，资产价格大幅下跌，危机迅速从金融市场蔓延至实体经济，经济出现负增长，失业率大幅上升；新兴经济体和发展中经济体也不能独善其身，纷纷陷入外需萎缩、资本外逃、外汇资产贬值的困境。据国际货币基金组织（IMF）数据显示，2008 年，发达经济体实际国内生产总值（GDP）增长率仅为 0.1%，2009 年下跌至 −3.5%；同期内，新兴市场及发展中经济体实际经济增速也下降至 6.1% 和 2.7%。2009 年，全球商品和服务贸易总量下降 10.6%。[①] 在严峻的经济和金融形势下，发达国家和新兴经济体亟须一个合作平台，共同商讨危机应对措施，阻止危机进一步蔓延。鉴于 G20 所具有的代表性和效率性，G20 迅速成为世界主要经济体共同商讨危机应对措施的重要平台，并成为当今世界最重要的国际经济合作论坛。

从 2008 年以来，针对 G20 及其在全球治理中的作用以及 G20 的重要议题，学术界进行了广泛的研究。本书的后续章节将分别对 G20 峰会的主要议题进行深入的分析研究。本章则将回顾 G20 的发展历程，对 G20 成员国的基本经济特征进行简要分析，为后文的专题研究做铺垫。因此，本章的研究将以经验总结和数据统计描述为主。

本章结构安排如下：第一节，简要介绍 G20 的运行机制，回顾 G20 诞生和兴起的过程，并分析 G20 重要性上升的原因；第二节，对 G20 成员国的基本经济特征展开分析，特别是金融危机前后主要经济指标的变化

---

① 参见国际货币基金组织（2013）《世界经济展望》，2013 年 4 月。

趋势，例如，经济增长、经济结构、债务水平和国际收支等重要指标，凸显以 G20 为全球治理平台推动全球经济发展和各国宏观政策协调的必要性；第三节，归纳总结金融危机前后 G20 的主要议题和成果；第四节为本章的总结和结论。

第一节　G20 发展历程回顾

G20 是一个成立于 1999 年 9 月的国际合作论坛，其成员国包括美国、澳大利亚、加拿大、日本、韩国、法国、德国、意大利、英国、印度、中国、巴西、南非、墨西哥、俄罗斯、阿根廷、沙特阿拉伯、土耳其等 19 个主权国家和作为一个实体的欧盟。G20 涵盖了包括欧洲、北美、拉丁美洲、亚洲、非洲和大洋洲在内的主要经济体，其国内生产总值总量约占世界总产值的 85%，贸易量占全球贸易总量的比重超过 75%，覆盖了世界三分之二以上的人口（表 2.1.1）。因此，G20 在整体经济上具有巨大的影响力，在地理上和政治上拥有广泛的代表性，与 G8 相比反映了更平衡的全球力量。

表 2.1.1　　　　　　　G20 成员国主要经济指标（2014 年）

国家	贸易额	GDP	PPP	人均 GDP	HDI	人口
发达经济体						
澳大利亚	496700	1444189	1095384	61219	0.933	23599
加拿大	947200	1788717	1591580	50398	0.902	35467
法国	1212300	2846889	2580750	44538	0.884	63951
德国	2866600	3859547	3721551	47590	0.911	80940
意大利	948600	2147952	2127743	35823	0.872	59960
日本	1522400	4616335	4750771	36332	0.890	127061
韩国	1170900	1416949	1778823	28101	0.891	50437
英国	1189400	2945146	2548889	45653	0.892	64511
美国	3944000	17418925	17418925	54597	0.914	318523
欧盟	4485000	18495349	18526477	36638	0.876	505571

续表

国家	贸易额	GDP	PPP	人均 GDP	HDI	人口
新兴经济体						
阿根廷	142370	540164	947573	12873	0.808	42961
巴西	484600	2353025	3263832	11604	0.744	202768
中国	4201000	10380380	17617321	7589	0.719	1367520
印度	850600	2049501	7375898	1627	0.586	1259695
印度尼西亚	346100	888648	2676081	3534	0.684	251490
墨西哥	813500	1282725	2140564	10715	0.756	119582
俄罗斯	844200	1857461	3564549	12926	0.778	146300
沙特	521600	752459	1605703	24454	0.788	30624
南非	200100	350082	704514	6483	0.658	53699
土耳其	417000	806108	1508102	10482	0.759	77324

数据来源和说明：维基百科，https：//en. wikipedia. org/wiki/G － 20＿ major＿ economies。贸易额、GDP 及 PPP 的单位为百万美元，人均 GDP 单位为美元，HDI 为人类发展指数，人口的单位为千人。

一　G20 发展历程及治理机制简介

（一）G20 的发展历程

1997 年亚洲金融危机爆发后，世界主要经济体开始意识到：随着全球经济一体化进程的不断深入，各国经济相互联系和相互影响的程度不断加深，需要一种新的国际协调机制来应对全球经济波动。亚洲金融危机凸显了发展中国家参与国际协调机制的重要性，随着亚洲四小龙以及中国、印度和巴西等新兴经济体的崛起，世界事务的解决越来越需要更多的发展中国家参与其中。1999 年 12 月 16 日，G20 成员国财政部长和中央银行行长在柏林举行了财长和央行行长会议，并约定每年举行一次财长和央行行长会议，就国际金融货币政策、国际金融体系改革、世界经济发展等问题交换看法。成立初期，G20 主要是作为发展中国家和发达国家就经济议题进行对话沟通的平台，附属于八国集团（Group 8，以下简称 G8），重要性弱于 IMF、世界银行和 G8 等全球经济治理机制。

2007 年，美国次贷危机爆发，最终演变成大萧条以来最严重的金融危机，以美国为代表的发达国家经济遭受重创，其他国家也不同程度地受到影响。主要国家政府亟须一个更具包容性的对话平台来协调各国的危机应对策略，防止金融危机进一步蔓延。一方面，G20成员国涵盖世界主要经济体，经济总量占全球经济总量的85%，人口占全球人口的三分之二，在世界经济领域具有广泛的代表性和一定的合法性。另一方面，G20财长和央行行长会议机制成立将近10年，已经形成了一套比较成熟的运作机制，并在推动全球主要大国宏观经济政策对话与协调方面发挥了积极作用。因此，G20迅速成为各国政府商讨危机应对策略的重要平台。2008年，G20财政部长和中央银行行长会议被提升为领导人峰会，并继续保留已经举行了10年的G20财长和央行行长会议机制。2009年，匹兹堡峰会上G20峰会被正式制度化，并被提升为治理国际金融体系最主要的制度平台。从2008年至今，G20已经成功举办了9次峰会以及若干次财政部长和央行行长会议，在推动世界经济发展和维护金融稳定方面发挥积极的作用。

（二）G20治理机制及其评价

G20实质上是一个非正式的国际经济合作论坛，不设常设秘书处，由成员国轮流担当主席国①，并由轮值主席国设立临时秘书处，负责承办当年G20各项会议，确定会议的日程和主题。

1. G20运行机制

1999年至2007年，G20在具体运作中形成了以财政部长和央行行长会议为核心的组织架构。部长会议每年秋季举行，由成员国轮流举办。为了确保工作的连续性，G20开启了由前任主席国、现任主席国和下任主席国组成的"三驾马车（troika）"管理制度，负责会议议题的选择，会务的筹备等工作。为了给财政部长和央行行长会议做准备，G20每年还会举行两次财政部长和央行行长副手会，以及三次专题研讨会。会议成果主要以联合公报的形式发布，内容主要包括成员国在会议期间达成的共识。

2008年，成员国同意将G20从部长级会议提升为领导人峰会，将领导人峰会改为一年两次。2011年起，随着金融危机见底以及世界经济的

①　2009年，G20峰会被正式制度化，并确立了峰会主席国轮值规则，从2010年起执行。19个主权国家被分为五组，每个小组最多包含四个国家。G20主席国在小组之间和小组内部轮流产生。第一组包括：澳大利亚、加拿大、沙特阿拉伯、美国；第二组包括：印度、俄罗斯、南非、土耳其；第三组包括：阿根廷、巴西、墨西哥；第四组包括：法国、德国、意大利、英国；第五组包括：中国、印度尼西亚、日本、韩国。

复苏，G20 领导人峰会过渡到一年一次。G20 峰会机制继承了部长会议时期的"三驾马车"管理制度，临时秘书处仍由上一届、当届和下一届主席国成员组成，被称为"三驾马车"，以确保 G20 工作的连续性。除了领导人峰会，还保留了财政部长和央行行长会议及其副手会，并将财政部长和央行行长会议的频率提升到一年三至四次。除了财政部长和央行行长会议，G20 还会不定期地组织其他部长会议，深入探讨 G20 关注的其他议题。例如，从 2010 年至 2014 年，G20 组织了三次农业部长会议、两次外交部长会议、五次劳工和就业部长会议、四次发言人协商会议和两次商务部长会议。历次峰会和部长会议期间的成果主要以联合公报、宣言和行动计划的形式发布。

2. 与非成员国的合作

为了扩大 G20 的代表性，G20 主席国还会邀请一定数量和具有代表性的非成员国作为嘉宾直接参与峰会筹备。其中，西班牙已经成为 G20 峰会机制的永久嘉宾。东盟主席国、全球治理组织主席国、非洲联盟主席国和非洲发展新伙伴关系的主席国每年都将被邀请参加 G20 峰会。G20 主席国也可以邀请其他非成员国参与峰会。从 2008 年至 2014 年，已经有贝宁、文莱、柬埔寨、智利、哥伦比亚、赤道几内亚、埃塞俄比亚、哈萨克斯坦、马拉维、荷兰、西班牙、瑞士、泰国、阿联酋、越南、毛里塔尼亚、塞内加尔、缅甸和新西兰等非成员国参与 G20 峰会。

3. 与多边国际机构的合作

G20 还与多边国际机构保持着密切的联系。G20 会邀请相关国际机构负责人参加历次峰会，并委托这些机构就特定问题开展研究并提交报告，为峰会筹备提供智力支持。例如，IMF 负责 G20 宏观经济政策相互评估工作并落实由 G20 推动的国际货币基金组织份额和治理改革一揽子方案；金融稳定理事会（FSB）负责推进 G20 峰会决定的金融监管改革领域各项重要举措；世界贸易组织（WTO）和经合组织（OECD）负责研究贸易问题，包括大宗商品价格波动和全球价值链体系，并监督落实 G20 成员遵守反对贸易保护主义的情况；国际劳工组织（ILO）负责提供全球就业形势和有关政策建议，为全球经济增长和就业提供技术支持。

4. 对 G20 治理机制的评价

从 1999 年宣布成立以来，G20 已经形成了以峰会为引领、协调人和财金渠道"双轨机制"为支撑、部长级会议和工作组为辅助的架构。G20

在代表性和效率性上都体现出很大的优势。但是，G20 仍是一个国际合作论坛，是布雷顿森林体系下框架内非正式对话的一种机制。

首先，G20 没有常设的办事机构，每次会议的组织和协调都由主席国成立的临时秘书处负责。虽然，G20 采用了"三驾马车"的管理制度来确保工作的延续性，但其难以与各成员国建立起长期有效的沟通协调机制，并提高其独立性。这是 G20 发展成为一个真正独立的全球治理机制的重要障碍。

其次，目前 G20 的决策机制是通过协商达成共识，并以联合公报和行动计划的形式发布，在决策执行上并没有约束力。一方面，为了达成共识，会议的成果往往都是一些比较原则性的意见，以声明或是宣言的方式体现，缺乏具体、可操作的内容和措施。另一方面，所达成的协议和目标并没有约束力，政策的落实完全依靠各国的意愿，违背峰会上的承诺也不会受到惩罚，这将导致 G20 的全球治理的实际效果大打折扣。

二　G20 重要性凸显的原因分析

G20 的发展是始于危机，也是盛于危机。1997 年亚洲金融危机促成 G20 的诞生，2008 年全球金融危机又将 G20 的重要性显著提高，使其超越 G8、IMF 和世界银行等多边对话机制和机构，成为当今世界最重要的全球治理平台之一。但是，从根本上讲，G20 重要性的提升是源于全球化和发展中国家经济实力的上升（金灿荣，2009）。

一方面，随着全球化深入发展，国际贸易和国际投资的规模显著增加，方向更加多元化，国家之间的联系越来越紧密，各国经济增长和宏观政策的溢出效应越来越明显，因此，发达国家在解决全球经济金融稳定问题时越来越离不开发展中国家的参与和配合。而且，随着经济全球化的深入发展，全球对世界公共产品的需求也显著增加，因此，有必要建立一个更具代表性和更有效率的超主权机制来维护市场秩序，降低交易成本，包括有序的汇率安排，共同的贸易规则和协调的宏观经济政策等，避免出现各国货币竞相贬值，贸易保护主义抬头，"以邻为壑"，各自为战的局面。

另一方面，随着以中国和印度为代表的新兴经济体经济实力不断增强，世界经济的天平开始向发展中国家倾斜，世界经济朝着更加多元化的方向发展，发展中国家期望在国际经济事务中拥有更多的话语权。

G20 的成立和兴起打破了长期以来由 G8 国家为代表的发达国家掌控世界经济事务的不平等格局，实质性地推动了以 IMF 和世界银行为主体的全球经济治理体系的改革（张海冰，2010）。如表 2.1.2 所示，从世界经济排名来看，2000 年至 2013 年，G20 成员国中，大部分发达经济体的排名都出现了下滑，例如，日本、德国、英国、意大利、加拿大和韩国都出现了不同程度的下滑，只有澳大利亚出现了上升，美国和法国的排名保持不变；大部分新兴经济体的排名都实现了上升，例如，中国的 GDP 规模从第 6 位上升至第 2 位，俄罗斯从第 17 位上升至第 9 位，在所有新兴经济体中，只有阿根廷、墨西哥和南非的排名出现下滑。世界经济格局的变化，使得 G7、G8 主导下的传统全球经济治理体系能力愈显不足。G20 重要性提升符合世界经济政治格局的发展方向，它提供了一个发达国家和发展中家可以平等协商、求同存异的协调机制和平台，使发展中国家有机会参与到全球经济治理和国际规则制定中，而不是被动地接受国际规则。

表 2.1.2　　　　　　　　G20 成员国世界经济排名（名义 GDP）

	2000 年	2013 年	变化
发达国家			
美国	1	1	不变
日本	2	3	下降
德国	3	4	下降
英国	4	6	下降
法国	5	5	不变
意大利	7	8	下降
加拿大	8	11	下降
韩国	12	14	下降
澳大利亚	14	12	上升
新兴经济体			
中国	6	2	上升
巴西	9	7	上升
墨西哥	10	15	下降

	2000 年	2013 年	变化
印度	13	10	上升
阿根廷	16	21	下降
俄罗斯	17	9	上升
土耳其	21	18	上升
沙特阿拉伯	23	19	上升
印度尼西亚	28	16	上升
南非	29	33	下降

资料来源和说明：世界银行数据库，http://data.worldbank.org/data-catalog/GDP-ranking-table。

第二节　G20 成员国经济特征分析

G20 成员国在地域上覆盖了欧洲、北美洲、拉丁美洲、亚洲、非洲和大洋洲主要的经济体。从经济发展水平来看，G20 成员国大致可分为两大类：一类是以美国、欧盟和日本为代表的发达经济体；另一类则是以金砖国家为代表的新兴经济体。发达国家一般拥有先进的技术、先进的资本，在高端制造业和服务业方面处于领先地位，位于全球产业链的上游；新兴经济体一般拥有丰富的人力资本和资源禀赋，在劳动密集型行业处于领先地位，一般处于全球产业链的下游。各成员国在资源禀赋、经济发展水平、经济增长动力和经济政策等方面都存在显著的差异，所以其经济发展存在不同的特征。

一　经济增长分析

从经济增速来看，过去三十年新兴经济体的经济增速显著高于发达经济体，并且在过去十年明显扩大。金融危机前，大部分发达经济体的经济增速维持在 2% 左右。如表 2.2.1 所示，2000 年至 2007 年，发达经济体年平均经济增速为 2.65。金融危机爆发后，发达经济体经济遭受重创，除澳大利亚和韩国，其余发达经济体的经济均出现了负增长，例如，2008 年，美国、英国、法国、德国、意大利、日本和加拿大的经济增速分别为 −0.4%、−1%、−0.1%、1.1%、−1.1%、−1% 和 0.7%；在危机最严重的 2009 年，上述经济体的经济增速进一步下降为 -3.1%、-4%、-3.2%、-5.1%、-5.5%、-5.5% 和 -2.8%，澳大利亚和韩国的经济虽然继续保持正增长，但是也显著下滑。2010 年，发达经济体经济增速由负转正，但是受到欧债危机和日本强烈地震等因素的影响，复苏仍然不稳定。

2000 年至 2007 年，新兴经济体的平均经济增速约为 5.45%，高出发达经济体将近 3 个百分点，但是各经济体间的差异比较大，有像中国（10.5）、印度（7.12%）和俄罗斯（7.17%）这样经济增速较高的国家，也有像巴西、墨西哥和阿根廷这样经济增速偏低的国家，但都在 3% 以上。2008 年金融危机爆发后，新兴经济体受到显著的影响，外需萎缩，资本外流，经济增速显著下降，但是新兴经济体的经济复苏快于发达经济体，且复苏进程比发达国家稳定。金融危机后，新兴经济体平均经济增速为 4.35%，而发达国家经济平均增速仅为 0.89%，发达经济体和新兴经济体之间的经济增长差距进一步扩大。危机爆发后，发达经济体和新兴经济体经济呈现出"双速"增长，这导致发达国家和新兴经济体在宏观经济政策上出现了矛盾。发达国家为促进经济增长，增加就业而采取的宏观政策可能对新兴经济体产生负面的溢出效应。例如，美国的量化宽松政策可能导致新兴经济体热钱流入增加，资产价格上涨，经济过热。新兴经济体的经济政策面临两难，一方面，为应对经济过热和通货膨胀，发展中国家的央行不得不提高基准利率；另一方面，提高利率，将导致热钱进一步流入。

表 2.2.1　　　　　G20 成员国经济增速比较（1980—2013 年）

国家	1980—1989	1990—1999	2000—2007	2008—2013
发达国家				
日本	4.37	1.47	1.52	0.17
美国	3.04	3.21	2.58	0.93
英国	2.48	2.57	3.13	0.22
法国	2.29	1.87	2.06	0.32
德国	1.96	2.17	1.63	0.60
意大利	2.55	1.44	1.56	-1.40

国家	1980—1989	1990—1999	2000—2007	2008—2013
澳大利亚	3.40	3.37	3.38	2.66
加拿大	3.04	2.44	2.82	1.35
韩国	7.68	6.25	5.20	3.16
平均	3.42	2.75	2.65	0.89
新兴经济体				
印度	5.69	5.73	7.12	6.87
俄罗斯	NA	−4.91	7.17	1.82
巴西	2.99	1.70	3.54	3.11
中国	9.75	9.99	10.50	8.99
南非	2.24	1.39	4.31	2.06
土耳其	4.10	3.98	5.23	3.34
墨西哥	2.29	3.38	3.00	1.82
印度尼西亚	6.38	4.83	5.05	5.90
阿根廷	−0.73	4.52	3.42	4.12
沙特阿拉伯	−0.63	3.10	5.16	5.51
平均	3.56	3.37	5.45	4.35

数据来源和说明：2015 年 Wind 数据库，全球宏观经济数据模块下的世界银行统计数据。

二　成员国经济结构分析

根据国民收入核算理论，消费、投资和净出口是一国经济增长的"三驾马车"，三者在各国经济中所占的比重可以在一定程度上反映该国的经济结构。从 2000 年至 2012 年，G20 的 19 个经济体消费、投资和净出口的平均占比来看，发达经济体消费占 GDP 的比重集中在 80% 左右，其中居民消费占比在 60% 左右，政府消费占比在 20% 左右，其中，韩国居民消费和政府消费占 GDP 的比重都比较低，两者相加不足 70%。投资在经济体中的比重大约在 20%，其中，英国的投资支出占比最低，仅为 16.6%。净出口在发达经济体间的差异较大，其中，美国、英国和澳大利亚是主要的逆差国，2000 年至 2012 年，美国经常账户赤字占 GDP 的比重平均为 4.2%，英国为 2.3%，澳大利亚为 1.2%；日本、德国和加拿大是主要的顺差国，经常账户顺差占 GDP 的比重分别为

0.8%、4.7% 和 2%。由此可见，消费是发达国家最主要的经济增长动力。2008 年和 2009 年，发达国家实际国内需求下降了 0.4% 和 3.8%。

新兴经济体经济构成的差异更大。从居民消费来看，印度、巴西、南非、土耳其、墨西哥和阿根廷居民消费占整体经济的比重都在 60% 以上，与发达国家相当；中国和沙特阿拉伯居民消费占整体经济的比重在 40% 以下；俄罗斯居民消费占整体经济的比重为 49.7%，处于中间水平。从政府消费来看，巴西、南非和沙特政府消费占整体经济的比重较高，在 20% 左右；印度、墨西哥和印度尼西亚政府消费占整体经济的比重则较低，其中印度尼西亚政府支出占 GDP 的比重仅为 8.2%。从投资来看，印度和中国投资占整体经济的比重偏高，特别是中国投资占 GDP 的比重高达 42.6%，是 G20 中最高的，其余新兴经济体投资占整体经济的比重均在 20% 左右。从净出口来看，印度、南非、土耳其和墨西哥是主要的逆差国；俄罗斯、中国、印度尼西亚、阿根廷和沙特阿拉伯是主要的贸易顺差国，其中，得益于石油价格上涨，沙特阿拉伯净出口占整体经济的比重高达 23%，受益于大宗商品价格上涨，俄罗斯和阿根廷这样的资源型国家也存在较大的经常账户顺差。由此可见，新兴经济体的经济增长动力各有不同。中国的经济增长主要依靠投资和净出口，居民消费在总产出中的占比极低。这一方面与中国居民贫富差距较大，社会保障不健全导致的内需不足有关；另一方面也与中国的特殊国情有关，中国是一个以公有制为主体的社会主义国家，区域发展不平衡，中西部地区的基础设施建设还很落后，为推动区域经济平衡发展，由政府出面加大对中西部落后地区的基础设施投资有利于增进这些地区的经济发展动力，并提高其消费能力，对中国经济发展具有长远的积极的意义；沙特阿拉伯和俄罗斯是典型的资源型国家，其经济增长主要依靠石油和天然气等大宗商品贸易，与全球大宗商品价格息息相关，消费在总产出中的比重均比较低；印度经济增长主要依靠消费和投资；印度尼西亚和阿根廷的经济增长则主要依靠消费和净出口；南非、土耳其和墨西哥的经济增长则主要依靠消费。

三　政府债务水平分析

2009 年年底，欧洲主权债务危机率先在希腊爆发，并逐渐蔓延至爱尔兰、葡萄牙、西班牙和意大利等欧元区国家。投资者纷纷抛售欧元区主权债务，债券收益率大幅上升，给世界经济和金融稳定蒙上了一层新的阴影。欧债危机引发了投资者对发达国家政府失职、政府收支失衡和过度举债等问题的关注。G20 作为重要的全球治理平台，对发达国家的债务问题进行了深入探讨，并达成了诸多共识，例如敦促各国制定具体的财政整顿计划，打击避税天堂等。

如图 2.2.1 所示，除韩国和澳大利亚外，其余 G20 发达经济体都面临较为严重的债务问题，特别是日本和意大利。如果以 60% 的国际警戒线进行划分，那么金融危机前夕，除韩国、澳大利亚和英国外，其余发达经济体的债务占比都在警戒线以上。债务水平占比与一国所处的经济周期存在显著的关系。经济繁荣时期，GDP 增速较高，税收增加，支出减少，赤字降低；而经济衰退时期，中央政府通常会采取减税和增加政府支出等财政刺激措施，这将导致财政支赤字扩大，债务累计速度上升。所以，金融危机爆发后，发达经济体的债务水平显著上升。2007 年至 2012 年，日本、英国、美国、法国、意大利、加拿大、澳大利亚、德国和韩国一般政府债务占 GDP 的比重分别上升了 55%、45%、38%、26%、19%、18%、16% 和 4%。随着世界经济复苏逐渐走向稳定，以及各国财政整顿改革的推进，一般政府债务占 GDP 的比重有望在 2016 年逐渐下降。

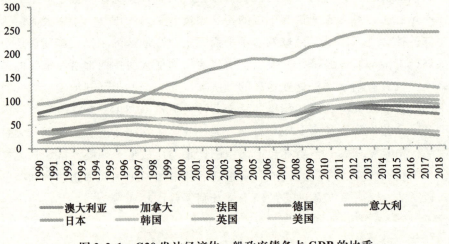

图 2.2.1   G20 发达经济体一般政府债务占 GDP 的比重

数据来源和说明：国际货币基金组织数据库，www.imf.org，2012 年以后为估计值。

如图 2.2.2 所示，G20 新兴经济体中，印度和巴西的债务负担较重，一直处于 60% 的国际债务警戒线以上。中国政府债务水平出现过两次明显的上升阶段，第一阶段是 1997—2000 年亚洲金融危机期间，一般政府债务占 GDP 的比重从 1997 年的 7% 上升至 2000 年的 16%；第二阶段是 2008 年至 2010 年全球金融危机期间，一般政府债务占 GDP 的比重从 2008 年的 17% 上升至 34%。亚洲金融危机期间，俄罗斯和印度尼西亚等危机国家为了满足 IMF 的救助条件采取了财政紧缩政策，政府债务占 GDP 的比重显著下降。2002 年，阿根廷债务危机爆发，阿根廷随后采取了财政整顿和债务重组措施，政府债务水平显著下降。

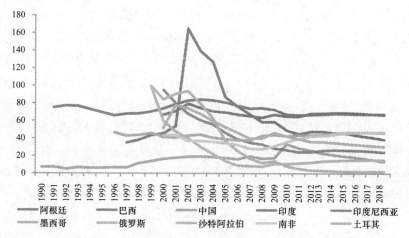

图 2.2.2　G20 新兴经济体一般政府债务占 GDP 的比重

数据来源和说明：国际货币基金组织数据库，www. imf. org，2012 年以后为估计值。

由此可见，从一般政府债务占 GDP 的比重来看，发达国家的债务问题更为严重，除了韩国和澳大利亚外，G20 发达国家的一般政府债务占 GDP 的比重都超过了 60% 的警戒线。而除印度和巴西以来的 G20 新兴经济体债务水平均较低。但是，新兴市场和发展中国在全球经济中仍处于外围，其在经济调整灵活性、融资能力以及国际信誉都与处于中心地位的发达经济体存在一定差距，这些国家债务危机的触发点往往低于发达国家，因此，新兴市场及发展中国家也应该做好财政整顿工作，实现财政自律，警惕债务危机。

四　国际收支失衡分析

从图 2.2.3 和图 2.2.4 可以看出，无论是发达国家内部，还是发达国家与新兴经济体之间，都存在严重的国际收支失衡，所以，全球再平衡问题一直是 G20 历次峰会的主要议题。

发达国家中，德国是最大的顺差国，净出口占 GDP 的比重一度高达 6.7%（2007），金融危机过后，这一比重出现了短暂的下跌，随后又继续上升，德国巨额的经常账户赤字得益于欧元区诞生后，竞争力的提升，其贸易顺差主要来自欧元区内部；金融危机前，日本经常账户顺差占 GDP 的比重一直维持在 1.5% 附近，2009 年至 2010 年，受外需萎缩的影响，经常账户顺差显著收窄，2011 年至 2013 年，受强烈地震的影响，日本出现经常账户赤字；韩国是主要的顺差国，2008 年，韩国经常盈余短暂下滑，出现轻微逆差，但很快在 2009 年恢复至顺差，2013 年韩国经常账户盈余占 GDP 的比重上升至 5.1%；2000 年至 2008 年，加拿大经常账户顺差占 GDP 的比重从 5.64% 下降至 1.73%，2009 年至 2013 年，加拿大国际收支转为逆差，并维持在 1%—2%；美国是全球最大的赤字国，2000 年至 2008 年，经常账户逆差占 GDP 的比重维持在 3%—6%，金融危机爆发后，美国的国际收支逆差缩小至 4% 以内；2000 年至 2013 年，英国国际收支一直处于逆差，且维持在 2% 左右，变动不大；澳大利亚国际收支的波动较大，但大部分时间都处于赤字状态；欧元诞生后，意大利和法国的竞争力削弱，两国的国际收支逐渐从顺差转为逆差。

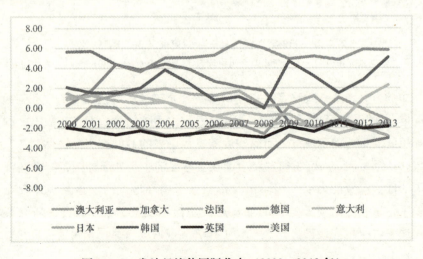

图 2.2.3　发达经济体国际收支（2000—2013 年）

数据来源和说明：世界银行数据库，http://data.worldbank.org/indicator。

新兴经济体中，沙特阿拉伯、俄罗斯和中国是主要的顺差国，印度和土耳其是主要的逆差国。沙特阿拉伯和俄罗斯是典型的资源型国家，金融危机前，得益于全球大宗商品需求增加及价格上涨，两国经常账户顺差占GDP的比重一直维持在很高的水平，但两国的经常账户受国际大宗商品价格的影响较大；受加入世界贸易组织、制造业竞争力提升和劳动力成本低等因素的影响，2004 年至 2008 年，中国经常账户顺差不断扩大，2008年，经常账户顺差占 GDP 的比重高达 8.8%，金融危机爆发后，受外部需求下降的影响，经常账户顺差占 GDP 的比重逐渐回落至 3% 以内。2003年至 2011 年，印度经常账户赤字占 GDP 的比重呈上升趋势，2012 年，该比重已上升至 6.7%，但 2013 年，印度经常账户逆差占 GDP 的比重显著下降至 3%。土耳其的经常账户赤字在金融危机期间出现大幅下滑，但是危机过后又迅速反弹。

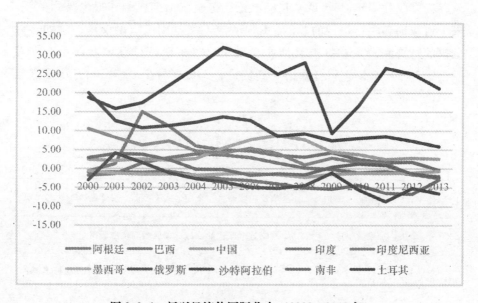

图 2.2.4　新兴经济体国际收支（2000—2013 年）

数据来源：世界银行数据库，http://data.worldbank.org/indicator。

第三节   G20 峰会议题及成果回顾

G20 为发达国家和新兴经济体就危机应对措施、宏观经济政策协调和金融监管改革等重要问题开展富有建设性和开放性的对话提供了有利的平台，为有关实质问题的讨论和协商奠定了广泛的基础，有利于各国协力合作推动国际金融体制的改革，加强国际金融体系架构，促进经济的稳定和持续增长。从诞生至今，G20 大致可以分为两个发展阶段，第一阶段是金融危机之前的财政部长和央行行长会议阶段；第二阶段是全球金融危机爆发后的领导人峰会阶段。

一   财政部长和央行行长会议阶段

1999 年至 2007 年，G20 每年仅举行一次财政部长和中央银行行长会议，其重要性弱于 G8、IMF 和世界银行等全球治理机制，很少受到关注。限于财政部和中央银行的职能，G20 最初只关注财政金融议题，诸如金融危机的防御和解决、打击恐怖主义融资、打击滥用国际金融体系等。随后，G20 部长会议也将议题衍生到贸易、人口老龄化、移民和经济发展等更为广泛的经济议题（表 2.3.1）。

表 2.3.1   G20 财长与央行行长会议主要议题（1999—2007 年）

时间	国家	城市	会议主要议题
1999 年 12 月	德国	柏林	全球及区域经济和金融形式；国际金融体制改革的方向等
2000 年 10 月	加拿大	蒙特利尔	如何应对全球化的挑战；如何减轻金融危机危害
2001 年 11 月	加拿大	渥太华	"9·11" 事件对全球经济和金融的影响；G20 在打击恐怖融资活动方面的作用等
2002 年 11 月	印度	新德里	金融危机防范与应对；全球化；打击恐怖主义融资；保持经济持续增长等
2003 年 10 月	墨西哥	莫雷利亚	金融危机防范与应对；发展融资；打击恐怖融资；全球化与经济发展；金融机构建设等

续表

时间	国家	城市	会议主要议题
2004 年 11 月	德国	柏林	宏观经济形势；金融部门机构建设；打击滥用国际金融体系；老龄化的挑战与移民；主权债务重组；布雷顿森林机构 60 年回顾；在全球化背景下促进经济稳定与增长；区域一体化等
2005 年 10 月	中国	北京	加强全球合作，实现世界经济的平衡有序发展；布雷顿森林机构改革；发展融资；发展理念创新等
2006 年 11 月	澳大利亚	墨尔本	建设和维持繁荣；当前世界经济形势和发展；能源与矿产；布雷顿森林机构改革等
2007 年 11 月	南非	开普敦	确保世界金融市场稳定；国际货币基金组织及世界银行的改革等

资料来源和说明：作者根据公开资料整理。

二　领导人峰会阶段

2008 年，为应对全球金融危机造成的不利影响，G20 财长和央行行长会议升级为领导人峰会。2008 年至今，全球经济形势经历了显著的变化，G20 峰会的议题也从短期的危机救助向中长期内的经济增长、宏观经济政策协调，金融监管改革和经济结构改革等议题转变，以帮助各国经济实现"强劲的、可持续的和平衡的经济增长"。根据峰会召开的背景及主要议题，可以将全球金融危机后 G20 的发展划分为三个小阶段[①]。

（一）第一阶段：应对金融危机，维持全球金融市场稳定（2008—2009）

2008 年，雷曼兄弟公司破产，发端于美国的次贷危机演变成自大萧条以来最严重的危机。处于危机中心的美国和欧盟等发达经济体的金融体系迅速崩溃，金融市场流动性冻结，大量金融机构倒闭或陷入困境。而且，危机很快向实体经济体经济蔓延，经济增长显著下降，失业率大幅上升。新兴经济体也不同程度地受到了危机的影响，外需萎缩、资本外逃困扰着新兴经济体。发达国家采取了广泛的危机救助措施，例如，向金融市场注入流动性，将陷入困境的企业国有化等。此外，发达国家和新兴经济

---

① 历次峰会的主要议题和成果主要来源 G20 官网发布的资料（www. g20. org）。

体都采取了史无前例的扩张性财政和货币刺激政策，帮助全球经济早日走出衰退。因此，这一阶段 G20 会议的主要任务是商讨金融危机产生的根源，协调全球的危机应对策略，恢复全球经济秩序，防止危机进一步蔓延。

华盛顿峰会以加强金融监管为主，就防止金融市场恶化和改善金融监管达成了包含 47 项内容的行动计划，包括提高透明度和问责制、强化审慎监管、提升金融市场的诚信和改进金融监管国际合作等。同时，华盛顿峰会还达成了抵制贸易保护主义、推进多哈回合谈判等共识。

伦敦峰会以财政和货币刺激政策协调为主要议题，就向 IMF 和多边发展银行等机构增资达成了协议。伦敦峰会上，各国确定将 IMF 的基金份额提高到 1 万亿美元，并在金融稳定论坛（Financial Stability Forum，FSF）基础上创立了金融稳定理事会（Financial Stability Board，FSB），成为国际金融监管领域的规则、标准制定者和改革实施者，同时，峰会再次重申了反对贸易保护主义。

匹兹堡峰会制定了"强劲、可持续和平衡的经济增长"框架以支持全球经济复苏，并建立起成员国宏观经济互评机制（Mutual Assessment Process，MAP）。峰会还同意改革 IMF 和世界银行等全球性金融机构，将 IMF 份额从发达国家向新兴市场和发展中国家转移至少 5% 的份额，在世界银行为发展中国家增加至少 3% 的投票权，以更好地反映 21 世纪以来世界经济实力的变化，提高发展中国家的话语权。最为重要的是，匹兹堡峰会确立了 G20 作为全球经济合作首要平台的地位。

（二）第二阶段：应对欧债危机，协调成员国宏观政策（2010—2011）

第二阶段，G20 面临的全球经济形势更为复杂。一方面，发达经济体尚未从经济衰退的泥淖中走出，欧元区又陷入严重的主权债务危机，发达国家的主权债务问题被推到风口浪尖；另一方面，以金砖国家为代表的新兴经济体很快从危机中复苏，成为全球经济复苏的重要力量，但是，新兴市场经济体却面临经济过热和物价上升等问题。发达国家需要进一步强化刺激政策，并进行财政整顿，而新兴经济体则希望采取紧缩新措施，解决流动性过剩和经济过热等问题。因此，处理欧债危机以及协调成员国国内的宏观经济政策是这一阶段 G20 峰会的主要任务。

多伦多峰会以财政整顿为主要议题。发达经济体承诺到 2013 年将财政赤字至少削减一半，并在 2016 年前降低主权债务占 GDP 的比重，或者至少要保持稳定，并承诺继续实施结构改革以实现全球经济再平衡和强劲的经济增长。各国领导人还同意在首尔峰会之前完成由巴塞尔银行监管委员会主导的新的银行资本金和流动性管理规则的制定工作，并承诺在 2013 年之前不再增加新的贸易保护壁垒，履行向多边发展银行增资 3500 亿美元的承诺，并支持相关机构改革。

首尔峰会以汇率、全球金融安全网、国际金融机构改革和发展问题为四大主要议题。首尔峰会发布了《首尔行动计划》，在该计划下各成员国承诺采取确保经济持续复苏和可持续增长的宏观政策，增强金融市场的稳定性。在经常账户失衡方面，各国领导人同意在"强劲的、可持续的和平衡的经济增长"框架下，建立解决经常账户失衡的指示性方针；在金融改革方面，各国承诺通过巴塞尔协议Ⅲ一揽子改革计划达成的协议，促进金融部门改革，加强全球金融体系监管；在国际金融机构改革方面，应尽快根据匹兹堡峰会上的承诺，改革 IMF 份额和管理，加强全球金融安全网，包括增强 IMF 贷款额度的弹性，并建立预留信贷额度；在发展方面，首尔峰会制定了 G20 发展议程，发起针对共同增长的首尔发展共识。

戛纳峰会最大的焦点是欧债危机。戛纳峰会的主要成果包括：成员国应制定与国情相符的经济增长和就业行动计划，解决短期经济疲软的问题，加强中长期经济增长动力；欧盟成员国承诺确保欧洲金融稳定机制资金的充足性，G20 成员国则承诺确保 IMF 资金的充足性；重申了 G20 反对贸易保护主义的立场，并同意考虑建立多哈回合以外的、平行的国际贸易谈判机制；同意加强"影子银行活动"监管，支持本地债券市场的发展和深化；通过了粮食价格波动和农业行动计划，提高农业产出和生产力，增加市场信息和透明度。

（三）第三阶段：巩固经济复苏，促进经济发展（2012—2015）

这一阶段，发达国家逐渐从经济衰退中走出，经济增长基础加强，失业率下降。这一时期，G20 峰会的议题开始从短期的危机应对和维持金融市场稳定向实现全球经济长期可持续发展倾斜。而且，G20 峰会的议题已不仅局限于经济领域，而且还将议题扩大至应对气候变化和反腐等议题方面。

洛斯卡沃斯峰会的成果包括：成员国将制定具体的措施，在洛斯卡沃斯经济增长和就业行动计划下促进需求和经济增长，提高信心，加强金融稳定；承诺向 IMF 注资 4500 亿美元，并将继续实施 2010 年 IMF 份额和管理改革；承认贸易是经济增长的关键要素之一，将抵制和打击贸易投资保护主义的期限延长至 2014 年；承诺推进 WTO 多哈回合谈判，推进贸易便利化，简化最不发达国家的进入程序；呼吁深入分析限制性贸易和投资措施对全球价值链的影响；推进 G20 发展议程，特别是食品安全、金融普惠、可持续发展和包容性绿色增长等议题。

圣彼得堡峰会的成果包括：通过并发布了圣彼得堡行动计划，该计划制定了实现"更强劲、可持续、平衡的经济增长"的改革措施，同时，还建立起责任评估机制，评估以往承诺的执行情况；各国承诺在 2016 年之前都不增加新的贸易或投资保护措施；通过了由 OECD 制定的旨在解决税基侵蚀和利润转移问题的行动计划；发布了圣彼得堡 G20 发展承诺责任报告，评估了自 2010 年首尔多年发展行动计划通过以来，在这方面取得的进展；重申继续实施金融监管改革和 IMF 改革。

布里斯班峰会的主要成果包括：通过并发布了布里斯班经济增长行动计划，提出了 800 多项新改革措施来提高经济增长和增加就业。IMF 和 OECD 估计这些措施有望在未来五年创造 2.1% 的经济增速，相当于 20 万亿美元的额外产出和上百万的新增就业。此外，布里斯班峰会还发布了全球基础设施倡议（GII），提高公共及私人基础设施投资质量。为了促进 GII 的事实，G20 领导人同意在悉尼建立全球基础设施中心；同意根据各国的情况在 2025 年将男女劳动参与率的差距缩小 25%，这将为全球女性创造 1 亿多个就业，并显著提高全球经济增速，减少贫困和不平等；签署了新的 G20 反腐行动计划，以增加公共和私人部门的透明和公正，提高经济增速和经济体的灵活性；实施《G20 受益人所有权透明度高级原则》，增加公司拥有者和控制着信息的透明度；签署通过了《G20 能源合作原则》和《G20 能源效率行动计划》，进一步促进能源市场发展，保障能源安全。另外，峰会期间各国还承诺将完全落实此前达成的金融监管改革，并警惕新的风险；采取行动促进国际税收体系的公平性，保护各国的税收基础，打击避税；保障食品安全；积极应对埃博拉疫情。

表 2.3.2　G20 历届峰会主题及外交、财经渠道议题回顾（2008—2015）

时间	峰会名称	主题	外交渠道	财金渠道
2008 年 11 月	华盛顿峰会（美国）		1. 国际金融危机原因及应对；2. 加强金融监管；3. 推动国际金融体系改革	1. 国际金融危机原因及应对；2. 加强金融监管；3. 推动国际金融体系改革
2009 年 4 月	伦敦峰会（英国）	稳定和增长	1. 全球经济形势；2. 贸易；3. 发展	1. 宏观政策协调；2. 国际金融机构改革；3. 金融监管改革
2009 年 11 月	匹兹堡峰会（俄罗斯）		1. 全球经济形势；2. 贸易；3. 发展；4. 能源；5. 全球经济治理改革	1. 宏观政策协调；2. 国际金融机构改革；3. 金融监管改革
2010 年 6 月	多伦多峰会（加拿大）	复苏与新开端	1. 全球经济形势；2. 贸易；3. 发展；4. 能源；5. 全球经济治理改革	1. 宏观政策协调；2. 国际金融机构改革；3. 金融监管改革；4. 增长框架
2010 年 11 月	首尔峰会（韩国）	跨越危机和携手成长	1. 全球经济形势；2. 贸易；3. 发展；4. 反腐；5. 全球海洋环境保护	1. 宏观政策协调；2. 国际金融机构改革；3. 金融监管改革；4. 增长框架；5. 全球金融安全网
2011 年 11 月	戛纳峰会（法国）	新世界和新思维	1. 全球经济形势；2. 贸易；3. 发展；4. 反腐；5. 全球海洋环境保护；6. 全球治理；7. 能源	1. 宏观政策协调；2. 国际金融机构改革；3. 增长框架；4. 金融监管、改革和普惠金融；5. 能源和大宗商品价格
2012 年 6 月	洛斯卡沃斯峰会（墨西哥）		1. 全球经济形势；2. 贸易；3. 发展；4. 就业；5. 能源；6. 反腐；7. 全球海洋环境治理	1. 宏观政策协调；2. 国际金融机构改革；3. 增长框架；4. 金融监管改革；5. 能源和大宗商品；6. 自然灾害风险管理

时间	峰会名称	主题	外交渠道	财金渠道
2013 年 9 月	莫斯科峰会（俄罗斯）	促进经济增长和就业	1. 全球经济形势；2. 贸易；3. 发展；4. 就业；5. 能源；6. 反腐；7. 全球海洋环境治理	1. 宏观政策协调；2. 国际金融机构改革；3. 增长框架；4. 金融监管和普惠金融；5. 长期投资融资；6. 国际税收合作；7. 能源和大宗商品；8. 气候变化融资
2014 年 11 月	布里斯班峰会（澳大利亚）	促进经济增长和就业，增强经济抵御冲击能力	1. 全球经济形势；2. 贸易；3. 发展；4. 就业；5. 能源；6. 反腐	1. 宏观政策协调；2. 国际金融机构改革；3. 增长框架；4. 金融监管改革；5. 长期投资融资；6. 国际税收合作
2015 年	安塔利亚峰会（土耳其）	通过包容、落实和投资促进增长	1. 全球经济形势；2. 贸易；3. 发展；4. 就业；5. 能源；6. 反腐	1. 宏观政策协调；2. 国际金融机构改革；3. 增长框架；4. 金融监管改革；5. 投资与基础设施；6. 国际税收合作；7. 气候变化融资

数据来源和说明：黄薇根据历年峰会材料整理。

从 G20 历次峰会的主要议题来看，金融稳定、国际货币体系改革、全球再平衡和经济增长一直是 G20 关注主要议题（表 2.3.2）。但是随着影响力逐渐上升，G20 的关注失业也逐渐向国际政治、气候变化、反腐败和食品安全等领域扩展。例如，2012 年至 2014 年 G20 峰会都将以反腐作为主要议题；2014 年布里斯班峰会，对乌克兰危机和埃博拉疫情进行了广泛讨论；2014 年 G20 峰会联合公报呼吁采取有力且有效的行动来解决气候变化问题，并期望在 2015 年巴黎召开的联合国气候大会上，正式通过一项具有法律效力的协定。2013 年，俄罗斯将食品安全纳入会议议程。

第四节　总结

G20 涵盖了世界上主要的发达经济体和新兴经济体，但是各国的资源禀赋、经济发展水平和经济特征存在显著的差别，正是这些差异需要有关国家在一个统一的平台下就全球治理相关问题展开讨论，从而实现全球范围内强劲的、可持续的经济增长。经过十余年的发展，G20议题不断扩展和深化。随着时间的推进，G20讨论的主要议题逐步从早期以金融危机防范为主，向政策协调和制度变革方向演进。议题选择开始从短期性问题向长期、结构性问题延伸。

以G20峰会应对的主要问题划分，G20议题演进包括两个阶段。第一阶段以短期波动治理为主，包括应对全球金融危机（2008年至2010年）以及应对欧债危机（2010年至2012年）。这一阶段的热点问题是危机应对、探讨实现再平衡、强化全球金融监管规则以及公共债务管理。具体而言，在危机初期阶段的2008—2009年，主要议题为共同应对危机、推动世界经济增长等。随着欧债危机逐渐发酵，2010年以后，G20将全球金融危机引发的"国际金融监管"以及公共债务管理作为核心议程。2012年随着欧洲主权债务危机愈演愈烈，促进经济强健、平衡、可持续增长，修复国际金融体系与改革上升成为主要议题。第二阶段以长期增长治理为主。2013年随着全球经济复苏的不平衡性和复杂性加剧，刺激性经济政策的退出、长期增长问题成为G20平台的主要议题。

此外，历年峰会主席国亦会提出新的核心关切，如2010年韩国提出金融安全网；2011年法国提出普惠金融；2012年墨西哥提出自然灾害风险管理；2013年俄罗斯提出国际税收合作和气候变化融资等。随着部门新议题被长期化，G20探讨的议题范畴开始不断扩大。这要求成员国全方位加强合作，需要成员国政府各个部门更深程度参与全球经济合作。

值得特别指出的是，G20峰会议题随轮值国的变化而有所调整。2009年新增4个议题，基本围绕经济刺激政策和金融修复与改革问题。2010年新增汇率市场化机制议题和具体的银行监管议题。2011年作为主席国的法国则将重点又重新回到了国际货币体系改革和增长问题，同时增加了农业、气候变化、发展、反腐等议题。墨西哥作为首位担任G20峰会主席国的发展中国家，在2012年的议题选择中已经显现出发展中国家的诉求。墨西哥主要推动的议题大致包括四个方面：与经济增长相关的结构改革、就业促进议题；与金融改革相关的国际金融机构改革、增强金融包容性改革、改善全球金融架构议题；与粮食与能源安全相关的粮食和大宗商品价格稳定议题；与可持续发展相关的绿色增长与气候变化议题。其中前三个方面是对过去峰会议题的继承和推进，而对于可持续发展的讨论，则充分显示了墨西哥作为主席国的选择偏好。2013 年作为 G20 主席国，俄罗斯在增长和就业的主题下设置了 8 个优先议题：强劲、可持续、平衡的增长框架，就业，国际金融架构改革，加强金融监管，能源可持续性，发展，促进多边贸易和反腐败。同时，为应对投资乏力、实现长期可持续发展，2013 年 G20 新建了长期投融资工作组，负责研究和探索长期投融资领域的合作。2014 年澳大利亚政府为 G20 设置了 5 个领域 10 个方面的优先议题，包括增长战略、投资与基础设施、反腐、金融规则、国际机构改革、发展、就业、能源、贸易、税收。布里斯班峰会宣言提出将督促各成员实施 2014—2018 年全面经济增长战略的集体行动，以实现全球 GDP 增长速度在现有基础上再提升 2 个百分点的目标。澳大利亚政府还特别在澳大利亚设立了一个提供与公私合营方式相关的全球基础设施项目信息与数据支持中心（GIH），此外各国领导人还核准了《2015—2016 年 G20 反腐败行动计划》。

第 三 章

国际货币体系改革

"二战"后的国际货币体系以美元主导、美国等发达国家具有国际金融规则制定权为特征。然而，伴随着新兴市场和发展中国家的崛起，世界经济格局发生了变化。与新的国际经济次序相比，国际货币体系不仅改革滞后，又同时为金融危机埋下隐患。在全球金融危机爆发之后，改革国际货币体系的呼声日益高涨，储备货币多元化和国际金融机构治理机制改革成为重要的改革议题。在实践中，人民币国际化的迅速发展为国际货币体系改革提供了新的动能。本章第一节分析既有的国际货币体系现状及其存在的问题；第二节对国际货币体系改革的各种方案进行评估；第三节讨论对人民币国际化进程和路径以及其对国际货币体系改革的意义进行系统阐述；最后是结论和政策建议。

第一节　国际货币体系的现状及其存在的问题

在过去十多年间，国际货币体系中的储备货币格局发生了变化。外汇储备货币持有的国家结构也从以发达国家为主变为新兴市场和发展中国家为主。其中，中国成为了全球最大的外汇储备国。本节重点分析上述结构性的变化以及造成变化的原因。

一　国际货币体系中储备货币格局的变化

过去十多年间，国际货币体系中的储备货币格局发生了变化。国际储备是指一国货币当局持有的、能随时用来进行国际支付，平衡国际收支和维持本币汇率稳定的国际间可接受的资产。国际储备包括黄金、外汇储备、在 IMF 中的储备头寸和特别提款权（SDR）。过去十年间，国际储备加速积累，全球储备规模已从 1999 年的不到 2 万亿美元飙升至 2014 年年末的逾 11.6 万亿美元（IMF，2015）（图 3.1.1）。2014 年年底，全球储备资产总额为全球 GDP 的 15%，是 1999 年的 2.5 倍（IMF，2015）。在快速积累的国际储备资产中，以中国为代表的新兴经济体成为国际储备增长的主要源泉。

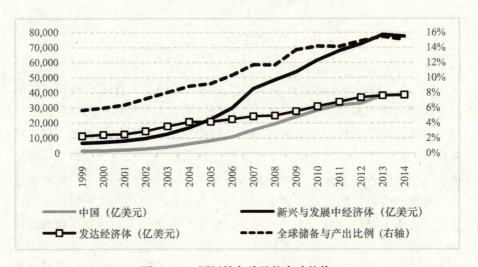

图 3.1.1   国际储备总量的变动趋势

数据来源和说明：IMF（2015），"Acceptances of the Proposed Amendment of the Articles of A-greement on Reform of the Executive Board and Consents to 2010 Quota Increase"，March 4. http：// www. imf. org/external/np/sec/misc/consents. htm。

外汇储备（foreign exchange reserve）又称外汇存底，是一国政府所持有的国际储备资产中的外汇部分，也是一个国家国际清偿力的重要组成部分。2004 年开始，国际储备中约 95% 以上属于外汇储备，相较其他储备形式，外汇储备在规模上具备绝对优势。过去十年间，主要的外汇储备持有国在全球外汇储备结构份额上发生了较大变动。2014 年年末，新兴经济体与中国的储备资产在全球外汇储备中的比重分别上升为 67% 和 33%（图 3.1.2）。与新兴经济体外汇储备快速积累相对应的是，发达国家在外汇储备构成中的比重逐年下降（尽管其绝对量仍逐年上升），与 1999 年相比，2014 年的整体比重下降了近一半（IMF，2015）。

在新兴经济体中，中国的外汇储备持有量迅速增长，持有比重从1999 年的 9% 变为 2014 年的 33%（IMF，2015）。同期沙特阿拉伯和俄罗斯也有较大增长，其次是印度。而主要的发达经济体则呈明显下降，欧元区国家所持有的外汇储备份额出现显著下降。美国、日本和韩国的外汇储备持有比重也出现了显著下降。如果从空间分布来看，近五年来，中国、日本、俄罗斯、沙特阿拉伯、韩国以及印度所持有外汇储备，已经显著超越了全球总外汇储备的 50% 以上，外汇储备重心已明显移向亚洲国家（IMF，2015）。

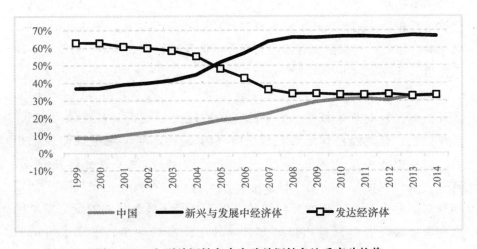

图 3.1.2　主要外汇储备占全球外汇储备比重变动趋势

数据来源和说明：IMF（2015），"Acceptances of the Proposed Amendment of the Articles of A-greement on Reform of the Executive Board and Consents to 2010 Quota Increase"，March 4. http：//www. imf. org/external/np/sec/misc/consents. htm。

新兴经济体国际储备增长的原因包括如下三个方面。

第一，新兴市场国家的预防性需求增加。从图 3.1.3 中可以看到，新兴经济体国家外汇储备迅猛增长，主要是 2007 年之前的事情。因此下面我们的分析集中于 2007 年之前的数据：从 20 世纪晚期开始，私人国际资金流动发展迅猛。新兴市场的全球净私人资金流入从 2002 年的 1250 亿美元激增为危机前夕 2007 年的高点 14260 亿美元，5 年时间资金流入增长了超过 10 倍。[①]

　　由于国际私人资本数额巨大、管理灵活，常常导致新兴市场大规模面临 "资金流入"（inflow）和 "资金流出"（outflow）的窘境。资金流入过快会导致该国货币存在升值压力，资金流出过快则往往有引致资金流出国资本市场崩塌的危险，同时伴随严重的货币贬值压力。为防范这一后果，新兴市场国家往往倾向于利用国家外汇储备来进行干涉，需要一定的外汇储备作为后盾。20 世纪 90 年代开始，新兴市场国家发生金融危机的频率大增，危机席卷墨西哥、拉丁美洲、亚洲以及俄罗斯等地。1997 年亚洲金融风暴期间，尽管国际货币基金组织向一些国家伸出援手，但其提供的贷款条件相当苛刻，以至于借款国往往不得不放弃贷款，如印度尼西亚、韩国等。因此，新兴国家有倾向利用外汇储备进行自我保护，防范资本抽逃发生。

　　第二，棘轮效应（ratchet effects）。对于外国投资者而言，一个国家的外汇储备越高意味着这个国家的抗风险能力越高，其投资风险越低。多年以来，新兴经济体的外汇储备与 FDI 流入之间呈现明显的强正相关，线性拟合程度达到 95% 以上（BIS，2010）。为了迎合这种心理，资金需求国往往并不满足于仅仅拥有足够应付短期资金进出风险（如短期外部债务水平）水平的外汇储备。以新兴经济体为代表的资金需求国之间为吸引投资者而竞相提高自身的外汇储备的现象，形成了所谓的 "棘轮效应"。印度在 2010 年的全球 FDI 投资信心指数表现趋弱，在一定程度上亦与其表现不佳的经常账户和外汇储备情况有关联。

　　第三，国际分工不同造成的结构性差异。外汇储备的重要来源之一为经常账户的盈余。而经常账户顺差或逆差往往具有长期的结构性原因，如资源禀赋、生产率以及人口构成方面的差异。这些差异导致各国具有不同形式的投资—储蓄平衡方式。沙特阿拉伯以及俄罗斯均属于典型资源输出国，其经常项目顺差的大小受到国际大宗商品价格的影响。价格高涨期顺差明显增加，价格低迷期顺差缩小，经常账户顺差与价格波动具有一定同步性。而中国、日本和中国台湾地区则属于制造业发达的范例，由于拥有

　　[①]　新兴市场经济体包括：阿根廷、巴西、保加利亚、智利、中国、哥伦比亚、克罗地亚、捷克、立陶宛、中国香港、匈牙利和印度尼西亚。参见 BIS（2010），"80th Annual Report"，June 2010。

生产率、劳动力等方面的优势，使其在制造业贸易中具有绝对优势。一旦产业分工形成后，路径依赖的影响加大。因此，即使这类国家货币升值也不能完全解决经常账户余额高企的状况。

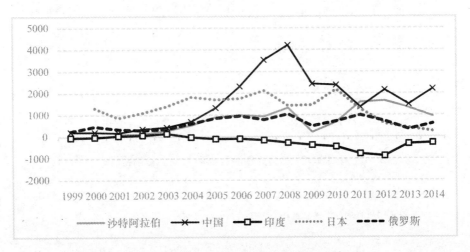

图 3.1.3　主要外汇储备国经常账户余额情况（亿美元）

数据来源和说明：IMF（2015），"Acceptances of the Proposed Amendment of the Articles of A-greement on Reform of the Executive Board and Consents to 2010 Quota Increase", March 4. http：// www. imf. org/external/np/sec/misc/consents. htm。

二　外汇储备货币构成与其币值变动趋势

在过去多年间，美元资产在国际外汇储备资产中的份额，远远超过美国在全球经济中的份额，但近年来美元资产所占比重呈现下降趋势。进入 21 世纪以来，国际外汇储备开始从单极化向多极化转变。在已公布币种构成的外汇储备中，欧元、英镑、其他币种等的外汇储备占比在过去十年中缓步上升（图 3.1.4）。美元资产从 1999 年的 71% 下降为 2014 年的 65%，而日元资产则从 1999 年的 6% 下降为 2014 年的 4%，以这两种货币计价的资产在国际储备中占比逐渐下降（IMF，2015）。由于未公开币种构成的外汇储备比重逐年扩大，这有可能降低以上分析的有效性。但是从已知的情况来看，并不会从根本上改变以上判断。

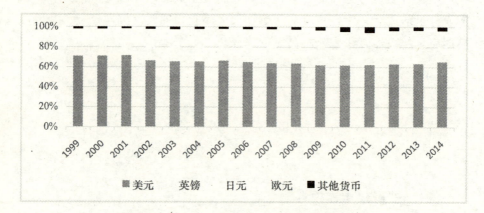

图 3.1.4　已公开币种构成的外汇储备结构

数据来源和说明：IMFCurrency Composiiion of Official Foreign Exchange Reserves（COFER 数据库）。COFER 中所列的外汇储备数据不包括持有国本国的货币资产。

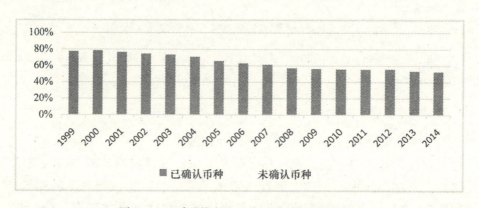

图 3.1.5　币种信息公开与否的外汇储备占比

数据来源和说明：IMF Currency Composition of Official Foreign Exchange Reserves（COFER 数据库）。COFER 中所列的外汇储备数据不包括持有国本国的货币资产。

美元币值的波动具有较强的溢出影响。美元币值坚挺与否不仅直接影响着各国美元储备资产的价值，同时也影响着大宗商品如黄金、石油的价格走势。美元在国际价格体系中的强势表现，根源在于美元在国际货币体系中的垄断地位，作为主要的国际交易结算货币，全球外汇市场中约

85%以上为美元相关交易，海外持有的美元现钞比重约为65%①。美元的垄断地位成为导致汇率市场系统性风险的根本原因，而以美元作为中心储备货币使得全球储备货币体系面临着越来越大的系统性风险。

2002年至2008年金融危机爆发初期，受到美联储宽松货币政策以及美国经常账户赤字累积渐高的影响，美元呈现长期贬值趋势。之后，2009年到2013年，随着美国多轮量化宽松的推出，国际大宗商品价格、国际金融市场价格出现了大幅波动。

2014年以来，美国经济持续景气，量化宽松的货币政策面临缩减、甚至退出，这也已经对国际金融市场、尤其是新兴经济体造成了冲击，并且其潜在风险甚至可能更大。具体来看，近年来美国的制造业PMI指数持续处于高度景气水平。从2014年秋季的制造业PMI指数来看，在20年的历史表现中，其仅次于2004年中期和2011年年初，甚至还高于1999年后期的水平。② 此外，美国非制造业PMI指数也在持续复苏中，2014年秋季已经恢复到了危机以来的最高水平，大致相当于2007年后期的水平。将美国制造业、非制造业PMI进行加权，得到综合的PMI指数，则可以发现，2014年秋季的综合PMI指数，是近10年当中的次高点水平，仅次于2004年中期的表现。从就业指标来看，美国失业率已经从2009年年末接近10%的水平，成功地下降到了2014年第2季度接近6%的水平；与此同时，非农就业岗位空缺数量上升至近10年来的最高点。③

从上述各项指标来看，美国经济复苏势头强劲。而且，根据IMF的预测，在2015—2017年的三年间，美国经济增速还将继续维持在3%左右的水平。而根据Feldstein（2010）④、《美国总统经济报告》（Economic Report of The President，2012）⑤从供给面的测算，两者给出的测算结果分别认为：2010年至2019年美国潜在增速为2.6%，2011年至2022年为潜在增速2.5%（曹永福，2012）。

---

① BIS, Triennial Central Bank Survey: Foreign Exchange and Derivatives Market Activity in April 2010, Sep. 2010.
② 数据来源WIND资讯金融终端2015。
③ 同上。
④ Feldstein, Martin, 2010, U. S. Growth in the Decade Ahead, NBER Working Paper, No. 15685.
⑤ The White House (2012), "Economic Report of the President, United States Government Printing Office", Washington.

在这种背景下，美联储稳定增长和就业的压力下降，稳定通胀任务的重要性上升。伴随美联储退出 QE，并于 2015 年年底首次提高利率，强势导致新兴市场国家普遍面临短期资本外流的格局，在一定条件下甚至可能引爆金融危机（张明，2015）。

这一问题的根源在于，美元是一个国际货币体系的本位货币，但美联储的货币政策只考虑本国的宏观经济指标，而不会将外围国家、国际金融市场的稳定作为其货币政策目标。因此，现行国际货币体系、机制，其在内在稳定性方面具有天然的硬伤。

三　国际储备货币体系存在的主要问题

建立国际货币体系的初衷是为了避免国际货币体系的无序和动荡，维持国际货币体系的平稳运行，从而服务于全球贸易、国际投资。但是，现行国际货币体系的正常运转，却在全球金融危机以来遭受了严峻的挑战。

（一）法币充当储备货币的内在悖论

采用主权货币充当国际本位货币，存在满足国际清偿需求和维持国际货币信心的矛盾，以及主权国短期的国内经济发展需求与长期的国际清偿力需求之间的矛盾，使得国际货币体系维持在一个两难境地。实际上，布雷顿森林体系中存在的特里芬难题（Triffin Dilemma）尽管在现行国际货币体系中有所缓解，但实际依然存在。这些问题的不断积累，缺乏外部约束导致的美国不负责任的货币政策，以及美元在国际外汇交易中的垄断地位，必然使全球汇率出现系统性风险。为了维持整个体系的平衡，美元出现了逆差（失衡）—贬值（平衡）—再逆差（再失衡）—再贬值（再平衡）的周期性循环。历史上美国曾经遭遇三次大的周期性贬值，除了第一次是被动贬值（20 世纪 70 年代石油危机导致的布雷顿森林体系解体时期），后两次都是美国自己主导的贬值（分别是 1985 年广场协议后至 20世纪 90 年代初和 21 世纪初至金融危机之前宽松货币政策导致的长期贬值）。

（二）国际货币体系的制度性缺陷

1976 年的牙买加会议，承认了浮动汇率的制度选择。从此黄金不再作为货币基础，全球国家间的货币联系进入无统一体系的时期。但是 1945 年在布雷顿森林体系下建立的国际货币基金组织（IMF）并未与时俱进，其实际责权并没有进行与之相适应的改变。IMF 并不是一个严格或者严厉的国际管理机构，其成员国义务不明确，监管功能在很大程度上仅通过成员国的同行评议程序（peer review processes）来实现。

对于要求资金援助的国家而言，贷款资金调拨成为 IMF 推动其改革计划的主要手段。在接受援助的同时，IMF 需要受援助国接受其提出的调整和改革计划。尽管这些改革长期来看也许有助于这些国家的金融稳定，但由于意识形态以及政治方面的考虑，或者调整计划没有实施充分调研和改造，往往会受到受援国的抵触。亚洲金融危机时，IMF 提供贷款时附加的限制性条件，成为亚洲部分国家的痛苦回忆。由于缺乏可靠有效的最终贷款人机制，间接推动了新兴市场国家累积巨额国际储备。

（三）弱化的国际收支平衡调节能力

在金本位体系下，国际收支协调是通过黄金储备来自动协调。而采用法偿货币作为本位货币或储备货币，自动协调机制已经与金本位制度一起消失。布雷顿森林体系解体后，各国失去了在国际收支调节中的货币发行约束，也没有及时建立必要的制度或规范，各国均从本国利益出发安排和选择自身的货币安排。随着全球化程度提高，国际金融市场活动和贸易活动进一步增强，跨境国际资本流动更加庞大和迅速，各国之间的联系变得愈加紧密。失衡的国际收支、宽松的跨境国际资本流动环境、无序的储备货币发行体系必然会酿下恶果。过去 20 年来，频繁爆发的国家乃至全球金融危机正是症结爆发的表象。

在当前的国际货币体系下，尽管失衡可以保持的时间和强度都在增加，但是国际收支失衡难以长期持续。全球经济或迟或早将承受越来越难以忍受的失衡调整痛苦。国际收支严重失衡无法在长期得以持续的原因大致包括：（1）随着外围国家外汇储备的不断积累，即使是清洁冲销，其干预的难度也会不断加大、成本不断提高，冲销不完全则有可能造成国内流动性过剩的不利局面；（2）高企的外汇储备，有限的投资选择，使得储备国越来越难以忍受储备货币出现大幅贬值带来的福利损耗；（3）储备货币发行国由于经常项目逆差，使得其对外经济实力受到削弱，一旦经济增长出现问题，其币值以及由其货币计价的资产都存在被抛弃的可能。早在 2005 年，Blanchard et al.（2005）就指出美国实现经常账户平衡需要将美元贬值 90%，即使存在估值效应美元也至少需要贬值 65%。但是作为本位货币（国际交易和储备货币）的前提要求就是币值的稳定与坚挺，次贷危机的爆发进一步动摇了美元本位的根基。

（四）非对称的估值效应影响

储备、外国资产等数据会受到诸如估值效应（valuation effects）等与汇市控制无关因素的影响。即使给定国际投资的资产、负债价格和规模不变，由于汇率、资产价格以及收益率的变化，也会引起国际投资头寸的变动。对于净债务国而言，其货币贬值引致的正估值效应，将显著缩小其债务规模，提高该国的福利水平。2002年至2008年中期，美元对世界主要货币贬值了约30%，正的估值效应有效改善了美国净外部资产。[①] 而债权国则面临负的估值效应所带来的资产缩水，该国的福利水平也随之下降。按照中国外汇管理局提供的数据，2009年中国约有710亿美元外汇储备资产变动是由汇率等非交易因素引起，约占总储备的3%。显著的负估值效应在一定程度上降低了中国的外部失衡，但同时也意味着中国的一部分经常项目盈余积累被无偿地转移给国外。不过IMF（2005）的研究进一步表明只有非预期的汇率变化带来的估值效应才会持久，而可预期的汇率变动往往直接反映在资产收益率上，使得美国利用估值效应缓解净对外负债的期盼有可能落空。

（五）系统性风险以及危机影响的不对称性

国际货币国家在经济危机等重大经济事件中影响的不对称性，已经违背了国际公约中公平公正原则，并对世界经济长期稳定发展造成伤害。20世纪80年代以来，绝大多数危机都发生在处于国际货币体系外围成员的发展中国家。尽管这些危机都与发达国家有着或多或少的联系，但是发展中国家的金融危机仅在同类国家内部具有传染性。国际货币发行国不仅不会被影响，反而还能因为国际货币的"避风港"作用而坐收渔利。

然而，起源于发达国家（尤其是国际货币体系核心货币国）的国际金融危机，不仅使得全球经济受到严重影响。现行国际货币体系缺乏对核心货币国货币政策的约束，发达经济体放任的货币政策将进一步损害国际货币体系外围国家的福利水平和经济利益。美元的核心垄断地位，决定了整个国际货币体系的系统性风险直接根源自美元以及决定美元的美国政府行为。一方面美国自己独享美元国际化带来的好处，另一方面美元本位下的国际货币体系加剧了发达国家金融危机的积累和扩散，并对全球经济产

---

① 此处的数据来源于 WIND 资讯金融终端 2015。

生了重大影响。

第二节　国际货币体系改革主要方案设计与评估

2008 年全球金融危机以来，国内外学者和观察家都在反思现行的国际货币体系，并提出各种改革的动议。这其中，以周小川行长提出的超主权储备货币为代表，反映了发展中国家在改革方案设计中的理念。在实践中，各项改革方案各有利弊，但总体来看储备货币多元化大势所趋。与此同时，针对国际货币基金组织投票权改革却因美国国内政治阻挠而停滞。国际货币体系改革任重而道远。

储备货币改革动议和流动性支持措施：

"二战"后主要发达国家参与的战后重建工作，构建了国际储备货币体系的基本雏形，即以美元为核心、以其他发达国家为基础、以 SDR 为补充的国际储备货币构成。以下改革方案跨越大半个世纪，其中早期的班克方案已经被废除，但仍列入改革备选以资借鉴。目前亦有部分研究者在呼吁回到金本位，但是由于金本位下存在的货币供给硬约束、资本管制、汇兑基准的确定和缺乏弹性的汇率规则、货币政策的独立性以及政治协调成本等诸多问题难以解决，这种倡议的可操作性受到严重质疑，这里不再赘述。尽管现行国际储备货币体系与生俱来就是一个不稳健的体系，但是由于缺乏与之抗衡的强大经济体以及能够满足各方需求的完美解决方案，必须清醒地意识到这一体制在短期内实现彻底变革的可能性不大。

（一）被遗弃的班克（Bancor）方案

"二战"后，凯恩斯提议建立一个全球银行（凯恩斯称其为国际清算联盟，International Clearing Union，ICU）。该银行将独立发行其自有货币班克，该货币币值由包括黄金在内的 30 种具有代表性的大宗商品价格来确定，且该货币与各国货币之间具有相对稳定的兑换率。与 SDR 最大的区别在于，班克是一个与美国资产负债表完全没有关联的储备工具。

所有的商品服务贸易均可以班克计价，同时每个国家均在 ICU 拥有自己的班克账户，并允许一定程度的透支。当一个国家出现大规模贸易赤字（其班克账户透支超过一半），则该国除了需要为其透支支付利息以外，必须经历在经济上有所调整（如实施资本管制）以及本国货币的贬值。类似地，当一个国家出现大规模贸易盈余时也需要经历调整，该国货币将被要求升值。尽管各国可以在国境范围内要求使用本国货币，但由于各国货币与班克兑换率是固定的，因此实际上这种情形就是全球货币大一统的一种表现。只不过，班克国际货币体系比世界统一货币具有更高的灵活性，这一点表现在各国主权货币与班克货币之间汇率的可调整性上。班克方案运作机制可以对称地调节国家行为，并避免全球失衡。

但是，班克方案也存在诸多问题：（1）与 SDR 类似，除非 ICU 能够提供一套基于班克的清算系统（如同今天被广泛使用的美元清算系统和欧元清算系统一样），否则班克只能作为一个计账单位，班克名存实亡；（2）由于实行主权货币与班克之间的固定汇率，将减少套利（carry trade）交易的机会，失去了对全球剩余资本的高效配置能力；（3）班克出现后，全球提供的铸币税（可能有小国直接采用班克作为本国货币）将直接贡献给 ICU，这对于有能力成为世界货币或正作为世界货币的国家来说是一个隐形的损失；（4）由于班克是建立在虚拟的联合中央银行之下，班克体系对于在国际协调和监管能力上提出了一定的要求，班克发行与回收的管理、商品价格权重选择、货币升贬程度、铸币税收入管理等无一不涉及国际协调，这些将增加其运营成本。

（二）SDR 的诞生和发展

诞生于 1969 年，是 IMF 分配给会员国使用资金的权利，既作为储备资产也是一个记账单位，2015 年 11 月，IMF 决定将人民币纳入 SDR 货币篮子。新的篮子货币组成于 2016 年 10 月生效。届时，SDR 的篮子货币的权重构成为：美元 41.7%，欧元 30.9%，人民币 10.9%，日元 8.3%，英镑 8.1%。① 尽管在《国际货币基金组织协定》第二修正案中指出：对储备资产的政策应"促进对国际流动性更好地实行国际监督，并使 SDR 在国际货币体系中成为主要储备资产"。但由于目前的 SDR 体系中存在的痼疾，使得各国持有兴趣并不高：（1）货币篮子选择规则偏向发达国家，美元本位下汇率的系统风险依然存在；（2）SDR 不是交易货币，也没有相关的清算体系，不能直接用于支付；（3）缺乏国家信用作担保，也没有足够的资产保证；（4）缺乏 SDR 计价的资产，无法对 SDR 进行资产配

① 1974 年以前，SDR 与美元（黄金）绑定（1:1）。1974 年 7 月，IMF 采用世界出口中份额最大的 16 个国家的货币构成货币篮子为 SDR 定价，货币权重由贸易比重决定。1981 年 1 月后，篮子货币由五年期世界上最大的 5 个商品与服务出口国货币决定。1999 年 1 月欧元诞生后，篮子货币改由 4 种货币构成，条件如前。

置；（5）仅限于各国央行及国际组织持有，限制私人投资者的参与，降低了其在国际金融市场中的重要性；（6）发行与运作机制烦琐复杂。但是相对于主权货币而言，SDR 也存在一定优点：（1）SDR 参考篮子货币综合定价，其币值水平相对更加稳定；（2）SDR 的发行量可以根据国际需要由 IMF 制定，与个体国家的经常账户之间不存在直接联系，理论上可以无限满足国际社会对于外汇储备的需求；（3）SDR 发行和使用由超主权机构管理，系统冲击对福利的不对称影响将有所改善。

对于 SDR 本身的改革倡议大致围绕以下三点：一是增补人民币作为篮子组成货币（主要支持者如法国前总统萨科齐，IMF 前总裁卡恩等），这一方案已于 2015 年 11 月得到 IMF 的批准；二是在 SDR 构成中纳入其他新兴市场国家货币（主要支持者如 IMF 现任总裁拉加德等）；三是将黄金加入篮子货币（主要支持者如英国智库 Chatham House 等）。此外，对于 SDR 调整与运行机制改革倡议还包括：（1）SDR 的创造与回收机制。根据 Cooper（2009）的建议，未来的 SDR 改革需要 IMF 能够根据不同的信用需要而创造或暂时分配给特定的成员国，以使得基金组织可以在有限的或者没有资金约束的情况下，对任何发生的危机能够及时响应；（2）SDR 的技术安排与职能拓展。完善 SDR 的定价和发行机制，建立基于 SDR 的结算机制和清算系统，增加基于 SDR 的债券、金融衍生品等金融产品，允许私人资本进入 SDR 持有与交易体系中，完善国家危机的救援机制以及国家破产的清偿机制等；（3）SDR 的管理与协调。涉及 SDR 的发行与管理机构的确立与机制建设，包括如何协调不同发展水平国家对 SDR 的诉求等。在这个过程中，缺乏强大的具有凝聚力的大国支持，很多问题可能会长期悬而未决；但是若大国包办，则又背离了发行超主权货币的初衷。[①]

（三）IMF 下设立替代账户动议和问题

20 世纪 70 年代，战争引发的石油危机触发了美元危机。当时的 OPEC 成员国通过石油出口积累了大量美元储备。出于对美元资产的担忧，石油输出国的中央银行开始试图将其外汇储备多元化。出于对美元地位以及美元资产价格的担忧，美国官员与学者建议在 IMF 建立替代账户。

---

① 在目前的 IMF 体系中，美国拥有一票否决权。IMF 总部也设在美国，其政策多少会受到美国的影响。

随着 20 世纪 80 年代美元币值再度坚挺，美国政府对于替代账户的态度从积极转变为消极。2008 年金融危机爆发初期，美元再次面临严峻压力。由于担心美国债权人减持美元资产与美元贬值之间发生恶性循环，Bergsten（2007）和 Kenen（2010）关于建立 SDR 替代账户的讨论再次浮出水面。

替代账户机制实质上是基于 SDR 的一个全球外汇储备开放式基金，为 IMF 管理下的一个账户。该账户允许成员国将美元资产置换为替代账户中的 SDR 资产，并提供利息收入。换言之，不愿持有美元资产的成员国不必在资本市场抛售，而通过置换成 SDR 的形式保存在 IMF。但是，必须清醒地认识到替代账户的出现并不仅仅是为了解决外汇储备高企国家的问题，更主要是为了防止美元大幅跌落可能性的出现，保证美元的国际货币地位。

（四）人民币加入 SDR 货币篮子的含义

2015 年 IMF 开始对 SDR 进行五年一轮的评估，人民币加入 SDR 再次成为热议的话题。对于人民币而言，尽管政治意愿可以加速过程，但是加入 SDR 主要障碍是制度性以及技术性的。IMF 针对成为 SDR 货币篮子提出两个条件：（1）该货币发行国的贸易在全球比重要足够大；（2）该货币是可自由使用的货币。对于第一个条件，中国早已满足。但是在货币自由使用方面，人民币的自由使用程度与中国资本项目开放程度密切相关。

值得指出的是，在 2015 年 11 月 IMF 尚未决定将人民币纳入 SDR 货币篮子之前，关于人民币加入 SDR 货币篮子，国内外各届基本有两点共识：其一，人民币加入 SDR 将显著增强其代表性；其二，人民币距离"自由使用"的标准尚有差距，人民币应加快推进资本项目的自由可兑换。但是在逻辑上，自由可兑换并不必然构成人民币加入 SDR 的障碍。从实际意义上来看，反而是人民币汇率形成机制改革，才是人民币加入 SDR 的当务之急。

自由可兑换并不必然成为人民币加入 SDR 的障碍，也不是最紧迫要实现的条件。

第一，关于一种货币加入 SDR，"可自由使用"并不是一直以来的历史标准。这项标准从 2000 年 IMF 才开始采用，此前这并未成为货币加入 SDR 篮子的必要条件。至于"资本项目自由可兑换"则更加不是加入 SDR 的必要条件。在 SDR 初创的 20 世纪 60 年代末和 70 年代初，在旧布雷顿森林体系下，一般的货币均不具有"可自由使用"的性质。例如，当时日元就进入了 SDR 当中，但实际上日元在 1984 年才实现了完全自由可兑换。

第二，即使在有限的"可自由使用"条件下，人民币加入 SDR 之后，SDR 在 IMF 内部的流动性不会受到影响。理解这一点需要清楚 SDR 的产生和使用流程：（1）IMF 向各个成员国分配（发行）一定数量的 SDR；（2）不过 SDR 只是充当计价手段和国际储备，无法用于私人部门的支付，当成员国面临国际收支逆差、需要对外汇市场进行干预时，必须先将 SDR 兑换为篮子当中他们所需要的货币；（3）针对这种 SDR 的兑换需求，IMF 会指定其他成员国或由别的成员国自愿来完成兑换交易。可见，由于 IMF 提供的兑换保障机制，SDR 在 IMF 内部的流动性并没有问题。

第三，那么在 IMF 之外，没有行政措施的保障，逆差成员国用 SDR 换来了人民币之后，在外汇市场出售人民币会否面临流动性问题呢？人民币确实没有实现完全自由可兑换，因此人民币流动性如果面临问题，将间接对上一步 SDR 可兑换性的意义产生挑战。但是实际上，由于中期内市场对人民币仍然具有升值预期，因此央行在外汇市场出售人民币将相当容易找到买方。即使在 2014 年，几乎全部主要货币对美元贬值的情况下，人民币也对美元保持了相对稳定，而其名义有效汇升值幅度则为 6.4%。而且在中期范围内，随着中国经济和人民币在世界经济中的地位上升，对人民币的需求也将呈上升趋势。

第四，到目前为止，在 SDR 流动性的上述两个环节当中，英镑和日元也基本没有起到一个"可自由使用"货币的作用，逆差成员国对 SDR 的兑换需求，主要集中在美元和欧元上。可以预期，即使人民币加入 SDR，逆差成员国对 SDR 和人民币的兑换需求也将非常有限。

由此可见，人民币对 SDR 两个环节的流动性很难做出贡献，但也不会带来负面影响。从 SDR 制度安排的逻辑上来看，自由可兑换并不对人民币加入 SDR 构成实质意义的约束。而且，人民币还可以通过加入 SDR，对 SDR 的稳定、保值做出重要贡献，这也是人民币加入 SDR 在中期范围内的主要意义。但是，如果人民币不尽快完成汇率制度改革，则 SDR 对成员国的币值稳定将面临较大的问题。

假设人民币保持软钉住美元，则人民币加入 SDR 之后，效果近似于美元的权重上升。在此情况下，对于中国、美国、钉住美元汇率的国家来说，SDR 对其本国货币的波动性将显著下降，但对于所有其他经济体而言，SDR 的稳定性将显著变差。

法国经济学家 Benasy - Quere 和 Capelle（2011）做的模拟显示，如果人民币在钉住美元的背景下进入 SDR，则 SDR 对欧元的波动性将分别上升 12%（如果在 2015 年进入）、15%（2020 年）和 20%（2025 年）。如果是在浮动汇率背景下加入，则上述三种情况 SDR 对欧元的波动性分别仅上升 3%、4% 和 5%。

可见，如果人民币保持软钉住美元，则对非美元、非钉住美元的国家而言，SDR 对其本币的波动性将上升，SDR 作为国际储备的价值稳定性将会受到负面冲击。这种负面效应，在人民币保持钉住美元的情况下，将会随着人民币加入时间的推迟，而明显放大。所以，人民币尽快完成汇率改革，这在实质意义上才是最为重要和迫切的。

（五）中央银行之间的货币互换

货币互换指在一定期限内将一定数量的货币与另一种一定数量的货币进行交换的操作。其功能是在发生危机时通过中央银行之间的合作进行流动性支持。1956 年阿根廷政府表示无力偿还所欠债务后，由于债权机构复杂，双边谈判难以开展。于 1961 年以 10 个发达国家为主体组成了巴黎俱乐部（也称 10 国集团），首创互惠性货币互换协议。之后，除 10 国集团外，美洲、欧洲以及亚洲都陆续出现了双边性质的货币互换操作，其中以美元为主要互换对象，欧元、瑞士法郎次之，本币互换行为相对较少。

货币互换的优点在于：（1）满足市场对于流动性的需求，稳定金融市场。互换将有助于缓解一国货币当局的短期融资压力，并通过增强金融市场信心，有效抑制金融危机的跨境传染现象。（2）降低积累外汇储备的必要性，减少因为储备资产缩水带来的不必要福利损失。新兴市场国家国际储备高企的一个主要原因在于抵御国际金融冲击，应对国际资金的大进大出。如果国际间形成成熟的货币互换网络，及时有效地完成本国货币与外国货币间的资金周转操作，将极大减少各国对于外汇储备的需求。（3）强化参与货币互换币种的国际地位。互换的目的在于使用，尽管签署货币互换并不必然意味着使用，但显然将大大增加该币种的需求性，起到增强其在国际储备货币体系中地位的作用。

然而，尽管货币互换理论上可以解决中央银行资金短缺问题，并有诸多好处，但是目前的货币互换效率较低，应变能力不足，其具体体现在缺少：（1）第三方或者中间协调机构；（2）完善的互换规则；（3）对于货币互换工作的明确权利与义务划分；（4）独立的第三方资金监测机构以避免道德风险；（5）弹性的互换数量和相对充裕的互换规模。此外，由于全球缺乏货币互换的制度性和系统性建设，货币互换更多地表现为国家间行为，且极大取决于承担借款国角色的喜恶。Aizenman 和 Pasricha（2009）、Aizenman 和 Jinjarak（2010）的研究发现，尽管货币互换协议和区域储备库可以降低造成储备积累的审慎动机，但是实际证据表明目前其对于国际储备体系的影响相对较小。此外，这些货币互换安排受到参与国意愿的制约，如美联储在考虑双边美元互换操作时，会优先考虑美国金融机构风险暴露程度较高的经济体，或者那些与美国存在显著贸易、金融往来的国家。

（六）区域流动性支持和安全网建设

1997—1998 年亚洲金融危机爆发后，日本提出了模仿 IMF 成立一个"亚洲货币基金组织"（AMF）的设想，但由于美国和 IMF 的反对，这一倡议很快就被放弃。2000 年东盟与中国、日本和韩国发起了清迈倡议（Chiang Mai Initiative-CMI），在 13 个国家之间建立起了危机救助机制，作为防止危机扩散，为成员国提供必要的资金救助的区域流动性安排。2007 年爆发的全球金融危机更是为亚洲金融合作提供了契机。尽管这一次亚洲并非危机的发源地，亚洲国家金融体系和金融机构也没有受到严重的破坏，但在危机来临之时，亚洲国家经济的脆弱性却暴露无遗。一方面，由于亚洲国家出口严重依赖区外市场，美欧国家的经济衰退对亚洲实体经济的影响十分严重；另一方面，由于亚洲国家的资本主要在区外循环，金融危机带来全球风险重估，造成全球资本流动的高度易变。与此同时，作为亚洲金融合作的参照系，欧元区对本次危机的应对为亚洲提供了实时课堂。这其中，救助资金来源的多渠道特征尤为突出。除了国际金融机构的资源和众多双边的互换安排，区域性机制救助如同一道区域防火墙，在危机救助中作用尤显突出。在这一背景下，中国与亚洲其他国家一道积极采取行动。

2010 年 5 月，CMI 成员国将 CMI 正式升级为一个多边化的机制，这样，清迈倡议多边机制（Chiang Mai Initiative Multilateralization，CMIM）便开始正式启动。最初，CMIM 的基金总额为 1200 亿美元，但在两年后的 2012 年，其总额便扩容至 2400 亿美元。在制度建设上，CMIM 成员国之间于 2011 年成立了宏观经济研究办公室（AMRO），2016 年，AMRO 文正式成为国际金融机构，这是亚洲区域政策对话和经济监控的重要实体。该实体与 IMF、经合组织以及亚洲开发银行有密切的合作。

区域流动性机制建立是东亚国家对 IMF 在 1997—1998 年金融危机救助中的失望和不满，希望通过建立自身的救助机制补充国际机构的不足。但在实施中，由于缺乏本地区有效的经济监控作保障，救助基金的启动不得不与 IMF 的贷款条件在一定比例上挂钩，这将 CMIM 推向尴尬境地：一方面，储备基金的启动不得不在相当程度上依赖于 IMF，这是因为在成员国之间的监控机制仍不完善，无法保证资金运用的有效性和合理性；另一方面，对 IMF 的过度依赖有悖于 CMIM 的初衷，不能充分体现区域性融资安排的特性，影响危机援助的及时性。事实上，减少 CMIM 启动资金与 IMF 条件性的挂钩比率在成员国之间已经达成共识。2005 年 5 月，东盟 +3 财长会议已经将清迈倡议下互换资金的启动与 IMF 贷款条件性相联系，由原来的 90% 减少到 80%。2012 年又达成协议，区域资金使用与基金组织贷款条件性挂钩比例从 80% 降至 70%，并于 2014 年降至 60%。然而在 AMRO 的功效大幅度提高之前，与 IMF 脱钩将以渐进的方式完成。

金融危机使得国际金融机构职能和全球金融监管力度加强，国际的、多边的、区域的，以及双边的各种层次的合作同时推进。作为全球最重要的金融稳定机构，IMF 也面临重大的改革。首先，IMF 改革得到二十国集团伦敦峰会的支持，IMF 董事会在 2010 年的第 14 次份额评估达成决议，决定将总份额增加一倍至 4768 亿美元特别提款权，从而扩大了基金可支配资源；其次，IMF 对其苛刻的贷款条件性进行调整，放宽贷款条件，增大贷款期限的灵活性，以适应受援国的可接受程度；再次，IMF 决定强化经济监控职能，从侧重双边监控到加大全球监控，从侧重对受援国监控到对受援国和施援国双方同时进行监控，减低成员国监控中存在的非对称性；最后，IMF 进行治理结构的调整，决定提高新兴市场国家在基金组织中的份额和投票权，使之与新兴市场国家在全球经济中的地位相符。这些改革，意味着 IMF 在实施保证全球金融稳定中作用正在强化，而新兴市场在国际金融机构中的作用开始真正受到关注。然而，从流动性资金额度看，IMF 的资源仍然有限，在必要时仍需要其他多边和双边协议的支持。欧元区危机中对希腊、爱尔兰等国的救助表明，互补性融资在危机救助中的作用越来越重要。在这种形势下，提高亚洲现有的区域的救助能力，特别是强化清迈倡议多边机制，使之成为国际多边资源的有效补充，对确保区域和全球金融稳定性具有重要的意义。

欧元危机促成了欧洲稳定机制（ESM）的建立，ESM 已经成为欧盟成员国彼此之间提供危机救助和流动性支持的重要区域性机制，成为 IMF 流动性支持的重要补充。CMIM 与 ESM 相似，区域性是全球金融安全网建设的重要环节，是国际金融机构危机救助职能的有效补充。而建立全球金融安全网，鼓励多层级的流动性支持，已经成为 G20 框架下各国进行金融合作的重要内容。

第三节 人民币国际化的政策路径

后危机时期国际货币体系改革的重要内容之一是国际储备的多元化。这其中，人民币国际化是重要的环节。作为中国应对金融危机的措施，以及中国参与国际货币体系改革的步骤，人民币国际化成为中国一项重要的对外金融战略。中国在全球经济实力的提高和对全球市场影响力的增强，是人民币国际化战略得以推进的重要基础。

一 人民币国际化进展

早在 2008 年全球金融危机之前，人民币就已经在周边区域开始得到使用，并且引发了一系列的研究。[①] 金融危机前的人民币国际化，在总体上呈现"大进大出"，但"沉淀量极小"的特点。中国人民银行调统司的调查结果表明，2004 年全年，人民币现金跨境流出入的总流量达 7713 亿元，而净流出量仅为 99 亿元（人民币现金跨境流动调查课题组，2005）。

全球金融危机爆发之后，2009 年 7 月 2 日，国务院六部委发布跨境人民币结算试点管理办法，跨境贸易人民币结算的试点启动，人民币国际化终于正式提速。人民币国际化的进展，可以从两个角度来进行描述，一是表内业务，即涉及国际收支平衡表的人民币跨境结算业务；二是表外业务，即与国际收支平衡表没有直接关系，发生在人民币离岸市场上的体外

---

① 研究文献参见刘力臻和徐奇渊（2006）；张宇燕和张静春（2008）；李稻葵和刘霖林（2008）等。

人民币循环。

（一）人民币跨境结算业务的发展

2009 年以来人民币跨境结算得到快速发展，其标志性进展如下。（1）开启贸易试点。2009 年 7 月 2 日人民币贸易结算试点启动，人民币跨境结算业务正式展开。（2）试点拓宽到经常项目：2010 年 6 月 22 日，国务院六部委再次发布了《关于扩大跨境贸易人民币结算试点有关问题的通知》，试点业务范围扩展到包括货物贸易在内的整个经常项目结算。（3）直接投资试点：2011 年 1 月人民银行发布的《境外直接投资人民币结算试点管理办法》，以及 2011 年 9、10 月，商务部和人民银行分别发布的《关于跨境人民币直接投资有关问题的通知》《外商直接投资人民币结算业务管理办法》，上述两者分别打开了对外、对内直接投资两个人民币跨境结算渠道。（4）金融投资试点：2012 年开始，人民币合格境外机构投资者（RQFII）和人民币合格境内机构投资者（RQDII），其批准额度也不断增加。

可见，人民币跨境结算业务试点的推进，总体上经历了先贸易后金融、先长期后短期、先流出后流入这样的发展顺序。以人民币跨境结算为基础，人民币在境外充当计价手段、价值储蓄的功能也开始起步发展。目前人民币跨境结算业务已在多个方面取得重要进展。

首先，在经常项目方面的进展最为显著。从 2009 年 7 月 6 日，第一笔跨境贸易人民币结算交易开始到 2015 年年末，人民币跨境贸易结算占中国贸易结算的 25% 左右。[①]

其次，在直接投资领域，人民币结算发展也比较稳健。2011 年 1 月试点开始到 2014 年第 1 季度，人民币对外直接投资（R-ODI）规模累计达到 1640 亿元[②]。2011 年 9 月起试点的人民币外商直接投资（R-FDI），到 2014 年第 1 季度，其规模累积更是达到 9577.3 亿元。[③] 人民币 FDI 为境外人民币创造了一个重要回流渠道。

最后，在资本与金融项下，人民币跨境结算在额度控制下得到可控的发展。熊猫债券、人民币 QDII、人民币 QFII、人民币跨境贷款等跨境渠

---

① 数据来源：WIND 资讯金融终端 2016。

② 同上。

③ 同上。

道也以额度形式获得了放开。2012 年以来，深圳市前海试点、上海自贸区试点、天津生态城等试点，更是促进了人民币跨境结算试点的进一步活跃。

在过去五年中，人民币国际化在贸易与金融各个领域都取得了长足的发展，这些发展促进了人民币作为国际货币交易媒介职能的提升。根据 SWIFT 的统计，人民币在 2015 年已经成为全球第五大常用支付货币。根据国际清算银行的统计，在全球外汇市场交易中，人民币业已成为排名第九的主要交易货币。

（二）人民币离岸市场的发展

在人民币跨境结算业务发展的基础上，人民币的离岸中心也在逐步形成，目前除了中国香港之外，英国、新加坡、中国台湾、美国、法国、澳大利亚、卢森堡和德国也已经成为活跃的人民币离岸中心。截至 2016 年年初，在这些离岸市场上，已经初步形成了 1 万多亿元人民币的资产池（主要集中在香港离岸市场），这些资产的主要形式是离岸人民币存款、人民币债券，而且前者又占到了绝大部分。①

至此已经初步形成了"人民币在岸市场—人民币离岸中心—人民币离岸区域枢纽"三个层次的人民币全球交易网络（Subacchi and Huang，2010），也就是"上海—香港—其他离岸中心"这样的三个层次的网络体系。

二 人民币跨境流出渠道的分析

人民币跨境流动存在多种渠道，通过影响货币需求、外汇储备水平、资产价格、利率等对货币政策效应产生影响。本部分根据情景分析，讨论人民币跨境流动的机制和效应，从而为政策应对提供理论依据。分析重点是将货币的供求结合，有别于马骏（2011）和 Garber（2011）等仅关注货币供给的分析。分析的重点还包括，将货币数量、利率、汇率、外汇储备和资产价格等综合考虑，首先对目前人民币跨境流通渠道进行逐的考察，分析其影响机制；其次考察货币供给量的变化，同时也考察货币需求的变化，同时也考察利率、资产价格、外汇储备等方面的伴随变化；最后综合各个渠道的结果，考察两地汇差、利差的趋同机制，及其对货币政策

---

① 这部分的数据来源是作者根据 WIND 资讯金融终端 2016 进行的计算。

可能产生的影响。

(一) 进口贸易环节的人民币结算

进口贸易结算渠道，是人民币流向境外的主要渠道。这里要分析的是：使用人民币替代美元支付进口带来的影响。

基准情形 1：假设境内企业完全使用美元支付进、出口，由于国际收支顺差，市场上有外汇超额供给 100 亿美元。① 货币当局为了保持汇率稳定，将购入这 100 亿美元，同时投放基础货币 650 亿元人民币（假设 1 美元 =6.5 元人民币，下同）。此时，外汇市场实现供求平衡。②

对照情形 1：在人民币跨境结算背景下，企业用人民币替代了 20 亿美元的进口支付，这时外汇市场上超额供给有 120 亿美元。货币当局为了保持固定汇率，购入 120 亿美元并投放基础货币 780 亿元人民币（120 亿美元 ×6.5 元人民币/美元）。其中的 130 亿人民币，通过进口支付流出大陆（20 亿美元 ×6.5 元人民币/美元），这意味着基础货币只增加了 650 亿元人民币。

从货币供给角度来看，上述替代行为并不改变货币供给行为，其结果与基准情况 1 相同。③ 从货币需求角度来看，市场对人民币的交易性需求增加，而对美元的交易性需求减少。可见，货币供给增量不变，而需求相对则有所增加，因此对照情形 1 的均衡利率将有所上升。但是由于这些变化是有真实交易作为支撑的，因此市场出清利率上升幅度相对较为缓慢、有限。另外，从央行资产负债表来看，替代行为使得货币当局的外汇资产（外汇储备）多增加了 20 亿美元。由于其他行为并不改变央行资产负债表的总规模，由此结构发生了改变：外汇资产比重更高，而本币资产比重更低。上述分析可总结在表 3.3.1 中。

---

① 这里还假设美元是唯一的外汇币种。
② 央行通过外汇市场干预投放的基础货币，可以通过提高存准率、发行央票进行冲销。这里对冲销环节不再展开分析。因此，通过外汇市场干预投放的基础货币数量多少，也可理解为央行冲销干预的压力大小。
③ 作为一个初步的分析，这里的货币供给只考察基础货币，而假定货币乘数不变。下同。

表 3.3.1　　　　　　　　　　人民币流出情况：进口贸易

	基准情形 美元结算	对照情形 人民币结算	比较	小结
货币供给： 基础货币	+650 亿元人民币	+650 亿元人民币	增量相同	货币供给增量不变，货币需求则有增加，对照情形利率高于基准情形，但变化有限。
货币需求	Md	Md +	人民币交易 需求上升	
货币当局 资产负债表	+100 亿美元资产	+120 亿美元资产， -20 亿美元等值的 人民币资产	外汇储备多增 20 亿美元	外储增加 20 亿美元，央行资产结构中的外汇资产比重上升

资料来源和说明：作者计算。

（二）人民币对外直接投资（ODI）

首先，以人民币对外直接投资为例进行分析。分析结果总结为表 3.3.2。

基准情形 2：假设如果用美元进行对外直接投资（ODI），金额为 20亿美元。这时候由于国际收支总体的顺差，市场上有外汇超额供给 100 亿美元，央行为维持固定汇率，购买了这些美元，使基础货币增加了 650 亿元人民币。

对照情况 2：境内企业改用人民币替代美元进行直接投资（R-ODI），对应金额为 130 亿元人民币。此时外汇市场的美元超额供给变成 120 亿美元。为维持汇率稳定，央行被动购入这些美元，同时投放了 780 亿元人民币，但扣除流出的 130 亿元人民币之后，基础货币增加仍为 650 亿元人民币。与此同时，外汇储备增加了 120 亿美元。

可见，上述两种情形中，货币供给增量相同。而货币需求方面，由于人民币替代了美元在 ODI 环节的功能，因此对美元的货币需求下降，而对人民币的货币需求有所上升，因此对照情形的均衡利率将有所上升。不过基于同样的原因，利率上升幅度相对较为缓慢和有限。另外，对照情形中，央行的外汇储备多增加了 20 亿美元，同时央行的外汇资产比重上升。上述分析与表 3.3.1 内容完全一致。实际上也可以发现，如果假设人民币 QDII 是对原来以美元进行 QDII 的替代，则对人民币 QDII 的分析结果将与人民币 ODI 的分析结果相同。

表 3.3.2 R-QDII 扩张的影响

	基准情形 美元结算	对照情形 人民币结算	结论
货币供给：基础货币	+650 亿元人民币	+600 亿元人民币 （650 - 50 = 600）	货币供给减少，并且伴随着均衡利率上升，货币需求相应减弱。
货币需求	Md	Md -	
货币当局资产负债表	+100 亿美元资产	+100 亿美元资产	没有变化

资料来源和说明：作者计算。

（三）R-QDII

R-QDII 的情况稍复杂一些。在 R-QDII 试点开始之前，已经有了 QDII 试点，不过 QDII 的试点额度相当小，而且都是以美元来进行结算的。在 R-QDII 试点的开始阶段，其主要是对原先美元 QDII 的一个替代，所以其对国内金融市场的影响，类似于人民币进口结算、人民币对外直接投资。表 3.3.1 的结论也适用于这种情形。

不过，当 R-QDII 快速扩张的时候，以美元 QDII 作为分析基准就不再适用了。在此情况下，基准情形需要调整为如下：

基准情形 3：首先，存在美元结算的 QDII，但是其数量是如此之小，以至于可以看作 0。同时，与前面的情况一样，外汇市场也存在 100 亿美元的超额供给。为了稳定汇率，央行也会购买所有的 100 亿美元，同时在市场上释放 650 亿元人民币的流动性。由此，外汇市场重新获得了平衡。

对照情形 3：R-QDII 试点实行，更准确地说，R-QDII 试点规模迅速扩张，大大超过了原先美元结算的 QDII。这时候，有一家国内企业，对境外发起了 60 亿元的 R-QDII 投资。因为这是以人民币为载体的资本流出，因此，这对外汇市场没有直接的冲击。在此情形下，人民币银行干预外汇市场的力度和之前相比没有变化。和前面的基础情形一样。

结果是，由于人民币流出了 50 亿元，基础货币也会相应减少 50 亿元人民币，同时外汇储备增加 100 亿美元，和前面基础情形相同。对比这里的基准情形、对照情形，表 3.3.2 是我们得出的结论。

三　人民币跨境回流渠道的分析

人民币跨境流动主要通过贸易和金融渠道。

（一）出口贸易方面人民币结算的影响

基准情况4：出口货物用美元结算、收款，此时市场上有外汇超额供给100亿美元，货币当局为了保持汇率稳定，购入这100亿美元并投放基础货币650亿元人民币。假设此时外汇市场实现供求平衡。

对照情况4：用人民币替代美元做出口结算，境内出口企业收到130亿元人民币。此时外汇市场的美元超额供给是80亿美元，货币当局为了维持汇率稳定，需要在外汇市场购买这80亿美元，同时投放520亿元人民币，但由于通过出口渠道从境外回流了130亿元人民币，因此基础货币还是增加了650亿元人民币。

从货币供给角度来看，两种情形的基础货币增量相同，均为650亿元人民币。从货币需求角度看，用人民币替代美元进行出口结算也不会改变人民币的货币需求。因此，两种情形中均衡利率水平相同。此外，外汇储备增量减少了20亿美元，央行资产中的外汇资产比重下降。上述分析可总结在表3.3.3中。

表3.3.3　　　　　　　　回流情况：出口贸易

	基准情况 美元结算	对照情况 人民币结算	比较	小结
货币供给： 基础货币	+650亿元人民币	+650亿元人民币	增量相同	两种情形的市场均 衡利率水平相同
货币需求	Md	Md	人民币交易 需求不变	
货币当局 资产负债表	+100亿美元 外汇资产（外储）	+80亿美元外汇储备 +20亿元人民币资产	外汇储备少 增加20亿美元	央行资产结构中的 外汇资产比重下降

资料来源和说明：作者计算。

（二）R-FDI

基准情形5：国外企业用美元进行FDI投资，金额20亿美元。此时市场上美元超额供给为100亿美元，为维持汇率稳定，央行购入100亿美元,同时基础货币增加 650 亿元人民币。

对照情况 5:国外企业使用人民币替代美元进行 FDI 投资,金额为 130 亿元人民币。此时外汇市场的超额供给变成 80 亿美元,为保持汇率稳定,央行需购入 80 亿美元,同时也投放了基础货币 520 亿元人民币。再加上从境外回流的 130 亿元人民币,基础货币增量还是 650 亿元人民币。另外,这时外汇储备增加了 80 亿美元,比基准情形 4 少增加 20 亿美元。

从货币供给来看,以上两种情况的增量相同,均为 650 亿元人民币。货币需求方面,在产能闲置的情况下,FDI 投资将通过乘数效应使国内产出增加,并使货币需求中的交易需求上升。但是这种货币需求上升,与 FDI 环节中的结算货币选择无关,即无论使用哪种货币结算,均会有此货币需求的上升。所以,两种情形中的市场均衡利率将保持不变。

表 3.3.4   回流情况:R-FDI

	基准情况 美元 FDI	对照情况 人民币 FDI	比较	小结
货币供给: 基础货币	+650 亿元人民币	+650 亿元人民币	增量相同	两个情形中的市场均衡利率保持不变
货币需求	上升	上升	增量相同	
货币当局 资产负债表	+100 亿美元 外汇储备	+80 亿美元 外汇储备	外汇储备少 增加 20 亿美元	央行外汇 资产比重下降

资料来源和说明:作者计算。

(三)境内机构在香港地区发行人民币债券然后资金回流境内

这里基准情形可能有两种选择:(1)在香港地区二人发行美元债券,然后资金回流内地;(2)在境内发行人民币债券。我们将选择后者作为基准情形,这是因为:第一,在目前单边升值预期的情况下,在香港地区发行人民币债券,难以成为发行美元债券的替代选择,因此前者不能成为基准情形;第二,境内机构之所以在香港地区发行人民币债券,其动机主要是看到了香港地区发行人民币债券的成本大大低于境内,因此宜将后者作为基准情形。

基准情形 6：境内企业在境内发行人民币债券 10 亿，货币供给量并不受影响。同时，由于国际收支顺差外汇市场上有美元的超额供给 100 亿美元，货币当局为了保持汇率稳定，购入这 100 亿美元并投放基础货币 650 亿元人民币。

对照情形 6：境内企业在香港发行人民币债券 10 亿元，资金回流内地之后基础货币增加了 10 亿元人民币。此时，外汇市场上的供求不受影响，央行进行相同的干预，导致外汇储备同样增加了 100 亿美元，因此央行通过这一渠道投放了基础货币 650 亿元。再加上从境外回流的 10 亿元人民币，基础货币增加了 660 亿元人民币。

从货币供给看，对照情形 5 的增量要大于基准情形 5，即货币供给增量将会上升。从货币需求来看，刚开始对照情形 5 的货币需求将与基准情形 5 相同。但是有以下两个机制将导致对照情形 5 的利率下降：第一，对照情形 5 的货币供给增量大于基准情形 5，在货币需求不变的情况下，利率也将下降；第二，香港的人民币债券利率显著低于境内，所以这一渠道的放开，将通过货币数量的增加，使国内债券市场的利率被压低。在利率下降的情况下，债券价格上升。此时，凯恩斯货币需求函数中的投机需求将会上升，最终实现货币供求新的平衡。因此，在最终均衡状态下，由于利率下降，对照情形 5 的货币需求将大于基准情形 5。表 3.3.5 是结果总结。

表 3.3.5　回流情况：境内机构在香港发行人民币债券然后回流

	基准情况：境内发行人民币债券	对照情况：在香港发行人民币债	比较	小结
货币供给：基础货币	+650 亿元人民币	+660 亿元人民币	增量上升	利率下降，债券价格上升。货币的投机需求上升，并对实体经济产生间接影响
货币需求	Md	Md +	利率下降，引起货币需求上升	
货币当局资产负债表	+100 亿美元外汇储备	+100 亿美元外汇储备	增量相同	没有变化

资料来源和说明：作者计算。

（四）R-QFII 和境外机构将人民币投资于境内银行间债券市场（流入渠道）

R-QFII 的投资范围，除了包括境内的银行间债券市场外，还包括股票、基金以及其他固定收益类资产。因此，这其中包括了之前央行批准的13 家境外机构可以使用人民币投资于境内银行间债券市场的业务。这里先以境外人民币回流，投资于境内银行间债券市场为例进行分析。由于开放境内银行债券市场之前，境外机构不能投资于这个市场，因此就直接分析该政策带来的影响。

具体地，R-QFII 的影响分析框架，类似于 R-QDII 的情形。当 R-QFII 试点规模足够小时，其只是对原先美元结算 QFII 的一种替代。这种情况带来的影响，其分析结论类似于人民币出口结算的情况。因此，这时候前面的表 3.3.5 也同样适应于 R-QFII 的情况。

不过，对于人民币 QFII 大规模试点的情形，其分析结论总结在表3.3.6 中。

表 3.3.6　　　　　　　　　R-QFII 规模显著增加的影响

	基准情况：境内发行人民币债券	对照情况：在香港发行人民币债	小结
货币供给：基础货币	+650 亿元人民币	+700 亿元人民币（65 + 5 = 70）	货币供给量有额外的增加，伴随着均衡利率水平的下降，以及更强的货币需求
货币需求	Md	Md +	
货币当局资产负债表	+100 亿美元外汇储备	+100 亿美元外汇储备	没有变化

资料来源和说明：作者计算。

（五）境内机构从境外获得人民币贷款

基准情形 7：境内企业从境内商业银行获得贷款 10 亿元人民币。

对照情况 7：境内企业从境外商业银行获得贷款 10 亿元人民币。

首先，在此过程中外汇市场的供求不受影响，而同时境内的货币需求也没有变化。其次，从货币供给来看则情况有所改变：对照情形中，由于境外的 10 亿人民币回流，基础货币有相应的增加。由于货币需求不变，而货币供给增大，因此国内利率下降，直接对贷款需求产生影响，并间接影响金融市场的资产价格。这一结果在方向上类似于 R-QFII 的情况。

表 3.3.7　　　　　　　　各种人民币跨境结算试点的影响

	人民币流出		人民币回流	
	－ 进口贸易 － R-ODI － R-QDII 小规模试点	－ 人民币 QDII 大规模试点	－ 出口贸易 － R-FDI － R-QFII 小规模试点	－ 境内机构在香港地区发行人民币债 － 境外机构投资境内银行间债券市场 － R-QFII 的大规模试点 － 境内机构从境外获得人民币贷款
货币供求	利率有所上升但变化有限	利率下降，资产价格下降，货币需求下降	利率不变	利率下降，债券、股票等资产价格上升，货币需求的投机需求上升，并对实体经济产生间接影响
外汇储备	增量有增加	无影响	增量有下降	无影响

资料来源和说明：作者计算。

四　人民币国际化路径的政策建议

从前文的分析可见，人民币跨境流通渠道的放开，特别是针对资本项下的短期资本流动，货币当局采取的管理方式有以下几个要素：获得准入的参与者范围（谁来交易），准入市场的限制（交易对象），人民币的资金规模（交易多少），以及最终的审批权限。基于上述几个要素的逐步放开，体现了人民币跨境流通试点政策的渐进性。从目前的情况来看，人民币已经在经常项下实现了自由可兑换，并且同时也覆盖了资本与金融项下的多个重要投向，例如，直接投资、债券市场、股票市场以及待通过的贷款业务等。

但是经过分析进一步发现，不同流通渠道对国内经济的影响机制及结果可能迥异，甚至同为人民币回流渠道的 R-FDI 和 R-QFII，其影响也有显著的差异。从理论上来说，资本账户开放的一般原则是"先流入后流出、先长期后短期、先直接后间接、先机构后个人"。但这一原则是否同样适用于人民币跨境流通渠道的放开呢？由于人民币汇率制度改革目前尚未完全到位；而且，从利率平价、购买力平价来看，中短期内人民币汇率水平可能依然明显低于均衡汇率水平（张明，2012），上述原则可能未必适用于人民币跨境流通渠道的放开路径。例如，前文分析中已经显示：在上述背景下，某些回流渠道的放开，将可能对国内宏观经济环境产生重要影响。因此，我们需要基于各种渠道对宏观经济的不同影响，采取不同的管理措施。

按照人民币跨境流通的渠道细分，我们逐一分析了其对内地货币供求、外汇储备数量的影响。在此，将前面分析的所有内容总结如下文，就其影响角度而言，所有的人民币跨境流通渠道可以分为以下三类，或者说，人民币国际化的进一步推进路径，应按照以下三步优先顺序展开。

第一步：进一步推动出口贸易人民币结算、人民币FDI。这两个渠道的人民币跨境流通，不会对国内货币供求产生影响，与此同时，还将使外汇储备的增量有所减少，从而使央行外汇资产的比例有所下降。因此，这类人民币跨境流通是政策应当积极鼓励的。当然，这一判断是建立在真实性交易的基础之上的。所以在积极推动这两类交易的同时，尤其要注意真实性的审核。

第二步：推进进口贸易人民币结算、R-ODI。这类交易对境内的货币供求影响有限，但是却会带来外汇储备更多的增加。对于这一结论需要从两个角度来看：首先，这一结论与分析的假设有关，即央行为了维持汇率的稳定，在外汇市场上进行被动干预。如果这一假设不成立，也即央行允许人民币汇率在更大程度上由外汇市场供求决定。则这类人民币跨境流通，并不会带来外汇储备的增加。从这个角度来看，应加快人民币汇率制度改革，增强人民币汇率的弹性，使人民币汇率在更大程度上由市场供求来决定。其次，如果人民币汇率的相对稳定仍然是货币当局的重要目标，则上述渠道的人民币跨境流通将带来外汇储备的增加，货币当局需要考虑由于外汇储备规模进一步增加带来的成本和风险。

第三步：也是最后一步，是推进境内机构在香港地区发行人民币债、境内机构从境外获得人民币贷款、允许境外机构投资境内银行间债券市场，R-QDII，以及包括投向银行间债券等领域的R-QFII。这类人民币跨境流通，不会对央行构成外汇资产增加的压力；但是会对货币市场供求产生影响。除了R-QDII之外，上述渠道的影响机制是：通过境外人民币的低利率向境内传导，以及直接增加境内货币供给这两个机制，将导致境内金融资产的价格上升，收益率下降，同时直接导致货币需求函数中的投机动机上升，并对实体经济产生进一步的间接影响。可见，如果这些渠道回流的人民币数量可观，则将对境内的货币、金融环境产生一定影响。R-QDII 的大规模推开，效果与上述影响渠道的效果相反。因此，这类人民币跨境结算试点业务，需要货币当局密切关注，短期中应当仍然保持额度限制，并以谨慎的原则渐进放开。

第四节　总结

2008 年全球金融危机以来，国内外学者和观察家都在反思现行的国际货币体系，并提出各种改革的动议。从根本上讲，国际货币体系应服务于全球贸易和国际投资，促进资源在全球范围内的有效配置。要实现这一目标，需要各国的密切合作。如果世界各国都从自身利益出发，那么就会出现以邻为壑的货币金融政策，从而导致国际货币体系陷入无序和动荡，结果就是全球层面的长期经济发展受阻。从这个角度来看，国际货币体系具有公共产品性质，需要超国家的机构进行协调。

然而，从事前的监管和协调功能来看，目前国际货币体系的制度安排，无法对美国这样的中心国家货币政策进行有效监管。其一，利用美元的世界本位币地位，美元为其国际收支赤字融资，这在很大程度上导致了今天的国际收支失衡成为一个严重问题。美元是世界本位币，绝大部分的世界贸易、金融交易都以美元计价；而且货币的交易具有网络性，这个网络一旦形成，在中短期内将难以改变。因此，在没有硬性纪律约束的情况下，美国的货币政策必然具有内在的膨胀倾向，即用宽松的货币政策来为其经常项目赤字融资。这时候，美国在实际上把国际收支失衡的责任全部推卸给了顺差国，例如中国。这时候问题的解决只有两种可能，要么是顺差国承担国际收支失衡调整的主要压力，要么是国际收支失衡继续积累，直至其走向不可持续而爆发更严重的全球性金融危机。可见，现行国际货币体系下，作为中心国的美国具有成为逆差国的逻辑必然性，但是国际收支失衡调整的主要责任却推向了其他顺差国家。其二，中心国美国的货币政策着眼于美国的就业和金融稳定情况，但却并不关注其对全球经济的外溢效应。全球金融危机之后，美国从 2009 年开始到 2012 年，连续推出四轮货币数量宽松政策，之后又在 2013 年年末宣布出台缩减数量宽松的政策。在此过程中，美国的货币政策触发了全球大宗商品价格、金融资产的大幅波动，也引发了热钱在新兴经济体的大进大出。美国货币政策的负外部性，与其作为世界本位币国家的地位越来越不相称，这也是当前国际货币体系面临的根本性挑战之一。其三，IMF 是当前国际金融体系的核心实体机构，但这一机构实际所能发挥的作用非常有限。就其投票权份额来看，美国一家就占到 17% 左右，而 IMF 通过一项决议需要 85% 的投票权，因此美国对于 IMF 的决议具有很强的影响、控制能力；反过来，IMF 难以真正对美国自身的政策起到监管、协调的作用。

从事后的救助来看，当前国际货币体系的核心机构 IMF 还存在两个严重问题。这主要表现为，IMF 的实际救助能力也严重滞后于全球金融系统发展的要求。目前 IMF 的借贷能力仅为 3000 多亿美元，这一数量仅仅与韩国的外汇储备数量大致相当。2009 年的 G20 峰会提出了 IMF 增资计划，要将其借贷能力翻番。但是，美国由于财政困难而难以对 IMF 增资做出相应的贡献；这就意味着，美国的投票权份额将在增资过程中面临稀释，从而其对 IMF 的绝对影响力也将面临挑战。因此，美国要么就在一定程度上放弃在 IMF 决策机制中的现有地位，要么就阻碍 IMF 的借贷能力的扩大，这对美国是两难。在这个两难选择中，美国必然优先考虑其自身的控制力，因此，在可见的中短期内，IMF 增资行动即便有所进展，也仍将严重滞后于正常救援功能所需的资金规模。

金融危机以来，无论是从事前监管，还是从事后救助来看，现行国际货币体系均面临越来越多的挑战。国际货币体系改革所需要的，已经不仅是反思、讨论这类脑力游戏，还需要我们在改革步骤上迈出实质性的步伐。国际储备货币体系改革势在必行。

在各项改革方案中，实现国际储备货币的多元化是一项具有方向性的选择。其具体表现是，在美元之外，增加欧元、日元，以及包括人民币在内的新兴经济体的货币行使国际储备职能。这其中，人民币国际化是中国自主的政策选择，不像 IMF 改革需要重新分配利益。现在全球面临着安全资产的短缺状况，人民币如果成为一项安全资产，加入国际货币行列，这将有助于国际金融市场的稳定。人民币国际化进程也对改善国际储备货币多元化结构发挥推动作用。

针对人民币跨境流动的路径，我们发现，不同流通渠道对国内经济的影响机制及结果可能迥异，甚至同为人民币回流渠道的 R-FDI 和 R-QFII，其影响也有显著的差异。从理论上来说，资本账户开放的一般原则是

"先流入后流出、先长期后短期、先直接后间接、先机构后个人"。然而基于各种渠道对宏观经济的不同影响，上述原则未必适用于人民币跨境流通渠道的放开路径。

总之，国际储备货币多元化是未来国际货币体系的演进方向。具体而言，第一，国际货币体系的演变是长期而渐进的过程，例如美元用了半个世纪的时间取代英镑的国际货币地位；第二，美元的衰落也将会是一个长期渐进过程，该过程将受到国际经济环境的变化而加速或减缓；第三，国际货币体系的多元化趋势与世界经济的多极化趋势一致；第四，美元、欧元与亚洲货币之间存在竞争与替代关系，那么这种多元化储备货币有可能会重新引入约束储备货币发行的纪律。然而，多元化的国际储备体系是否比单一的美元霸权体系更加稳定？针对这一问题仍然存在争议。

国际储备货币改革将是长期过程。首先，作为安全资产，美元在金融市场动荡时期仍将发挥重要的作用。本次危机的爆发集中反映了全球安全资产的结构性变化，其核心表现是安全资产需求不断增加，而其供给却相对不足。在世界经济复苏不稳、发达国家量化宽松政策持续时间具有确定性的背景下，美元资产仍是国际投资者最主要的避风港。这将在一定时期延续美元作为主要货币的不可替代性。其次，尽管针对储备货币体系改革的必要性，各方基本达成共识，但是以国际合作形式、在全球层面制定的改革方案，动议却多于行动。这其中，"超主权储备货币"是一种理想设计，是克服法币承担储备货币所产生的"特里芬难题"的根本出路。但在现阶段，这一设想仍缺乏可操作的合作框架设计。SDR改革是在全球层面进行国际储备货币的良好开端。增加新兴市场货币到其货币篮子之中，重新考虑权重制定标准等这些建设性议题，非常具有可操作性。然而，在如何扩大其职能范畴，将其改造成可替代美元、可行使储备货币职能、可以在市场流动的货币，仍需要各成员国通力合作。国际货币基金组织，作为唯一的全球层面的最后贷款人，将在推动国际储备货币改革中发挥核心作用。

第四章

国际金融监管

国际金融监管是 G20 全球治理的重要内容。凭借强劲的经济增长前景以及政府和私人部门健康的资产负债结构，近年来新兴市场经济体成为全球资本重要的流入地。如何对资本流动进行有效监管，如何甄别资本流动的动因，评估其效应，以及如何在 G20 框架下开展国际合作，降低资本流动风险，确保全球金融稳定是各国面临的重要挑战。本章的第一节将阐述各国在国际金融监管改革领域所达成的共识和存在的分歧，分析中国参与国际金融监管的基本原则和对策。第二节将对国际资本流动现状和成因进行系统分析。第三章阐述如何强化资本流动管理措施。最后是本章总结和结论。

第一节 国际金融监管改革的共识、
分歧与中国的对策

从 2008 年全球金融危机爆发至今，国际金融监管改革已经取得了诸多进展，对世界各国金融产业的发展产生了深远影响。任何一项改革措施在效果上都是非中性的。在以往的国际规则制定中，往往是发达经济体占据优势，从而将非中性的负面压力转嫁到发展中国家。本次国际金融监管改革尽管也是在发达经济体主导下进行的，但是改革产生的实际压力却主要落在发达经济体自身——这是当前国际金融监管改革的一个显著特征。

相比之下，中国的金融体系受危机影响较小，且一直处于政府较为严格的审慎监管之下，因此目前各类金融机构的经营状况良好，对新的国际监管体系的适应力较强。但是，这并不意味着中国的监管体系不存在问题。"我们没有输球，因为我们没有参加比赛。"后危机时代的中国正处于金融改革与开放的加速期。中国的金融监管改革，不仅要承担风险防范的职责，更要促进中国的金融发展与创新；不仅要为中国经济的持续健康发展提供保障，还要为中国参与全球经济治理做出贡献。从这个意义上讲，中国金融监管改革正面临重大的机遇和挑战。

一　国际社会对于金融监管改革的基本共识

（一）加强宏观审慎监管，防范系统性风险

加强宏观审慎监管，防范系统性风险，是当前国际金融监管改革领域的最大共识。宏观审慎监管并不将监管目标局限于单体金融机构的经营风险预防上，而是强调整个金融体系的系统性安全，通过制定全面的金融稳定政策来预防危机的发生。早在金融危机爆发之前，宏观审慎监管就已经被纳入很多国家的监管政策中去。但是本次危机的教训是，宏观审慎监管远没有认识到金融市场存在的系统性风险[①]。目前在 G20 平台上针对宏观审慎监管改革取得的共识与进展，具体表现在以下两个方面。

1. 改变监管的顺周期性

本次金融危机中，由于监管制度造成的顺周期性受到了普遍的关注和批评。在经济繁荣期，资本监管的约束力自然弱化，导致银行放贷量的增加，进一步推动 GDP 的增长和泡沫的形成；而在经济衰退阶段，资本监管的约束力自动强化，银行贷款能力受到限制，从而加大经济衰退程度，并给经济恢复带来阻碍。顺周期性反映的是金融和经济系统存在的正反馈机制，一方面，它是经济系统内在的特征（如金融加速器效应，行为金融学提出的羊群效应，都是顺周期性的表现）；另一方面，现代的监管制度（如资本充足率监管、拨备制度、公允价值会计标准、外部评级制度等）也显著加强了金融系统的顺周期性（格林斯潘，2009）。

巴塞尔银行监管委员会对于逆周期监管提出如下建议：（1）改进资本监管框架，建立动态准备金制度，在经济上升周期中要求银行保持更多数量和更高质量的资本充足率，而在经济衰退期降低这一标准；（2）修正现有的以 VAR 为基础的风险评估方法，扩大压力测试对于资本充足率

[①]　参见《金融危机的发展趋势》，格林斯潘在纽约经济学家俱乐部发表的演讲，《中国金融》第 5 期。

的影响权重；（3）提早确认贷款损失；（4）监管部门需要对杠杆使用情况建立数量化的监督指标和约束机制；（5）推动两大会计标准制定机构 IASB 和 FASB 修改会计准则，消除顺周期性。事实上，新通过的《巴塞尔协议Ⅲ》已经建立了范围为 0%—2.5% 的逆周期资本缓冲（由普通股和高质量资本构成）和前瞻性的损失准备金。

2. 加强对"系统重要性机构"的监管，防止"大到不能倒"

具有系统重要性的大型金融机构对于一个国家的经济系统、乃至全球的金融稳定都具有重大的、潜在的负外部性，这是本次危机给国际社会带来的极其深刻的教训。虽然系统重要性机构就其自身而言，仅仅是一个或一些单体金融机构，但是它们对金融体系和宏观经济会产生巨大的系统性影响，因此，对这些具有系统重要性的单体金融机构的监管就成为当前宏观审慎监管改革的重要内容。

首先，大型金融机构与世界各国的金融市场具有深度关联，一旦倒闭，将可能在瞬间产生正反馈机制（即"多米诺骨牌"效应），造成全球金融市场的恐慌，从而引发国际金融危机。其次，对大型金融机构的监管存在严重的道德风险。当一个"大到不能倒"的金融机构面临破产时，如果政府放弃救助，很可能引发系统风险；如果实施救助，就是用纳税人的钱为金融机构的冒险"埋单"。因此，政府会陷入两难选择。2008 年全球金融危机的直接诱因就是美国政府由于顾忌道德风险而在 2008 年 9 月宣布放弃救助雷曼。不幸的是，雷曼是一家典型的全球系统重要性机构，它的倒闭迅速地引发了全球性危机。最后，金融市场存在显著的顺周期性，如果没有政府的干预，一定会有某些金融机构越做越大，直至"大到不能倒"。换言之，系统重要性金融机构是市场经济"马太效应"的必然产物，类似于实体经济领域垄断企业的出现，实质上这是一种市场失灵。因此，必须要通过政府的监管与干预，才能降低系统重要性机构对市场的负面影响。

在国际层面，巴塞尔委员会已经公布了全球系统重要性金融机构的评估标准，并圈定了 28 家银行，其中包括中国银行。巴塞尔委员会建议对这些银行设定 1%—2.5% 的附加资本金要求，而且这些附加资本必须完全由普通股构成。

在美国，对于系统重要性机构的监管是整个监管改革的重点，所采取的措施具体、丰富而且严厉，有较强的借鉴意义。《多德—弗兰克法案》

规定银行或金融公司兼并后的合并负债不得超过全国所有银行或金融公司负债总额的 10%，跨州银行兼并后的存款不得超过全美存款总额的 10%；对于规模和复杂性方面不断增长的金融机构，美联储和金融稳定监管委员会将在资本金、杠杆率、流动性等方面设定更高标准；金融稳定监管委员会有权分拆大型金融机构；在美联储、金融稳定委员会和联邦储蓄保险公司三方同意的前提下，可以强制要求威胁金融稳定的系统重要性机构进入清算程序；系统重要性金融机构需要向监管机构提交"生前遗嘱"，即在公司破产时能够采取的快速有序清偿计划，以防止使用纳税人的钱进行救助。如果不能提交可以接受的"生前遗嘱"，则该机构将会在资本充足率、规模和经营活动等方面受到限制，甚至可能被分拆①。

（二）提高银行资本充足率，增强银行的损失吸收能力

国际社会在金融危机后形成的一个共识，是欧美国家的居民、金融机构和政府使用的杠杆率过高，整个社会高负债运行，这是危机爆发的根源之一。因此，《巴塞尔协议Ⅲ》设立了较以往更高的资本充足率要求，以此降低银行的实际杠杆率，增强银行的损失吸收能力。协议要求银行持有普通股比例不低于 4.5%，留存超额收益 2.5%，这两项相加达到 7%，远远超出《巴塞尔协议Ⅱ》要求的 2%。实际上，《巴塞尔协议Ⅲ》对资本数量和质量的要求，在很大程度上回到了 1988 年第一版的《巴塞尔协议》。

由于欧美金融机构在危机中受到较大冲击，全球经济仍处于艰难复苏阶段，银行业补充资本金的压力较大，因此，《巴塞尔协议》对于银行达到新规要求给出了较长的过渡期，一级核心资本充足率达标期限是 2015 年，资本缓冲比率的达标时间更是晚到 2019 年，银行有较大的调整空间。

（三）将"影子银行体系"和金融衍生品纳入监管，防止监管缺位

在金融稳定委员会（FSB）在 2011 年 4 月 12 日发布的题为《影子银行：范围划定》的研究报告中，"影子银行体系"被定义为："游离在银行业监管体系之外，易引发系统性风险（尤其是期限和流动性的转换、不良贷款风险转移及杠杆化）和监管套利等关注问题，包括各类相关机构和业务活动在内的信用中介体系"（FSB，2011a）。"影子银行体系"

---

① 2012 年 7 月美国金融监管当局公布了 9 家大型跨国银行的"生前遗嘱"部分内容，这些银行都表示，一旦发生营运困难，他们有信心可以出售资产或分拆，无须动用纳税人的钱纾困。截至 2015 年年底共有 12 家美国的大银行提交了"生前遗嘱"。

包括投资银行、投资基金（如对冲基金、私募股权基金、货币市场基金等）、某些保险公司、结构性投资工具等，在金融危机前，它们不像商业银行那样接受中央银行的监管，但同样具有放贷、担保等职能，还可以高杠杆投资复杂的金融衍生工具。

在促进金融市场繁荣并为实体经济提供强大融资服务的同时，影子银行存在的诸多问题，如监管缺失、不透明交易和高杠杆操作等特点也给整个金融体系带来风险。本次全球金融危机的产生与欧美国家"影子银行体系"的过度发展有直接关系。因此，在国际金融体系改革中将"影子银行体系"纳入监管是必然趋势。

作为国际组织中关于影子银行监管改革的主要推动者，金融稳定理事会（FSB）从强化体系监控、完善监管架构及提出针对性的监管措施三个方面提出了加强影子银行体系监测和监管的建议。2011 年 10 月 27 日，FSB 发布了名为《影子银行：监控和规制的加强》的报告。报告中对影子银行监管框架做了详尽的建议，供成员国在制定自己的影子银行监管框架时用作参考和指导（FSB，2011b）。

美国金融监管改革法案则加强了对私募股权基金、对冲基金、场外衍生品、资产证券化产品和银行自营业务的监管。目前，美国的新法案要求管理资产超过 1 亿美元的对冲基金需要在美国证监会以投资顾问身份进行登记注册，并向证监会定期提交投资交易信息；资本未达到 1 亿美元的须在州注册并接受州监管。大部分衍生品必须在交易所通过第三方清算进行交易，首次对场外衍生品市场颁布全面的监管规定，监管范围包括交易行为以及出售产品的公司。通过沃尔克规则的确立，对银行的混业经营（实际就是银行参与影子银行业务）进行了限制。

2010 年 11 月，欧洲议会通过欧盟对冲基金监管法案，在欧盟金融市场上运营的资产超过 1 亿欧元的对冲基金必须先在欧洲证券和市场局注册，同时公开自身的财务信息。对于欧盟境外的对冲基金，2015 年之后还要获得由欧盟颁发"欧盟护照"之后，才能继续在欧盟市场上进行投资。英国金融监管局（FSA）强化场外衍生品的交易对手风险管理，对抵押贷款和信贷衍生品等金融产品进行直接监管、集中清算，要求衍生产品标准化，探索引入中央对手方清算机制。

（四）金融监管不能完全防范金融危机，建立危机处理机制十分必要

承认以"最后贷款人"为核心手段的金融救援是危机治理的最有效

方式，也是当前国际金融监管改革的重要共识。

金融市场以及整个经济系统是一个极其复杂的非线性系统，它存在混沌效应，这使得对它的分析和预测十分困难。真正的风险，往往都是不可预测的风险。"排除系统内的所有风险是绝无可能的，我们能做的，就是尽量让系统更具有弹性，减少金融危机的频度和危害。"（努特·韦林克，2009）而降低危机损害最有效的方式，就是金融救援，其核心就是政府发挥"最后贷款人"的职能，迅速向市场注入大量的"真金白银"（流动性），增强市场信心，只有这样才能及时消除群体性恐慌，从而将危机遏制在"摇篮"里。

国际金融史的知名学者金德尔伯格指出，历史经验充分表明，政府的"最后贷款人"职能是防止危机全面爆发、降低危机损害的最有效手段（Kindleberger，1978）。20世纪30年代的大萧条之所以危害深，关键就在于缺乏一个"全球最后贷款人"。而2008年金融危机爆发后，发达国家政府纷纷扮演了"最后贷款人"角色，从而避免了大萧条的再现。一向宣扬新自由主义的美国政府在2008年采取了史无前例的金融救援手段（自由主义分子一向坚决反对金融救援），彻底把"道德风险"的说教抛到脑后。欧元区债务问题在2012年夏季一度出现危局，希腊退出的恐慌不断蔓延，最终还是由欧央行宣布"不惜一切代价保卫欧元"并承诺推出"直接货币交易"（这意味着欧央行终于开始承担明确的"最后贷款人"职责）才化解了危机。因此，目前国际社会对于建立以"最后贷款人"为主要职责的危机处理机制具有高度共识，这也成为未来一段时期国际金融改革的主要工作之一。

危机处理机制的建立，存在全球、区域和国别三个层面。从历次金融危机的处理经验来看，必须三个层面紧密合作，才能有效抑制危机的蔓延。因此，在当前的国际金融监管改革中，三个层面的机制建立都是热点，而难点主要表现在全球救助机制的确立以及三个层面的合作上。

由前IMF总裁康德苏牵头、包括中国央行副行长在内的18人研究小组2011年发表了关于国际货币体系改革的倡议书《康德苏报告》，提出由IMF承担稳定、强大的"全球最后贷款人"职能，目前这一提议并没有获得实质性进展。在区域层面，"清迈倡议多边化"在危机后取得显著性进展，目前区域外汇储备库规模已从1200亿美元扩大到2400亿美元（我国承诺融资份额升至768亿美元），并提高了与国际货币基金组织贷款脱钩的比例，延长了贷款救助期限。可以看出，亚洲的区域危机治理机制已经初步建立。在欧元区，由欧央行和 ESM 共同担当"最后贷款人"的机制初现端倪，这既是欧元区经济一体化的重要成果，也是危机处理机制在区域层面的显著进展。金砖国家正在探讨成立 2400 亿元美元的共同外汇储备库，这是一个跨区域的合作机制，由于金砖国家在地理位置、政治经济体制和文化上的差异，这一体系的建立还具有一定挑战性。

二   国际社会对于金融监管改革的主要分歧

（一）混业与分业之争

美国金融监管新法案一出台，就在全球引起了极大关注，主要原因之一是法案中的"沃尔克规则"，该规则对于美国金融业的混业经营采取了较为严厉的限制。"沃尔克规则"在原则上禁止银行开展自营业务、投资对冲基金和私募股权基金。同时，它给出了允许银行开展自营业务的特定条件，例如：为满足客户和交易对手的短期需求，可以交易各类证券和其他金融工具；为降低银行风险而进行的对冲交易（但是禁止交易农产品和能源掉期、多数金属掉期）；允许银行向对冲基金或私募股权基金进行微量投资，即银行对其投资额必须在该基金成立的第一年之内减少到基金总额的 3% 以内，且银行对其投资额不能超过银行一级资本的 3%。

"沃尔克规则"对于银行业的影响是显而易见的。金融危机前，自营业务是国际大银行的重要盈利来源。限制自营业务将减少银行的利润率。据《经济学人》的预测，"沃尔克规则"将导致美国规模最大的银行 2013 年利润缩水 5%—20%。根据高盛的预测，"沃尔克规则"将导致美国大银行正常利润下降 13%。"沃尔克规则"对于金融竞争力的影响使其在国际社会遭到了强烈反对。欧盟和日本明确表示将维持全能银行经营模式，不会效仿沃尔克规则。

关于混业与分业的研究与争论由来已久，对于混业经营是否会显著增强金融系统的风险，并没有一致的结论。在本次金融危机中遭遇重创的美国大型金融机构中，既有像花旗集团这样的全能银行，也有像华盛顿互惠银行这样的极其纯粹的储蓄贷款银行。而从金融机构自身的发展来看，混业经营将有助于扩大规模，增加利润，从而增加全球竞争力。因此，金融机构开展混业经营的动机是很强烈的。混业经营未来在全球还会持续下去。

（二）对于《巴塞尔协议》实施要求和实施进度的争议

《巴塞尔协议Ⅲ》最重要的进展就是提高了对银行资本充足率的要求，这意味着增强了银行的损失吸收能力。应该说，对于提高资本充足率，国际社会是有共识的。但是，提高到何种程度，以多快的进度实现这一目标，却存在不少争议。有批评指出，《巴塞尔协议Ⅲ》对资本充足率的提升幅度过大，将导致银行利用信贷放大货币供应、支持实体经济发展的能力受到严重削弱。更有相当多的批评意见认为，在全球经济依然处于艰难复苏的时期，《巴塞尔协议Ⅲ》制定的时间表过于激进，将影响全球经济复苏的进程。

从《巴塞尔协议Ⅲ》的实际推进来看，批评意见确实起到了作用。美国于 2012 年 11 月宣布，将原定于 2013 年正式推行《巴塞尔协议Ⅲ》第一阶段资本标准的时间向后延迟，最终于 2014 年 1 月正式实施。欧盟与美国类似，也将《巴塞尔协议Ⅲ》的实施时间从 2013 年 1 月推迟到了 2014 年 1 月。中国原先决定于 2012 年初即开始执行《巴塞尔协议》的第一阶段，这比《巴塞尔协议》的要求早了 1 年。但是由于担心银行信贷紧缩导致经济下滑，中国政府实际于 2013 年 1 月 1 日实施新巴塞尔协议。事实上，世界上主要国家对《巴塞尔协议》的执行都比自身的计划有所推迟。

可以看出，在全球经济复苏势头脆弱的时期，任何会显著影响经济增长的金融监管改革，都会遭遇严重阻力。

（三）对于银行税与金融交易税的争议

1. 银行税

2010 年 IMF 向 G20 集团提交的一份报告指出，由于银行业在危机时期对经济系统存在显著的负外部性，应该向银行征收"金融稳定贡献金"（FSC）和"金融活动税"（FAT），将外部效应内部化。前者用于建立危机基金，在必要时刻国家可以动用这笔资金救助银行，从而避免动用纳税人的钱，防止道德风险；后者可以直接纳入国家预算，弥补财政赤字。该提案得到英国和其他欧盟国家的支持，奥巴马总统也表示欢迎。但是，该方案遭到银行业的强烈反对。批评者宣称，该措施一方面降低了银行投放信贷的能力，从而削弱了金融体系刺激经济增长的功能，在全球经济复苏面临巨大阻力的今天，如此的结果是难以接受的；另外，则会降低银行的盈利水平，而一个银行的盈利水平越高，其抗击风险的能力也越强。因此，这些措施事实上损害了银行的抗风险能力。

奥巴马政府曾于 2011 年提出过征收银行税的议案，结果在议会被否决。日本、加拿大、瑞士等国明确表示反对征收银行税，因为这些国家的银行体系自身并没有出现严重问题，它们是受到了美国金融危机的"牵连"。欧盟各国在银行税改革方面比较积极，预计将陆续采取有关的措施落实这一改革方案。总的来看，全球层面很难在银行税方面统一行动。

2. 金融交易税

早在 1972 年，美国经济学家、后来的诺贝尔经济学奖得主托宾提出了针对外汇市场短期投机交易征税，并将税收所得支持贫困国家发展的主张，后人称之为"托宾税"，这是全球统一征收金融交易税的理论雏形。广义的金融交易税不限于外汇交易领域，在各种金融交易中的税收都具有抑制投机、增加政府收入的作用，都可以称为金融交易税。中国政府目前征收的股票交易印花税（股票出让方缴纳 0.1% 的印花税）即是金融交易税的一种。

征收金融交易税主要有三大功能：第一，抑制短期投机交易，降低金融市场的波动性；第二，增加税收，填补财政赤字；第三，如果针对跨境交易征收金融交易税，则对于管理跨境资本流动具有引导性的作用。

2012 年 10 月 23 日，欧盟委员会宣布，法国、德国、意大利、西班牙、比利时、奥地利、希腊、葡萄牙、斯洛伐克和斯洛文尼亚 10 国将统一征收金融交易税，即从 2014 年 1 月开始，按所有股票和债券交易的 0.1% 和金融衍生品交易的 0.01% 征税。这是全球金融危机以来在国际金融监管领域发生的重大事件。按照欧盟的测算，如果所有欧盟国家都征收金融交易税，每年将增加 570 亿欧元的财政收入。

此前，法国已于 2012 年 8 月率先征收金融交易税。在股票交易方面，交易税率确定为 0.2%，征收对象为市值超过 10 亿欧元、总部设在法国境内的上市公司股份的买方交易者；在高频交易方面，交易税率为 0.01%，对象为在 1 天之内撤销或修改次数超过一定数量的交易，征收范围为所有在法国有交易活动的公司。在金融衍生品交易方面，交易税率为 0.01%，对象为基于主权债务的信用违约互换交易。而以长期持有和对冲风险为目的的投资者不需要缴税。粗略估计，此次金融交易税的征收将会给法国带来 16 亿欧元的收入。

除法国外，还有其他欧元区国家以不同形式开征了金融交易税。希腊以 0.15% 的税率对出售希腊上市股份的行为征收交易税。自 2011 年 1 月 4 日起，该税率提高为 2%。该交易税不仅适用于复合型的金融工具（股权互换、期权、期货），还适用于由本国纳税人购买的外国上市股票。波兰对产权的出售或交易行为征收税率为 1% 的民法活动税，其征税对象包括证券和金融衍生品。同时，对股票、波兰国债和国库券、央行发行的票据以及其他特定种类的证券免予征收。瑞士对本国或外国的证券转让行为征收转让税，征税的前提是交易一方或中介机构是瑞士的证券经纪人。转让税的征税对象包括股票和债券，期权则不在征收之列。税率对本国证券和外国证券有所区分，分别为 0.15% 和 0.3%。2007 年，瑞士通过征收转让税获得的收入为 19 亿瑞士法郎，为当年 GDP 的 0.37%。

　　本次金融危机后，新兴市场国家为了应对跨境资本流动，纷纷开征各种形式的金融交易税。泰国于 2010 年 10 月宣布对外资投资债券所获的资本和利息收益征收 15% 预扣税。新加坡和香港地区从 2010 年开始不断提高房屋交易印花税。巴西从 1994 年开始对外资在部分金融产品的投资征收 1.5% 交易税，对外币贷款课税 0.38%；2008 年 10 月，由于金融危机导致国际资本流出，巴西停止了该项税收；2009 年 10 月底巴西财政部再次宣布对外资收取 2% 的金融活动税；11 月又宣布对巴西企业发行的美国预托证券（ADR）征收 1.5% 的金融税。

　　对于金融交易税的反对意见此起彼伏，主要反对理由有四条。第一，这种税收扭曲了市场行为，造成市场的低效性。投机行为是市场的基本特征，是提升市场有效性的重要机制，没有投机就没有市场。通过金融交易税抑制投机，就意味着政府干扰了市场的价格形成机制，这不仅不能防范金融风险，反而因降低市场的有效性而增加潜在的风险。第二，如果要让金融交易税起到有效且公平的作用，就需要在全球统一征收，否则就会出现监管套利，投机者从征税国家转移到未征税国家。而在人类历史上，从未出现过全球统一征税的先例，其协调难度之大，超出想象。第三，金融交易税的税制可能较为复杂，对金融交易活动缺乏具体而清晰的界定，有时难以区分正常投资和短期投机，并容易出现避税行为。第四，金融交易税的征收会减少国际金融中心（如伦敦和纽约）的金融交易量，降低金融机构的盈利水平，从而影响这些城市甚至是这些城市所代表的国家的经济竞争力。在当前经济形势严峻的背景下，这是很重要的反对理由。

　　我们认为，全球统一征收金融交易税还存在另一个难题。从历史经验来看，很多金融交易税的征收都是相机抉择的政策安排，是有时效性的，在不同的国际和国别形势下，具体的税收措施（如税率、征收对象，等等）需要进行相应调整，而且，每个国家的调整方向和力度也会有所不同。如巴西，在 2008 年 10 月终止征税，而在 1 年之后又重新开征。由于全球统一征税的安排需要艰难而复杂的国际协商和谈判，一旦确定之后，再根据各国情况进行灵活调整的难度较大，因而可能难以适应国际形势的变化。而一国单独征收金融交易税则没有这样的问题。

从目前了解到的情况来看，美国、英国、加拿大、澳大利亚、荷兰、俄罗斯和印度均不会支持金融交易税。特别是对于美国而言，加快经济复苏是当务之急。征收金融附加税将影响美国作为全球金融中心的核心竞争力，这是美国无法接受的。而且，美国一向不看好全球治理，不会相信全球统一征税的实现，这样美国就更会担心由于监管套利而丧失金融中心的优势地位。英国、荷兰等国表示，如果不能实现全球统一征收，那么他们就不会支持在欧盟内部率先征收金融交易税。

金融交易税改革是国际金融监管的一件大事，短期内难以在全球层面达成共识。但是，它对于抑制金融投机（特别是跨境短期资本流动）和增加政府税收确实具有一定效果，实际上已经在部分国家实施。在可以预见的将来，不同国家、不同区域采取不同的金融交易税征收模式是比较切合实际的选择。

三　中国参与国际金融监管改革的基本原则与实际应对

（一）以金融监管改革促进金融为实体经济服务

金融发展脱离实体经济，不仅会导致资源配置的失效，也会放大金融体系自身的脆弱性。此次国际金融危机爆发的根源就在于金融和实体经济的严重脱节。加州大学经济史学者、著名的西方马克思主义代表人物 Brenner（2010）指出，从 1973 年开始，全球就步入了长期的生产能力过剩阶段，西方发达国家的实体经济始终面临由于需求不足而导致的制造业利润率下降。为了刺激经济增长，经济管理者就通过金融体系实施规模越来越大的公共和私人借贷，以此增加需求，避免危机的发生，其结果就是催生经济泡沫。然而，泡沫并不能解决实体经济的产能过剩问题，反而导致金融部门与实体经济之间的背离越发严重，泡沫自我循环放大，最终泡沫破灭，全球金融危机爆发。

金融体系对于实体经济的影响是极其巨大的。在 20 世纪 90 年代，美国依靠强大的直接融资体系，有力地支持了信息技术革命，迎来一轮辉煌的"新经济时代"，把日本和欧洲甩在后面，再次成为引领全球技术变革和经济增长的发动机，巩固了美国的全球霸主地位。这是金融为实体经济服务的比较成功的范例。但是，21世纪初，在IT浪潮过去之后，美国没有找到新的增长点，却借助金融体系刺激房地产业，催生房地产泡沫，直接导致了"大萧条"以来最严重的全球金融危机。这是金融体系背离实体经济的深刻教训。

由此可以看出，国际金融监管改革的关键，不仅是加强对金融部门自身的风险防范，更是要从根本上引导金融体系为实体经济服务，防止金融部门与实体经济活动的严重背离。中国的金融体系之所以在2008年以来始终保持较为良好的运行态势，一方面在于中国的金融体系没有完全开放，另一方面也是因为中国金融体系的发展基本与实体经济的发展相符合。

在参与国际金融监管改革的具体应对策略上，中国可以重点推动金融交易税和"影子银行体系"的监管改革，使其成为金融监管为实体经济服务的两个抓手。

1. 金融交易税的研究与实践

金融交易税的征收，不论是目前欧盟采取的模式，还是新兴经济体使用的方法，从根本上讲，都是抑制过度投机，引导金融资源服务于实体经济。对于中国而言，开展金融交易税的研究，关键在于分析征税的必要性、确定潜在的税基、开征时机和资金用途，做好征收预案。中国近期内不可能采取欧盟的征税方式，原因有两个：首先，中国中央政府的负债率较低，不存在通过征收金融交易税补贴财政赤字的理由；其次，目前中国各个金融市场的交易规模较为有限，股票市场行情惨淡，债券市场尽管发展速度快，但是远未达到发达国家水平，金融衍生品市场刚刚起步，在这些领域，中国政府所要做的是如何扩大市场交易规模，而不是限制交易的征税。但是，作为新兴经济体，中国与巴西等国类似，面临同样的跨境资本流动管理问题。目前，全球主要央行均实行了流动性宽松政策，而中国的宏观经济已经逐渐企稳，预计未来一段时期将面临较大规模的跨境资本流入。因此，加强跨境资本流动管理是中国实施金融交易税最为恰当的理由，此时的税基就是短期跨境资本交易。在税收收入的用途方面，可以设计为建立国家金融稳定基金（也就是IMF所提议的危机基金）。

2. 以监管改革推进"影子银行体系"发展

"影子银行体系"在提高社会融资规模、促进中小企业发展、改善金融效率、管理市场风险方面具有不可替代的重要价值。它们既是高效率的融资工具，也是强大的风险管理工具。"影子银行体系"已经成为现代金融体系不可分割的一部分。国际经验充分表明，"影子银行体系"是解决中小企业融资、推动技术创新最有力的金融工具。美国之所以能够在20世纪90年代产生"新经济"浪潮，根本原因就是由私募基金、投资银行等影子银行与股票市场共同为高科技企业提供了强大的金融支持。同时，资产证券化以及其他各类衍生产品也是现代银行体系一个不可或缺的风险管理工具。

正是由于"影子银行体系"在促进实体经济发展和管理金融市场风险方面具有不可替代的巨大价值，在危机后发达国家实施的金融监管改革中，对"影子银行体系"并没有进行束缚和限制，仅仅是将其纳入监管视野，保证信息透明，从而促进影子银行体系的健康成长。美国虽然通过沃尔克规则对银行与影子银行的业务合作进行了限制，但是依然允许银行小量投资对冲资金和私募股权基金，依然允许银行从事资产证券化交易。而欧盟和日本甚至没有对银行和"影子银行体系"进行任何隔离。这些改革措施充分表明，未来"影子银行体系"还将继续在全球范围内快速发展，其与银行体系的合作会深入下去，并将比以往更加稳健地为实体经济服务。

影子银行在中国同样存在，只是在发展阶段和影响程度方面与欧美国家有较大差距。中国的影子银行主要表现在私募基金、证券公司、信托公司、小额贷款公司、担保公司等非银行金融机构以及资产证券化产品、部分银行理财产品和地下钱庄等具有隐蔽性和表外性的金融领域。中国金融体系长久以来存在三个问题：一是间接融资比重过大；二是中小企业融资难；三是利率市场化改革难以推进。影子银行对于解决这三个问题均能产生十分积极的作用。

目前中国的影子银行体系刚刚进入快速发展阶段，其中以私募基金、银行理财产品和信托产品等几个领域发展势头较猛。私募股权基金（PE）是中国影子银行体系中发展最快的，但是按照渗透率指标衡量①，不仅低于美英等发达国家，还低于巴西和印度。私募证券基金（即对冲基金）

---

① "渗透率"是指一国私募股权基金投资额占其GDP的比。中国私募股权基金的渗透率只有0.16%，英国1.13%，美国0.90%，以色列0.63%，巴西0.44%，印度0.23%。

至今尚未完全合法化。资产证券化业务在危机后一度完全停滞，直到
2012 年才又开始少量试点。银行理财产品近两年的发行规模增长很快，
目前存在一定的局部风险。可以说，在"影子银行体系"的监管方面，
我们既存在监管过严的问题，也存在监管不足的问题（当然以前者为
主）。主要原因有两个：一是"影子银行体系"总体上对中国还是一个新
兴事物，监管部门的经验不足（如银行理财产品、资产证券化和私募证
券基金等领域）；二是国有金融机构和国有企业对经济资源的垄断（如民
间金融机构发展和地下钱庄问题）。中国需要充分借鉴欧美发达经济体在
影子银行体系监管方面的经验和教训，在监管改革方面步子迈大一些，特
别是要下定决心打破垄断，让民间金融能够充分地阳光化发展。在国际监
管合作方面，由于我国"影子银行体系"的发展相对滞后，正好可以借
助 G20 的平台，与其他国家交流学习。

（二）通过国际金融监管合作提升中国在全球经济治理中的影响力

后危机时代全球金融产业发展有两个显著特点：第一，由于受到金融
危机和国际金融监管新规的双重影响，发达经济体金融机构普遍呈现去杠
杆化态势，业务扩展能力受到抑制；第二，由于新兴市场的短期和长期经
济增长前景均明显优于发达国家，全球金融资源的配置将持续性地向新兴
经济体倾斜。这一方面为中国金融产业的国际化发展提供了机遇，另一方
面也为中国参与全球经济治理提供了历史性的契机。

根据 IMF2012 年的估算，欧盟地区的银行要在 2013 年年底以前完成
2 万亿欧元的资产紧缩，这将占到欧盟银行全部资产的 7%，其中四分之
一的资产紧缩来自贷款规模的降低，其余来自证券及其他非核心资产的出
售（IMF，2012a）。根据英国《金融时报》2014 年的数据，欧盟到 2013
年年底实际完成了 3.3 万亿美元的资产收缩。美国金融机构的去杠杆化大
体完成，但是受到巴塞尔协议和美国金融监管法案的影响，资产扩张和混
业经营都受到严格限制，美国金融业的竞争力受到一定影响。

虽然欧美国家的金融机构在其本土的业务都出现了收缩，但是全球金
融资源向新兴经济体的转移却在持续进行。仅以跨国银行的资产转移为
例。从 2009 年 1 月至 2012 年 7 月，部分全球性银行已经剥离资产 720 亿
美元，占这些银行股权资本的 7%，但是，与此同时，这些银行不断增持
新兴经济体的债权，正是这种资产的转移配置在总体上扩张了全球性银行
的资产负债表。日本、英国、欧洲发达经济体和美国的银行体系对新兴经

济体的债权在 2006 年至 2011 年分别增长了 164.8%、128.9%、34.8% 和 23.4%（IMF，2012a）。

上述趋势表明两点：第一，以中国为代表的新兴经济体的金融机构，由于受到国际金融监管新规的压力显著小于发达经济体，其在后危机时代的全球竞争力将显著增强；第二，随着发达经济体的金融资源不断流入新兴经济体，其金融机构的发展将更多地依赖新兴市场，其业务模式将更多地受到新兴经济体自身监管规则的影响。这两大趋势都明显有利于新兴经济体在国际金融规则制定中赢得更多的发言权。中国与印度、巴西等国家相比，还有一个重大优势，即拥有全球最多的外汇储备，这就使中国成为新兴经济体当中，对国际货币金融体系影响力最大的国家。

在这样的背景下，中国有能力以更为积极主动的姿态，参与到国际金融监管的改革中去。变革产生机遇，中国更积极地投身于全球金融监管体系的变革中，一方面能够在全球规则的制定中充分维护自身的利益，另一方面可以逐渐提升在国际货币金融体系中的发言权和影响力。

例如，在巴塞尔协议的推行过程中，中国目前已经占据一定的主动位置。尽管中国也将执行巴塞尔的时间推迟一年，但是仍然严格遵守了巴塞尔协议的时间表（中国原先的时间表要比巴塞尔协议更激进），这是欧美国家都无法做到的。中国的四大国有商业银行已经成为全球规模最大且资产质量较好的银行，完全可以承担严格且合理的监管新规，中国已经有能力在 G20 平台上提出更多的针对银行体系的监管新规和执行方法。

在全球、区域以及跨区域层面建立危机预警和危机处置机制方面，中国的优势也是显而易见。不论是在 IMF 建立"全球最后贷款人"机制，还是在亚洲建立区域储备库，抑或是在金砖国家间建立跨区域的共同基金，中国的巨额外汇储备和较快的经济增长，都保证了中国具有较为强大的出资能力（不论是美元还是人民币），从而使中国能够利用新机制的建立提升自身的话语权，并借此机会推动人民币国际化，实现新时期的全球金融战略。

在银行税和金融交易税方面，中国也具有显著优势。一是中国银行业的利润率和利润规模都是全球最高的，承担新税制的能力很强；二是中国面临强大的国际资本流入，利用税制改革增强跨境资本流动管理是理直气壮的选择。

在改革国际信用评级体系方面，中国可以联合某些国家，力争提出具有建设性的改革建议，从而形成跨国或区域性的新型评级规则。全球金融危机爆发以来，现有评级体系遭到越来越多的批评，评级的顺周期性、对评级机构自身的监管缺失、三大评级公司对全球评级行业的垄断、评级客观性不足等问题已经成为国际共识。但是，到目前为止，国际金融监管改革尚未真正触及评级行业的实质性问题。其根本原因在于，由于信用评级的复杂性，目前对评级问题的批判性有余而建设性不足，国际社会无法产生集体行动，无法形成对全球金融市场产生重要影响的新型评级规则。中国金融市场和金融机构在全球的影响力正在迅速提升，已经有实力联合某些国家（美国、东亚、欧盟等均可。事实上，美国大量的中小型评级机构都对现有评级体系非常不满，它们有强烈的改革动机），首先争取建立跨国或区域性的评级监管机构，制定统一的评级监管规则，打破机构投资者对外部信用评级机构的过度依赖，同时要求评级行业将评级模型公开化，并鼓励新型评级机构的发展。在此基础上，逐步建立类似于《巴塞尔协议》的全球统一评级监管体系。

（三）妥善权衡金融监管与维护金融竞争力的关系

在国际和国内金融监管改革中，各国政府之间以及一国之内政府与金融产业之间的博弈表现得十分明显。强化监管有时会削弱金融竞争力（在短期内尤其如此），而金融竞争力是现代国家的核心竞争力。因此，加强监管与维护金融竞争力之间的权衡成为各国政府在监管改革中面临的最大挑战。可以肯定的是，在当前全球经济复苏艰难时期，任何会显著削弱金融竞争力的监管措施都难以出台或者无法顺利实施。欧美国家《巴塞尔协议》的推迟执行，美、英、日等国反对金融交易税，美国银行税改革的难产，欧盟和日本拒绝沃尔克规则，都是明显的例证。

在2008年金融危机以前，欧美国家总体上表现为金融监管不足、金融创新过度，而中国则处于监管过严、创新不足的状态中。中国与欧美国家在金融监管方面的巨大差异，是当前我们判断中国金融监管改革的一个基本出发点。中国的监管改革，更应把促进金融创新、提升金融竞争力作为核心目标。

1. 沃尔克规则、维克斯框架与中国的混业经营

在本轮金融监管改革中，是否限制混业经营成为一个焦点问题。美国的沃尔克规则在最早提出时，完全禁止银行从事投行业务，这遭遇到美国金融机构的强烈反对。最终推出的沃尔克规则进行了妥协，对商业银行从

事投行业务进行了限制，但没有完全禁止。即使这样的妥协，仍然遭到美国共和党的反对，这使得原本定于 2012 年 7 月开始实施沃尔克规则的时间表被延迟到 2014 年 4 月 1 日，且最终付诸实践的沃尔克规则演变得更为温和，以保护美国金融机构的竞争力尽量少受损害。

英国的情况更为典型。前任英国央行行长、牛津大学研究员维克斯领导的英国独立银行业委员会（ICB）于 2011 年 9 月发表报告，建议国内的零售银行应该与投资银行业务在 2019 年之前完成分离。该报告遭遇了英国金融业界的强烈反对，其理由也是此项改革会影响英国金融产业甚至整个经济体系的竞争力。英国最大的金融机构巴克莱银行和汇丰银行均表示，如果该建议被采纳，它们将迁出英国。最终，英国政府作出较大让步，实际推出的"维克斯框架"，允许银行保留全能银行结构（即允许混业经营），但要求银行内部在零售业务和投行业务之间进行隔离，零售银行资本金不能低于一个最低限度。

从国际社会对混业经营监管改革的实践，可以清楚地看出，鉴于对金融竞争力的考量，混业经营还将是全球主导趋势，这对于中国有很大的启发意义。事实上，近年来中国已经在部分金融机构逐步实行了综合经营，未来应该继续坚持这一改革方向，以此不断提升中国银行业的全球竞争力。但是，与混业经营相伴随的却是分业监管的行政体系，这是需要政府决策层认真考虑的问题。多年来，学术界一直在呼吁中国建立统一的金融监管体系，但是受到部门利益的阻碍，始终不能推进。混业经营下的分业监管，是中国金融体系未来面临的风险之一。

2. 全球统一规则的建立

在此轮金融危机后，制定和实施全球统一的金融监管规则，已成为国际金融监管改革的重要内容。首先，金融的全球化发展已经而且还将进一步打破民族国家的界限，国际金融和国内金融已经融合，一体化的全球金融体系需要有一体化的全球监管框架（Goodhart，2011）。其次，由于各国对于金融竞争力的重视，在缺乏全球统一规则的情况下，对"监管套利"的担忧会使得良好的监管政策无法推出（Pan，2010）。

目前，比较系统化的规范国际金融机构和国际金融活动的规则就是《巴塞尔协议》。在很大程度上《巴塞尔协议》充当了全球统一规则的职能，但这是远远不够的。首先，《巴塞尔协议》受世界主要发达国家的影响较大，其普适程度仍有待商榷；其次，《巴塞尔协议》对各国没有官方直接约束力；最后，该协议能够覆盖的监管领域比较狭窄，远远没有覆盖金融市场的各个方面。尽管如此，《巴塞尔协议》对于全球金融监管仍有较强的指导意义，也是对建立全球统一规则的有益探索。

中国已经是世界上最具系统重要性的国家之一，可以在 G20 平台上对全球统一监管规则的建立发挥积极作用，这既能够提升中国在国际金融体系上的影响力，还能保护本国金融产业的竞争力不会受到国际监管改革的负面影响。中国的金融体系始终处于强有力的国内审慎监管之下，基本没有受到全球金融危机的负面影响，在接受严格监管方面比欧美金融机构拥有更好的适应力，从而也比欧美同行具有更强的市场扩张能力。因此，中国可以在 G20 平台上进一步推动某些统一监管规则的建立。

（四）提升财政部的金融监管职能

从国内外的历史经验可以看出，财政救助在金融危机的治理中处于核心地位，这一点在 2008 年全球金融危机以及其后的欧元区危机中体现得尤为明显。不仅如此，在发达国家，财政部的职能还延伸到宏观审慎监管以及各监管机构的定期会商。因此，在发达国家的金融监管体系中，财政部居于十分关键的位置。

在 2008 年金融危机后建立的美国金融监管体系中，美联储和财政部共同组成联邦政府最高层级的宏观审慎监管体系，同时，两大部门又和联邦存款保险公司（FDIC）一起组成美国的金融危机处置体系。危机后成立的金融稳定监管委员会（FSOC），一方面相当于由财政部牵头的部级联席会议，另一方面也是在财政部直接领导下的宏观审慎监管机构。FSOC的主席由财政部长担任，其下属的金融研究办公室就设立在财政部，是一支由经济学家、会计、律师、前任监管高官等组成的团队，负责收集数据并向委员会提供技术支持。除金融研究办公室的市场分析与监督职能外，FSOC 还拥有以下职权：有权建议美联储加强对系统重要性机构的监管，在资本金、杠杆率、流动性等方面提出更高的要求①；在三分之二的委员投票通过（必须包括主席，即财政部长拥有一票否决权）的情况下，有权要求美联储监管被 FSOC 认定对金融稳定有潜在风险的非银行金融机构；在三分之二的委员投票通过（必须包括主席）的情况下，有权批准

---

① 换言之，如果金融稳定监管理事会不提出建议，美联储就无权在资本金、杠杆率、流动性等方面对金融机构提出新的要求。

美联储提出的建议，分拆大型金融机构；有权建立最低杠杆率标准并要求金融机构接受此标准。可以看出，美国财政部借助 FSOC 与美联储分享宏观审慎监管的强大职权。在危机治理环节中，财政部同样拥有强大权力：财政部部长拥有对美联储发放紧急贷款的批准权，以及对紧急债务担保的担保期限和条件的审批权。另外，在危机后新创建的金融服务监管理事会中，财政部也承担了相当职责。

在英国，财政部和英格兰银行、金融服务管理局密切协作，共同致力于维护金融体系的稳定。英国财政部不仅负责确保对金融服务的监管得当，对金融监管体系的彻底改革亦属其职责范围内。此外，英国财政部还积极参与与金融稳定相关的国际事务：它既是金融稳定理事会（FSB）的成员，又是欧洲谅解备忘录（即详述各国当局如何在跨境金融危机中沟通合作的文件）的签约方。

相比之下，中国财政部的金融监管职能显得相当薄弱，不但没有宏观审慎监管职能，还缺乏以财政救助为核心内容的危机处理职权，更没有建立相应的危机处理机制。一旦国内发生金融危机，财政部往往成为"被动埋单"的角色。目前我国整体的宏观审慎监管职能也有一定的缺失，即金融监管方案多倾向于微观方面，缺乏宏观审慎方面的细化内容。

当前我国宏观审慎监管职能的薄弱和危机处理机制的缺失恰恰给财政部增强金融监管权限提供了广阔的空间。未来财政部金融监管职能的提升可以沿着以下三个方向进行：其一，参与宏观审慎监管政策的制定。财政部是财政政策的制定者和执行人，同时兼具宏观经济分析能力。因此，由财政部和中国人民银行共同制定宏观审慎监管政策，既保持了财政政策和宏观审慎监管政策的一致性，又有利于财政部在宏观经济分析方面的优势发挥。其二，参与对系统重要性金融机构的识别和监管。财政部是国有金融机构，特别是作为系统重要性金融机构的五大国有控股商业银行的实际出资人，由财政部参与对系统重要性金融机构的识别和监管是最合适不过的。其三，建立危机处理机制。在当前市场平稳期，财政部需要和"一行三会"等金融监管部门联合研究并建立一套较为完整的危机处理机制，当系统重要性金融机构出现问题、需要救助的时候，财政部可以依照危机处理机制与央行采取联合行动，通过财政注资等方式救助或接管问题金融机构，从而避免系统性风险的扩散。如果银行税和金融交易税可以在中国推行，财政部则可以利用相应的税收建立"国家金融稳定基金"。实际上，危机处理机制是财政部在金融监管中最为重要、最有价值而且是其他政府部门无法替代的职能。此外，值得注意的是，财政部担负着在 G20 平台代表中国参与全球金融治理的重大使命，金融监管职能的提升也有利于其更好地参与到国际金融监管合作中去。

第二节　国际资本流动的动因和影响

随着世界经济的复苏，全球资本流动再度活跃，新兴市场经济体迎来新一轮的大规模资本流入。从全球层面看，资本流动有利于分散全球投资风险，促进资源在全球的优化配置，而对于单个经济体来说，资本流入则可以弥补国内资金短板，促进金融市场的发展等。然而对于新兴市场经济体来说，资本流入并不总是伴随着以上好处的发生，相反，资本流入带给这些经济体的往往都是一些不快甚至是悲惨的记忆：20 世纪 70 年代末 80 年代初国际资本的大规模流入与流出造成了拉美债务危机爆发；1995 年底至 1998 年国际资本对东亚的大规模流入为亚洲金融危机埋下了火种；2006 年年底至 2008 年中期国际资本的大规模流入则成为新兴市场经济体经济过热、资产价格严重泡沫的主要根源。因此，面对新一轮的资本流入，新兴经济体不得不再次绷紧神经，在 G20 历次峰会上，一直在深入讨论如何有效管理国际资本流动。本部分主要分析国际资本流动的现状和动因，国际货币体系与资本流动的关系以及宏观审慎监管与资本流动的关系。

一　国际资本流动动因的经验分析

本部分致力于实证分析全球金融危机爆发以来国际资本流动的驱动因素，从中找到国际资本流动波动性的主要源泉，进而对如何更好地管理国际资本流动提出富有针对性的政策建议。主要贡献如下：其一，首次系统比较了金融危机期间新兴市场国家和发达国家，三类国际资本流动驱动因素的差异；其二，基于国家层面的季度数据，针对新兴市场国家外部推动因素和内部拉动因素的作用做了相应的分解。这些研究对于区分新兴市场国家和发达国家经济对于全球冲击的反应，以及中国货币政策当局选择正确的政策工具有重要的参考价值。

实证分析中采用的相关数据主要来自国际货币基金组织的 IFS 数据

库，世界银行的世界发展指标（WDI）数据库以及 CEIC 数据库，选取的
样本为 2007 年第 1 季度至 2012 年第 3 季度全球范围内 52 个国家或地区，
其中包括 22 个 OECD 经济体和 30 个非 OECD 经济体。上述数据为平衡面
板数据。①

　　基本的回归方程如下：

$$y_{it} = c + \nu_t + \beta_1 gdp_{it} + \beta_2 i_{it} + \beta_3 e_{it} + \beta_4 usgdp_{it} + \beta_6 usi_{it} + \beta_7 lvix_{it} + \beta_8 lcomm_{it} + u_{it}$$

(1)

　　其中 i 代表国家，t 代表年份为因变量，c 为常数项，ν_i 为各个国家的
个体效应，u_{it} 为误差项。

　　因变量 y 包括三种类型的资本流动，即各季度的短期资本净流动、资
本净流动与资本总流动占该季度 GDP 的比率。短期资本净流动规模等于
各国国际收支表中金融账户（Financial Account）余额减去直接投资（Di-
rect Investment）项目余额，也即组合投资（Portfolio Investment）余额与
其他投资（Other Investment）余额之和。资本净流动规模等于金融账户余
额。总资本流动则等于直接投资、流入额、组合投资流入额和其他投资流
入额之和。

　　gdp 为各国季度 GDP 同比增速。GDP 增速可以大致反映各国的综合
投资回报率。这是一种拉动因素，预期该指标与资本流入正相关。

　　i 为各国的基准利率（贴现率）。基准利率反映了各国的无风险投资
回报率。这是一种拉动因素，预期该指标与资本流入正相关。

　　e 为各国货币兑美元汇率的环比变动率。e 上升表示本币兑美元汇率
升值，反之亦然。值得注意的是，e 并非汇率升值预期（除非国际投资者
的汇率变动预期是简单的适应性预期），而是汇率的当期变化率。这是一
种拉动因素，但较难判断该指标与资本流入是正相关还是负相关。

　　$lcpi$ 为各国消费者物价指数的对数值（取对数是为了控制该指标的异
方差与自相关）。通货膨胀率会对各国市场上的真实投资回报率产生影
响，通胀率上升导致各类投资的真实投资回报率下降。这是一种拉动因
素，预计该指标与资本流入负相关。

---

　　①　在做面板回归时，剔除了部分异常值。这类异常值会使回归结果出现不必要的偏误，需
要在数据分析之前直接剔除，例如 2011 年白俄罗斯的通货膨胀率达到 110%，再融资利率达到
22%，完全背离了正常的经济环境，此时回归的结果不具有稳健性。

　　usgdp 为美国季度 GDP 同比增速。我们用美国 GDP 增速来代表全球发达经济体经济增速，它反映了新兴市场经济体之外的综合投资回报率。这是一种推动因素，预期该指标与新兴市场经济体的资本流入负相关。

　　usi 为美国的基准利率（贴现率）。该指标反映新兴市场经济体之外的无风险投资回报率．这是一种推动因素，预期该指标与新兴市场经济体的资本流入负相关。

　　lvix 为美国标准普尔 500 指数波动率的对数值。该指标反映全球金融市场的动荡程度与全球投资者的避险情绪。该指数越高，代表动荡程度和避险情绪越高。这是一种推动因素，预期该指标与新兴市场经济体的资本流入负相关。

　　lcomm 为 IMF 全球大宗商品价格指数的对数值。该指标反映全球大宗商品价格高低。这是一种推动因素，预期该指标与新兴市场经济体的资本流入正相关。

　　上述变量的描述性统计在表 4.2.1 所示。从中可以发现，总资本流动的标准差约为短期资本净流动的 2.36 倍以及净资本流动的 3.55 倍。这表明总资本流动的波动性要远远超过短期资本净流动与净资本流动。

表 4.2.1　　　　　　　　　　变量的描述性统计

变量	均值	标准差	最小值	最大值
短期资本净流动	0.0042338	0.0443798	− 0.4090897	0.3039765
净资本流动	0.0043565	0.0295397	− 0.3742333	0.1644777
总资本流动	0.0312342	0.1045898	− 0.4573488	0.8405417
GDP 增长率	2.033683	4.128771	− 9.9728	9.9157
利率水平	3.759392	2.546518	0.125	10
汇率变动率	0.0020944	0.0617196	− 0.2028047	0.2500001
通货膨胀率	1.14175	0.8467208	− 2.84387	3.113769
美国经济增长率	0.4829692	2.446281	− 4.5791	2.7992
美国利率	0.964868	1.504759	0.125	5.0333
VIX 风险指数	3.239961	0.2960369	2.858382	4.073177
大宗商品价格指数	5.044888	0.2137846	4.588838	5.373981

资料来源和说明：作者计算。

我们将 52 个样本国家分为两组，一组为 30 个新兴市场经济体，另一组为 22 个发达经济体。这样分组目的是比较不同经济发展程度的经济体面临的资本流动的驱动因素。此外，我们对这两类国家，分别研究其短期资本净流动、资本净流动与资本总流动的驱动因素。

（一）新兴市场经济体

1. 短期资本净流动回归结果

关于新兴市场经济体短期资本净流动的回归结果如表 4.2.4 所示。

首先，在第（1）列中，我们不区分数据的横截面特征与时间特征，直接进行混合面板回归（Pooled Data）。回归结果只有本国利率 i 比较显著，它与短期资本净流动正相关。

其次，我们在第（2）列与第（3）列考虑了面板数据的随机效应与固定效应。由于豪斯曼检验结果为 0.00，这意味着拒绝随机效应的原假设，因此本模型适用于固定效应面板数据回归。固定效应模型的结果显示，在全球金融危机爆发后，新兴市场经济体短期资本流动的主要动因，既包括 VIX 指数与全球大宗商品价格等推动因素，也包括本国利率与本国经济增长率等拉动因素。其中，本国利率与本国经济增长率和新兴市场经济体的短期资本净流动正相关，VIX 指数与全球大宗商品价格和新兴市场经济体的短期资本净流动负相关，符合此前预期。此外，本国利率与 VIX 指数的显著程度较高（在 1% 的水平上显著），而本国经济增长率与全球大宗商品价格的显著程度较低（在 10% 的水平上显著）。

然而，考虑到新兴市场经济体的国内利率、经济增长率与短期国际资本净流动之间可能存在相互作用的因果关系，因此我们还需要克服固定效应模型中存在的内生性问题。

解决内生性问题的传统方法是工具变量。此方法要求所选择的工具变量与存在内生性的解释变量高度相关而与随机误差不相关。但是鉴于随机误差的不可观测性，现实中要找到一个严格符合上述条件的工具变量非常困难。针对这一问题，Arellano 和 Bond（1991）提出了差分广义矩估计（Difference GMM）的方法，其思想是首先对估计方程进行一阶差分以去掉固定效应的影响，然后用解释变量的滞后值作为差分方程的工具变量。但是后续研究表明，当回归项的时间序列接近于随机游走时，回归项的滞后变量会受到弱工具变量的影响，使得估计结果出现偏差。为克服这一问题，Arellano 和 Bover（1995）提出系统广义矩估计（System GMM）。系统广义矩估计是在差分广义矩估计的基础上增加被解释变量的一阶差分滞后项作为原水平方程的工具变量，并将水平方程和差分方程作为一个系统同时估计。Blundell 等（2000）的研究表明，在有限样本下，系统广义矩估计比差分广义矩估计的偏差更小，有效性更高。

因此，我们构造了一个动态面板数据模型，并采用系统广义矩估计方法重新验证美国利率对新兴市场经济体短期资本流动的影响。首先需要对工具变量的有效性以及模型设置的合理性进行检验，依照 Arellano 与 Bond（1991）以及 Arellano 与 Bover（1995）的建议，我们分别采用 Sargan 检验和 Arellano-Bond 检验对其进行判定。其中，Sargan 检验用来检验工具变量的过度识别问题，即检验工具变量是否有效，原假设为工具变量有效。Arellano-Bond 检验分为 Arellano-Bond AR（1）检验和 Arellano-Bond AR（2）检验两种，分别用来考察差分后的残差项是否存在一阶和二阶序列相关，如果 AR（1）存在自相关，但 AR（2）不存在自相关，则系统 GMM 有效，原假设为差分后的残差项不存在自相关。

在工具变量的设置方面，我们做了如下处理：将短期资本净流动的滞后一期、本国利率、本国经济增长率作为内生变量，使用其水平滞后项作为差分方程的 GMM 工具变量，差分滞后项作为水平方程的 GMM 工具变量。我们从最近的滞后项开始，尝试了理论上满足矩条件的滞后项组合，并在通过 AR（2）和 Sargan 检验的基础上，选择了内生变量水平滞后 1 阶到 10 阶作为差分方程的 GMM 工具变量，差分滞后 1 阶到 10 阶作为水平方程的 GMM 工具变量，同时将其他自变量作为其自身的工具变量。从表 4.2.2 的估计结果来看，Sargan 检验的 P 值大于 0.1，表示接受工具变量有效的原假设。Arellano-Bond 检验的 AR（1）统计量拒绝了残差项一阶序列无自相关的原假设，AR（2）统计量接受了残差项二阶序列无自相关的原假设，这意味着我们设置的动态面板模型是有效的。

系统 GMM 的回归结果如第（4）列所示，本国经济增长率、利率与 VIX 指数和短期资本净流动依然存在非常显著的关系，但全球大宗商品价格和短期资本净流动的关系不再显著。

综上所述，在全球金融危机爆发后，对于新兴市场经济体的短期资本净流动而言，国外推动因素主要源自全球风险偏好的变化，而国内拉动因素主要源自本国经济增长率和利率水平的变化。

表 4.2.2   新兴市场经济体短期资本净流动回归结果

变量	短期资本净流动			
	(1)	(2)	(3)	(4)
	混合面板	随机效应	固定效应	系统 GMM
因变量滞后一期				0.300 * * *
				(6.88)
GDP 增长率	0.000754	0.00127 *	0.00148 * * *	0.00126 * * *
	(1.08)	(1.73)	(2.93)	(3.58)
利率水平	0.00380 * * *	0.00605 * * *	0.00727 * * *	0.00546 * * *
	(3.05)	(3.92)	(3.92)	(5.31)
汇率变动率	− 0.00506	− 0.0195	− 0.0215	− 0.0136
	(− 0.13)	(− 0.57)	(− 0.64)	(− 0.46)
通货膨胀率	− 0.000211	− 0.00245	− 0.00328	0.00117
	(− 0.06)	(− 0.65)	(− 0.85)	(0.43)
美国经济增长率	0.000738	− 0.000617	− 0.000983	− 0.00200
	(0.45)	(− 0.41)	(− 0.65)	(− 1.61)
美国利率	0.00110	0.00139	0.00101	0.000704
	(0.51)	(0.68)	(0.46)	(0.54)
VIX 风险指数	− 0.0120	− 0.0265 * *	− 0.0318 * * *	− 0.0215 * * *
	(− 0.87)	(− 2.18)	(− 2.60)	(− 2.76)
大宗商品价格	− 0.0156	− 0.0275	− 0.0321 *	0.00722
	(− 0.78)	(− 1.57)	(− 1.84)	(0.51)
R − square	0.049		0.094	
AR1				0.00
AR2				0.382
SARGAN 检验				0.517
Hausman 检验			0.00（选择固定效应模型）	

注释：括号内为 t 值，* * *、* *、*分别表示通过 1%、5%、10%的显著性水平检验。系统 GMM 采用两步系统 GMM 法估计。Sargan 检验、AR（2）检验均给出了显著性概率 P 值。下同。

数据来源和说明：作者计算。

2. 净资本流动回归结果

关于新兴市场经济体净资本流动的回归结果如表 4.2.3 所示。与表 4.2.2 类似，我们在第（1）列至第（4）列分别考虑混合面板、随机效应、固定效应与系统 GMM 的估计结果。

混合面板回归的结果表明，对新兴市场经济体的净资本流动而言，显著的拉动因素包括本国经济增长率与本国通胀率，两者均与净资本流动正相关；显著的推动因素包括美国利率与 VIX 指数，其中美国利率与净资本流动正相关，VIX 指数与净资本流动负相关。不难发现，本国通胀率以及美国利率与新兴市场经济体净资本流动的相关性方向，与我们此前预测并不相符。

由于豪斯曼检验结果为 0.00，我们拒绝随机效应的原假设，本模型适用于固定效应面板数据回归。固定效应模型的结果显示，在全球金融危机爆发后，新兴市场的净资本流动的主要动因，既包含 VIX 指数、全球大宗商品价格和美国利率等推动因素，也包含本国利率和本国经济增长率等拉动因素。其中，本国经济增长率、本国利率、美国利率和新兴市场经济体净资本流动正相关；VIX 指数、全球大宗商品价格和新兴市场经济体净资本流动负相关。其中美国利率、全球大宗商品价格与新兴市场经济体净资本流动的相关性方向，与我们此前预测并不相符。我们认为，美国利率与新兴市场经济体净资本流动正相关，这可能是因为二者存在较强的内生性：在全球金融危机期间，一方面，新兴市场经济体面临的国际资本净流动大幅下降；另一方面，美联储为应对危机不断降息。这种情况下，上述两个指标之间将会出现正相关。

我们同样采用系统 GMM 方法来克服固定效应模型中存在的内生性问题。系统 GMM 的回归结果显示，对新兴市场经济体面临的净资本流动而言，显著的拉动因素包括本国经济增长率与本国利率（均与净资本流动正相关），而显著的推动因素仅为 VIX 指数（与净资本流动负相关）。美国利率与全球大宗商品价格变得不再显著。

综上所述，在全球金融危机爆发后，对新兴市场经济体面临的净资本流动而言，国外推动因素主要源自全球风险偏好的变化，国内拉动因素则主要源自本国经济增长率和利率水平的变化，这与短期资本流动的驱动因素基本一致。

表 4.2.3　　　　　　　新兴市场经济体净资本流动回归结果

变量	净资本流动			
	（1）	（2）	（3）	（4）
	混合面板	随机效应	固定效应	系统 GMM
因变量滞后一期				0.512＊＊＊
				（10.34）
GDP 增长率	0.000948＊＊＊	0.00135＊＊＊	0.00145＊＊＊	0.00113＊＊＊
	（2.78）	（3.91）	（4.04）	（3.09）
利率水平	0.000404	0.00179＊＊	0.00226＊＊＊	0.00166＊＊＊
	（0.66）	（2.39）	（2.60）	（2.64）
汇率变动率	0.00235	0.00397	0.00457	0.0102
	（0.12）	（0.25）	（0.29）	（0.57）
通货膨胀率	0.00395＊＊	0.00290	0.00272	0.00189
	（2.12）	（1.64）	（1.50）	（1.15）
美国经济增长率	4.86e－05	－0.000508	－0.000594	－0.000322
	（0.06）	（－0.73）	（－0.84）	（－0.44）
美国利率	0.00362＊＊＊	0.00363＊＊＊	0.00347＊＊＊	0.00113
	（3.42）	（3.75）	（3.37）	（1.40）
VIX 风险指数	－0.0148＊＊	－0.0182＊＊＊	－0.0191＊＊＊	－0.0130＊＊＊
	（－2.20）	（－3.22）	（－3.35）	（－3.57）
大宗商品价格	－0.0149	－0.0160＊＊	－0.0166＊＊	－0.00959
	（－1.52）	（－1.97）	（－2.04）	（－1.14）
R－square	0.130		0.236	
AR1				0.00
AR2				0.766
SARGAN 检验				0.335
Hausman 检验			0.00 （选择固定效应模型）	

数据来源和说明：作者计算。

3. 总资本流动回归结果

Obstfeld（2012a，b）指出，由于当前各国间的资本流动是双向流动，即使一国净资本流动处于均衡状态，但如果总资本流动出现中断或者突然放大，也可能对一国金融体系造成严重负面冲击。因此，本文除关注短期资本净流动与净资本流动外，也进一步分析了总资本流动的驱动因素。

关于新兴市场经济体总资本流动的回归结果如表4.2.4所示。

混合面板回归的结果显示，对新兴市场经济体总资本流动而言，显著的拉动因素包括本国经济增速与本国利率，而显著的推动因素仅为VIX指数。其中，本国利率与总资本流动之间的相关性方向（负相关）不符合我们之前的预期。

Hausman检验的结果显示，这里使用随机效应回归模型。回归结果显示，显著的拉动因素仅为本国经济增长率（与总资本流动正相关），显著的推动因素仅为VIX指数（与总资本流动负相关）。系统GMM回归的结果完全验证了随机效应模型的结论。

综上所述，在全球金融危机爆发后，对新兴市场经济体面临的总资本流动而言，国外推动因素主要源自全球风险偏好的变化，国内拉动因素则主要源自本国经济增长率。与新兴市场经济体面临的短期资本净流动、净资本流动与本国利率和经济增长率相关相比，新兴市场经济体面临的总资本流动与本国经济增长率相关，与本国利率不相关，这意味着前者的逐利性较强，而后者遵循了传统的国际资本流动理论，即资本由经济增长率较低的地区流向增长率较高的地区。

表4.2.4　　　　新兴市场经济体总资本流动回归结果

变量	总资本流动			
	(1)	(2)	(3)	(4)
	混合面板	随机效应	固定效应	系统GMM
因变量滞后一期				0.600 * * *
				(17.86)
GDP增长率	0.00365 * * *	0.0020595 * * *	0.0018349 * *	0.00163 * * *
	(3.41)	(2.84)	(2.51)	(2.69)
利率水平	− 0.00310 * *	− 0.000988	− 0.000639	− 0.000526
	(− 2.03)	(− 0.60)	(− 0.37)	(− 0.61)
汇率变动率	− 0.0687	− 0.0725	− 0.0717	− 0.0512

续表

变量	总资本流动			
	（1）	（2）	（3）	（4）
	（-0.95）	（-1.30）	（-1.28）	（-1.26）
通货膨胀率	0.00603	0.00608	0.00645	-0.000308
	（0.81）	（0.88）	（0.92）	（-0.08）
美国经济增长率	-0.00142	0.00143	0.00184	-0.00216
	（-0.43）	（0.56）	（0.72）	（-1.21）
美国利率	0.00113	0.00251	0.00255	0.000227
	（0.27）	（0.73）	（0.74）	（0.12）
VIX 风险指数	-0.0546＊＊	-0.0574＊＊＊	-0.0581＊＊＊	-0.0494＊＊＊
	（-1.99）	（-2.68）	（-2.70）	（-3.31）
大宗商品价格	-0.0348	-0.0362	-0.0369	-0.0173
	（-0.89）	（-1.19）	（-1.20）	（-0.86）
R - square	0.205		0.082	
AR1				0.00
AR2				0.169
SARGAN 检验				0.23
Hausman 检验		0.9711（选择随机效应模型）		

数据来源和说明：作者计算。

（二）发达经济体

为了进行另一个维度的比较研究，我们也分析了同一时期内发达经济体面临的短期资本净流动、净资本流动与总资本流动的驱动因素，研究结果分别如表 4.2.5—4.2.7 所示。

对发达经济体面临的短期资本净流动而言，国外推动因素主要源自美国经济增长率（与短期资本净流动负相关），而国内拉动因素主要源自本国经济增长率（与短期资本净流动正相关）与本国通胀率（与短期资本净流动负相关）。相关性符号均符合我们之前的预期。

对发达经济体面临的净资本流动而言，国外推动因素主要源自美国利率（与净资本流动正相关，这与我们之前的预期不符），而所有国内拉动因素均不显著（不能同时被随机效应模型与系统 GMM 模型所验证）。

对发达经济体面临的总资本流动而言，国外推动因素主要源自美国利率（与总资本流动正相关），而国内拉动因素主要源自本国经济增长率（与总资本流动正相关）。

表 4.2.5　　　　　　发达经济体短期资本净流动回归结果

变量	短期资本流动			
	（1）	（2）	（3）	（4）
	混合面板	随机效应	固定效应	系统 GMM
因变量滞后一期				0.465 * * *
				(10.92)
GDP 增长率	0.00190 *	0.00327 * * *	0.00506 * * *	0.00416 * * *
	(1.86)	(3.02)	(4.27)	(4.57)
利率水平	- 0.00826 * * *	- 0.00595 * * *	0.000274	- 0.000511
	(- 6.69)	(- 4.05)	(0.13)	(- 0.17)
汇率变动率	- 0.108 * *	- 0.202	- 0.0002	- 0.0496
	(- 2.22)	(- 1.20)	(- 1.29)	(- 1.14)
通货膨胀率	- 0.00658	- 0.00893 *	- 0.00903 *	- 0.00901 *
	(- 1.41)	(- 1.85)	(- 1.81)	(- 1.86)
美国经济增长率	- 0.00386 *	- 0.00460 * *	- 0.00513 * *	- 0.00487 * *
	(- 1.70)	(- 2.05)	(- 2.23)	(- 2.93)
美国利率	0.0127 * * *	0.0104 * * *	0.00431	0.00682
	(4.65)	(3.78)	(1.37)	(1.39)
VIX 风险指数	0.0234	0.0259	0.0230	0.0106
	(1.40)	(1.60)	(1.44)	(0.71)
大宗商品价格	0.0418 *	0.0440 *	0.0397	0.0273
	(1.72)	(1.87)	(1.29)	(1.33)
R - square	0.205		0.082	
AR1				0.00
AR2				0.115
SARGAN 检验				0.69
Hausman 检验			0.0000（选择固定效应模型）	

数据来源和说明：作者计算。

表 4.2.6   发达经济体净资本流动回归结果

变量	发达经济体净资本流动			
	（1）	（2）	（3）	（4）
	混合面板	随机效应	固定效应	系统 GMM
因变量滞后一期				0.363＊＊＊
				（8.78）
GDP 增长率	－ 0.000687	0.000652	0.00125	－ 0.00137
	（－ 0.89）	（0.81）	（1.54）	（－ 1.45）
利率水平	－ 0.00731＊＊＊	－ 0.00729＊＊＊	－ 0.00477＊＊	－ 0.00104
	（－ 4.84）	（－ 4.03）	（－ 2.03）	（－ 0.91）
汇率变动率	－ 0.00170	－ 0.00399		0.00576
	（－ 0.05）	（－ 0.15）		（0.26）
通货膨胀率	－ 0.00201	－ 0.00203	－ 0.00165	0.00186
	（－ 0.67）	（－ 0.69）	（－ 0.56）	（0.87）
美国经济增长率	－ 0.00177	－ 0.00285＊＊	－ 0.00297＊＊	0.000764
	（－ 1.21）	（－ 2.10）	（－ 2.24）	（0.72）
美国利率	0.00975＊＊＊	0.00895＊＊＊	0.00603＊＊	0.00228＊
	（4.67）	（4.07）	（2.28）	（1.68）
VIX 风险指数	－ 0.00363	0.00109	0.000371	－ 0.00376
	（－ 0.34）	（0.11）	（0.04）	（－ 0.49）
大宗商品价格	0.00194	0.00803	0.00436	－ 0.0149
	（0.12）	（0.56）	（0.30）	（－ 1.37）
R － square	0.130		0.236	
AR1				0.020
AR2				0.926
SARGAN 检验				0.174
Hausman 检验		0.9880（选择随机效应模型）		

数据来源和说明：作者计算。

表 4.2.7　　　　　　　　发达经济体总资本流动回归结果

变量	发达经济体总资本流动			
	(1)	(2)	(3)	(4)
	混合面板	随机效应	固定效应	系统 GMM
因变量滞后一期				0.552＊＊＊
				(5.71)
GDP 增长率	0.00972＊＊＊	0.0106＊＊＊	0.0110＊＊＊	0.00913＊＊＊
	(4.48)	(4.56)	(4.10)	(4.72)
利率水平	－0.00749＊＊＊	－0.00489	0.00398	0.00464
	(－2.85)	(－1.57)	(0.82)	(－1.04)
汇率变动率	－0.0924	－0.0956	－0.0889	－0.0300
	(－0.90)	(－0.95)	(－0.89)	(－0.33)
通货膨胀率	－0.0103	－0.0138	－0.0213＊	－0.00199
	(－1.03)	(－1.33)	(－1.83)	(－0.23)
美国经济增长率	－0.00459	－0.00515	－0.00384	－0.00379
	(－0.95)	(－1.07)	(－0.75)	(－0.89)
美国利率	0.0301＊＊＊	0.0277＊＊＊	0.0199＊＊＊	0.0202＊＊＊
	(5.18)	(4.68)	(2.84)	(4.78)
VIX 风险指数	－0.0288	－0.0291	－0.0307	－0.0373
	(－0.81)	(－0.83)	(－0.86)	(－1.19)
大宗商品价格	0.00188	0.00260	－0.00159	－0.00602
	(0.04)	(0.05)	(－0.03)	(－0.14)
R－square	0.204		0.178	
AR1				0.00
AR2				0.332
SARGAN 检验				0.127
Hausman 检验		0.5624(选择随机效应模型)		

数据来源和说明：作者计算。

（三）新兴市场经济体与发达经济体的比较

表 4.2.8 比较了在 2007 年第 3 季度至 2011 年第 4 季度期间，新兴经济国家和发达经济体各自面临的不同类型的资本流动的驱动因素。从中我们可以得到以下重要结论：

第一，新兴市场经济体与发达经济体面临各种类型资本流动的全球推动因素截然不同。新兴市场经济体各类资本流动的全球推动因素均为全球风险偏好的变化（VIX 指数），而发达经济体资本流动的全球推动因素包括美国利率（对净资本流动与总资本流动而言）与美国经济增长率（对短期资本净流动而言）。这意味着，一旦爆发全球性金融危机，新兴市场经济体面临的资本流动将首先受到影响（全球投资者风险偏好发生变化），而发达经济体面临的资本流动将在更长的时期内受到影响（美国经济增长率与利率水平发生变化）。

第二，新兴市场经济体与发达经济体面临各种类型资本流动的本国拉动因素既有相同之处，也有不同之处。相同之处在于，本国经济增长率无论对新兴市场经济体而言（净资本流动与总资本流动）还是发达经济体而言（短期资本净流动与总资本流动），均是重要的拉动因素。不同之处在于，本国利率是新兴市场经济体短期资本净流动与净资本流动的重要拉动因素，而本国通胀率是发达经济体短期资本流动的重要拉动因素。

第三，在各种情况下，本币汇率变动率与全球大宗商品价格均非重要的拉动因素与推动因素。

表 4.2.8　　　　　　　　　　回归结果汇总与比较

变量	新兴经济体资本流动			发达经济体资本流动		
	短期净流动	净流动	总流动	短期净流动	净流动	总流动
经济增长率	正	正	正	正		正
利率	正	正				
汇率变动率						
通货膨胀率				负		
美国经济增长率				负		
美国利率					正	正
VIX 风险指数	负	负	负			
大宗商品价格指数						

数据来源和说明：作者计算。正表示二者存在显著正相关关系，负表示二者存在显著负相关关系。

二　新兴经济体短期资本流动的波动性：拉动因素与推动因素分解

在上一部分，我们已经识别出了对新兴市场国际资本流动的主要拉动因素和推动因素分别是国内经济增长率、国内利率和 VIX 风险指数，然而，依然无法确定外部风险因素和内部经济增长的相对重要性。在本部分，我们尝试用面板 VAR 模型进一步分析在全球金融危机背景下，国内经济增长率、利率水平和 VIX 风险指数对新兴市场经济体短期资本流动的贡献。需要说明的是，此处我们主要侧重分解短期资本流动，这主要是因为短期资本流动是波动性更高的资本流动类型，对于国内外变量变化的敏感程度也较高，这也与本文样本的中短期时间特征相符。

本部分通过构建面板 VAR 模型度量 VIX 指数、利率水平和经济增长率对短期资本流动的冲击。我们采用 Holtz-Eakin（1988）提出的面板数据向量自回归（Panel Data Vector Auto-regression，PVAR）方法，在 PVAR 中，只要 T 大于或等于 m + 3（T 为时间序列的长度，m 为滞后项的长度），便可以对模型的参数进行估计，并可在稳态下估计滞后变量的参数。该方法继承了 VAR 模型的大多数优点，例如将系统中所有变量都视为内生变量，可以通过正交化脉冲响应函数分离出一个内生变量的冲击给其他内生变量所带来的影响程度。本部分所使用的面板 VAR 模型形式为：

$$y_{it} = \alpha_t + \beta_0 \sum_{j=1}^{p} \beta_j y_{i,t-j} + \gamma_{i,t} + u_{i,t} \tag{2}$$

其中，y_{it} 是一个包含三个变量 $\{VIX,\ i,\ g,\ sg\}$ 的向量，VIX 是美国标准普尔 500 指数波动率的对数值，i 是新兴市场经济体当期利率水平，g 是新兴市场经济体当期经济增长率，sg 是新兴市场经济体短期资本流动与当期 GDP 之比。在使用面板 VAR 模型时，我们施加如下假设：每一个截面的基本结构相同。换句话说，我们采用固定效应模型，并通过引入反映个体异质性的变量 α_i 来克服假设对参数的限制。同时引入变量 $y_{i,t}$ 反映个体的时点效应，用来体现在同一时点的不同截面上可能受到的共同冲击。假设残差 $u_{i,t}$ 服从正态分布的随机扰动。

在对上式进行估计之前，要对数据进行平稳性检验，为此，我们采用两种面板单位根的检验方法（Fisher-ADF 检验和 Hadri 检验）来检验短期资本流动和经济增长率的平稳性，用 DF 方法（时间序列单位根检验方法）来检验 VIX 指数的平稳性。如表 4.2.9 所示，Fisher-ADF 检验和 Hadri 检验均在 1% 的水平下显著，表明在此期间经济增长率和短期资本流动均为平稳变量。对 VIX 的 DF 检验也表明 VIX 是平稳变量。因此，我们可以将这三个变量纳入面板 VAR 分析框架中。

表4.2.9   单位根检验结果

变量	Fisher-ADF（1999）	Hadri（2000）	DF 检验
经济增长率	0 * * *	208.01	
短期资本流动	0.02 * *	45.16	
利率水平	0.01 * * *	104.11	
VIX 指数			0.03 * *

数据来源和说明：作者计算。* * *代表在1%水平下显著，* *表示在5%水平下显著。检验过程中，Fisher-ADF 采用"存在单位根"原假设，Hadri 检验采用"序列平稳"的原假设，括号内为相应 P 值。其中 Hadri（2000）考虑了截面异质性和干扰项的序列相关问题。DF 检验是针对 VIX 时间序列性质检验，原假设是"存在单位根"。

关于滞后阶数的选取，我们用 AIC、BIC 和 HQIC 准则来进行判断（见表4.2.10），依据信息量取值最小的准则确定模型的阶数，三种信息量的结果一致表明滞后阶数应选取为1。

表4.2.10   面板 VAR 滞后阶数检验结果

滞后期	AIC	BIC	HQIC
1	12.6444 *	13.9567 *	13.164 *
2	12.7385	14.3198	13.3669
3	13.1427	15.0349	13.8975
4	13.3978	15.6587	14.3034
5	14.7845	17.4836	15.8698
6	19.6479	22.8466	20.9386

数据来源和说明：作者计算。

在进行面板 VAR 分析时通常需要先消除样本中的固定效应，但 VAR 的模型结构使得自变量与固定效应相关，因而通常使用的均值差分方法可能会导致偏误，这里我们使用向前均值差分，也被称作 Helmert 过程（Arellano 等，1995）。这一方法通过消除每个个体向前的均值，即每一时期未来观测值的均值，保证了滞后变量与转换后的变量正交，进而与误差项无关，因此可以使用滞后变量作为其工具变量，采用 GMM 的方法进行估计。面板 VAR 的分析方法综合了面板分析和 VAR 模型的优点，既能够控制不可观测的个体异质性（包括个体效应和时间效应），也可以分析面对冲击时经济的动态反应，从而能够较好地捕捉模型中国内外宏观经济变量对一国短期资本流动的传导。

　　下面我们采用 GMM 方法对短期资本流动、利率水平、经济增长率与 VIX 指数 4 个变量组成的 PVAR 模型进行估计。根据上文滞后阶数的判断结果，以第 1 期作为最大滞后期，系数标准差采用蒙特卡洛模拟 500 次生成，并给出了 95% 的置信区间，变量的排序是 VIX 指数、国内利率水平、国内经济增长率、短期资本流动。图 4.2.1 中的第四列代表短期资本流动在面对外部冲击时的反应：第一，当 VIX 指数对短期资本流动产生 1 个标准差的冲击后，在第 2 期开始，短期资本流动最初会产生较剧烈的负向影响，随后 3—7 期影响程度逐渐下降，最终趋向于 0，在 95% 置信区间内均为负向反应；第二，给利率水平 1 个标准差的冲击，会在第 2—4 期对短期资本流动产生正向的影响并逐渐衰减；第三，给当期经济增长率 1 个标准差的冲击，会对 1—4 期的短期资本流动产生正向的影响并逐渐衰减。这也与此前的面板回归结果相符。

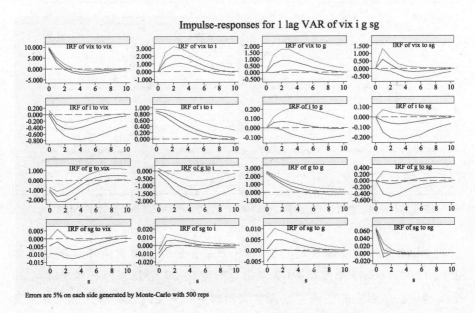

图 4.2.1　面板 VAR 模型的脉冲响应分析结果

　　数据来源和说明：作者计算。横轴表示冲击的滞后期数（季度）；中间曲线为脉冲响应函数曲线，两侧为 95% 置信区间。

从图 4.2.1 可以看出，VIX 指数、利率水平和经济增长率均会对短期资本流动有显著影响，为了更精确地考察三者与短期资本流动之间的相互影响程度，我们通过方差分解来考察面板 VAR 方程的冲击响应对内生变量波动的贡献度。表 3.2.11 列示了从第 1—8 期（累积共两年时间）内VIX 风险指数和国内经济增长率冲击对短期资本流动波动的解释力度：首先，我们发现 VIX 指数的解释能力从第 1—8 期逐步递增，最终达到 14%左右；其次，利率水平和 VIX 指数对短期资本流动的影响力相当，大约能解释短期资本流动 14.2% 的变化，而经济增长率的解释力最高尚不足2%。这表明在全球金融危机期间，新兴市场经济体的短期资本波动外部风险推动因素作用较为显著，内部的利率拉动因素的作用相对较高，这也与此前脉冲响应的结果相互印证。

表 4.2.11　　　　VIX 风险指数、利率水平、国内经济增长率
冲击预测方差的分解

	时期	VIX	i	g	sg
sg	1	0.004	0.021	0	0.974
sg	2	0.105	0.127	0.006	0.762
sg	3	0.112	0.136	0.011	0.741
sg	4	0.123	0.141	0.014	0.723
sg	5	0.132	0.142	0.015	0.711
sg	6	0.137	0.142	0.016	0.706
sg	7	0.139	0.142	0.016	0.703
sg	8	0.14	0.142	0.016	0.702

数据来源和说明：作者计算。省略了 VIX 指数、利率水平和经济增长率的分解结果。

本部分运用动态面板和面板 VAR 方法，研究了本轮全球金融危机爆发后（2007 年第 1 季度至 2012 年第 3 季度），33 个新兴市场经济体与 20个发达经济体面临的各种类型资本流动的主要驱动因素。研究得出的主要结论包括：除本国经济增长率外，新兴市场经济体与发达经济体各类资本流动的驱动因素截然不同。本国经济增长率与本国利率是新兴市场经济体资本流动的主要拉动因素，而全球风险偏好变动是新兴市场经济体资本流动的主要推动因素。本国经济增长率与本国通胀率是发达经济体资本流动的主要拉动因素，而美国利率与美国经济增长率是发达经济体资本流动的主要推动因素。对短期资本流动波动进行方差分解表明，在全球金融危机期间，外部推动因素 VIX 指数和内部利率水平是新兴市场经济体短期资本流动的主要驱动因素，而内部拉动因素经济增长率的作用却非常有限。这意味着，一旦爆发全球性金融危机，新兴市场经济体的资本流动将先于发达经济体受到负面冲击。在面临资本大量流入影响金融稳定的情形下，还有可能会陷入是否加息的两难困境。

由于推动因素与拉动因素在新兴市场经济体与发达经济体面临的资本流动中均扮演着重要角色，因此，对国际资本流动进行全面管理，离不开新兴市场经济体与发达经济体之间进行的政策协调。一方面，对新兴市场经济体内部而言，如果个别国家在未经协调的情况下实施资本账户管制等单边措施，可能导致其他国家遭遇更为严重的短期资本流入，这是一种"以邻为壑"的资本流动管制。为避免这一局面，新兴市场经济体彼此之间应该加强政策协调。另一方面，新兴市场经济体与发达经济体之间应该进行更密切的政策协调，以降低具有系统重要性国家国内经济金融政策的负外部性。短期资本流动管理的跨国协调，可以与国际银行业跨国监管、全球宏观审慎政策等问题，一并纳入 G20 的磋商谈判框架。此外，新兴市场经济体作为一个整体，应通过国际金融机构（如 IMF 与世界银行）和 G20 向发达经济体施压，要求发达经济体央行在制定执行国内政策的过程中考虑其溢出效应。

三　国际货币体系与国际资本流动

（一）国际货币体系、全球流动性与国际资本大规模流动

在当前国际货币体系下，由于美元兑换黄金的约束不复存在，同时浮动汇率制也使得美国对于美元汇率的走势漠不关心，因此美元的外在约束相比金本位时期更加的宽松（Ocampo，2009）。这就使得美国相比其他国家获得了更大的经济自由度与更少的约束限制。一般情况下，一国政府可以通过扩张性货币政策来刺激经济，但是如果政策过于宽松，往往会受到通货膨胀等诸多条件的制约。然而，当一国货币变为国际货币时，面临的约束压力就会小得多。从美国来看，无论其财政赤字有多大，无论其货币政策有多宽松，也无论其提供的流动性有多过剩，也不会像其他国家一样

发生金融危机。因此,在目前体系下,美国"自然而然"地积累了持续的财政与经常项目赤字,美国的这种软预算约束 (Soft-budget Constraint),弱化了国内的经济政策纪律,最终导致了美国国内和世界的流动性过剩 (Fan, 2006)。

Li (2009) 指出美元作为国际货币,但是缺乏必要的约束与限制。美元的发行仅仅只考虑其对美国经济的影响,而没有考虑到对其他国家特别是持有大量美元资产国家的影响,例如美元扩张所带来的欧洲美元 (Euro Dollars) 和亚洲美元 (Asian Dollars) 大量供给为其他国家带来了额外的风险,引发世界货币基础迅猛增长 (夏斌和陈道富, 2006)。

全球流动性急剧扩张是造成国际资本大幅流动的重要根源 (Palais-Royal Initiative, 2011),美国金融危机爆发前后全球流动性的变化已经毫无保留地反映到跨境资本流动上。因此,新兴市场市场经济体担心,发达经济体在危机中非常规政策所造成的全球流动性过剩正是本轮资本大幅流入这些国家的一个重要原因。

(二) 国际资本流动缺乏有效管理

国际货币体系从布雷顿森林体系步入牙买加体系后,一改先前对国际资本流动的管制态度,转而施行自由放任政策,这也导致了国际资本的成倍增长与无序流动。

布雷顿森林体系时期,作为国际货币体系看门人,国际基金组织一直对国际资本流动施行强有力的资本管制,但是从 20 世纪 60 年代到 70 年代开始,一系列因素促使 IMF 对资本管制态度发生转移 (Dierckx, 2011)。第一,生产和金融资本的国际化。资本开始在全球范围内游走,这不但令各国对资本管制越来越抵制,同时一国单边的资本管制效果也越来越差,资本管制越来越难以施行。第二,从这一时期开始,发达经济体的劳工势力越来越强,资本管制的放松有利于对有组织劳工形成新的约束。第三,新自由主义的兴起,为资本账户开放奠定了学术理论基础。

在这种背景下,从 20 世纪 70 年代开始,发达经济体开始逐步放松资本管制,推行资本账户自由化。尽管资本账户自由化并没有像经常账户自由化那样列为 IMF 的正式官方目标,但从 20 世纪 80 年代开始 IMF 已经给予资本账户问题越来越大的关注,甚至从这一时期开始,IMF 的工作人员开始将鼓励放松资本管制作为 IMF 的一种行为规范去执行。

新兴和发展中国家也在金融自由化浪潮的推动下放松了对国际资本流

动的限制，同时，新兴和发展中国家在接受 IMF 的项目援助时也往往会伴随着资本项目自由化的推进（Joyce 和 Noy，2008），在 IMF 的救援计划谈判中，美国通过 IMF 救援计划将金融自由化推广到全球。

因此，从 20 世纪 70 年代开始，多重因素的发展推动了全球资本流动的快速发展。从国际货币体系看，布雷顿森林体系解体后，由于美元的供给和约束条件不复存在，美元对外输出规模不断增大，这成为全球流动性过剩的重要根源，为国际资本流动提供了充裕的资产池，这种影响在美国金融危机爆发前后体现得尤为明显。以美国为首的发达经济体的货币政策操作在国际资本跨境流动中发挥了重要影响，特别是 2009 年之后全球主要央行的量化宽松货币政策成为国际资本大举流入新兴市场经济体的重要推动力量。然而，伴随着资本流动规模的增长，一直以来以 IMF 为首的国际社会对资本流动不但未能进行有效管理，相反却一味地鼓励、推动甚至强迫各国不断开放资本账户，客观上也促进了资本在国际间的急剧膨胀与无序流动。

大规模资本流动将从两方面对一国经济造成冲击（Ostry 等，2011）。一是影响一国宏观经济稳定。这包括资本流入将会引起该国货币升值压力，造成国内信贷快速增长，造成消费价格、工作以及资产价格上涨压力，在某些情况下将会加剧经常项目逆差规模等。二是影响一国金融稳定。资本流入往往会造成流入国信贷膨胀以及信贷质量下降，促进金融资产和房地产价格的上升，并通过财富效应对经济产生负面影响。同时，外国资本流动也会导致资本配置不当风险，特别是一国金融市场不发达与监管不力的情况下，这一风险的负面影响更大（OECD，2011）。更为严重的是，资本大规模的急剧流动往往导致资本流入国特别是新兴市场经济体爆发经济与金融危机的概率极大提高。

第三节　强化国际资本流动管理的措施

在过去几十年间，国际社会对资本流动管理态度不断发生变化。与之相应地，对资本流动管理的国际合作形式也不断调整。

IMF 建议对资本流动进行管理，并正式同意各国在必要时可引入资本管制，这显示 IMF 自 20 世纪 70 年代以来对待资本管制的一贯态度已经发生了重大变化，这甚至被观察家称为"全球金融领域一个时代的终结"

（The End of an Era in Global Finance）（Rodrik，2010）。IMF 的资本流动管理框架受到一些国家的欢迎与支持，但是仍有一些国家特别是发展中国家对此持保留态度。

表4.3.1　　　　部分选区执行董事在国际货币与金融委员会会议上对资本流动管理的态度

选区	对 IMF 资本流动管理框架评价
比利时	国际资本流动分析应该成为基金组织监督的重要问题
加拿大	基金组织应继续推进资本流动管理工作
瑞士	一个全面和平衡的政策框架是有价值的，但是需要精心设计并且赋予足够的弹性
智利	未予置评
中国	未予置评
德国	基金组织应该在监督国际资本流动方面发挥更积极的作用，支持建立一个指导原则，但是政策范围应覆盖资本流出国和流入国
阿尔及利亚	期待进一步的工作，但政策覆盖范围应包括资本流出国和流入国。最终结果应该只是对成员国的一种建议而不应成为基金组织监督的一部分。应保持各国在政策和工具采用方面的灵活性
埃塞俄比亚	对基金组织在资本流动管理所做出的工作表示感谢，希望能提供一个加强合作的良好平台
欧盟	欧盟成员国支持发展一个针对资本流出国和流入国的资本流动管理指导规则或框架
英国	支持基金组织建立一个全面的资本流动管理政策框架
意大利	基本同意基金组织的资本流动管理框架
日本	未予置评
荷兰	欢迎基金组织关于政策框架做出的工作，希望政策框架应覆盖资本流入国和流出国
挪威	基金组织应该建立一个资本流动管理的政策框架
美国	基金组织的资本流动管理政策框架是良好的开端
巴西	反对用任何指导原则、框架或"行为准则"来约束资本流入国的政策反应
印度	试图规范化、确定优先次序或限制成员国在面临资本急剧流入的政策反应是困难的，政策制定者应该有足够的灵活性和自主权

资料来源和说明：国际货币基金组织公开数据（www. imf. org）和作者整理。

作为发展中国家处理国际金融事务重要的政府间组织，二十四国集团（G24）对 IMF 资本流动管理框架也提出抵制。二十四国部长强调 IMF 应该采用开放和公平的方法将资本流出国特别是系统性重要金融中心也纳入资本流动管理框架中，因此，其并不认可基金组织建议的管理框架，同时也反对把这一框架纳入基金组织监督中去。二十四国集团建议，面对资本的急剧流入，各国政策制定者应该拥有足够的灵活性和自主性来选择他们认为合适和有效的应对方法。①

因此，从总体上看，发达国家对 IMF 的资本流动管理框架较为欢迎，而发展中国家则持保留态度，双方争论的焦点围绕在以下几个方面。

第一，单向资本流动管理还是双向资本流动管理。IMF 实施的资本流动管理框架是否应该同时覆盖资本流出国和资本流入国。

第二，对于资本流动管理工具实行次序。发达经济体强调资本管制应该作为最后防御措施，只有在其他政策穷尽时，资本管制才可以使用。其认为，与其他政策相比，资本管制的效率最低，且容易产生扭曲。发展中国家则认为 IMF 建议的政策工具组合不应该成为一国政策实行的限制，各国应该根据实际情况来选择最为合适的政策，而不一定按照 IMF 建议的政策次序。

在此蕴含了另外一个问题，就是政策穷尽到底是一种什么状态，特别是对于宏观经济政策。上面提到宏观经济政策的三个状态变量分别是汇率状态（低估还是高估）、储备状态（充足还是匮乏）、经济运行状态（过热还是过冷），政策穷尽就是汇率非低估、储备充足、经济过热。然而均衡汇率水平和合意储备水平历来是国际经济学的两个难题，IMF 以这两个难以达成一致的状态作为判断依据，无疑加大了未来政策操作的难度，也为各国未来无休止的政策争吵埋下了隐患。

第三，是否纳入 IMF 的监督程序。未来是否应将 IMF 的资本流动管理政策框架纳入 IMF 的监督程序中去，发达国家和发展中国家也存在较大争议。纳入监督程序，将扩大 IMF 对于各国经济政策的干预度，特别是对资本管制来说，表面上该框架允许各国可在一定程度上引入资本管

---

① 参见 Intergovernmental Group of Twenty-Four on International Monetary Affairs and Development, Communiqué, April 14, 2011。

制，但一旦引入监督程序，最终的裁定权将掌握在 IMF 手里，这反而限制了各国使用资本管制政策工具的自由度。这对发展中国家影响更大，因为发达经济体在 20 世纪 80 年代大都完成资本自由化，涉及资本管制的问题较小，纳入监督程序与否对发达经济体的约束性较小。

对中国来说，应该积极利用 IMF 提出的现有政策框架加强对资本流动的管理，同时对框架潜在的影响做好应对。

第一，积极利用现有框架应对资本流动。尽管 IMF 的资本流动管理框架存在一定缺陷，但仍有可资借鉴之处。长期以来，我们一直以资本管制对资本流动进行管理，是否可考虑根据不同类型资本流动，转换政策操作工具？在国际大背景下，以及人民币国际化要求，资本账户开放是中国大势所趋，资本管制必须得到清理，IMF 提出的资本管制原则，管制工具是否可称为我国渐进开放资本账户的参考？等等。

第二，通过资本流动加强对储备货币发行机制约束。资本流动特别是美国金融危机前后的资本流动与主要发达经济体特别是美国的货币政策高度相关，因此，能否做到促成 IMF 政策框架下资本管理和储备货币国货币发行约束结合起来？

第三，避免资本管制列入 IMF 监督程序。应坚持 IMF 的资本流动管理框架只是为成员国资本流动管理提供建议参考，不应具有强制性，应坚持政策操作应赋予各国极大的灵活性和自主性。

第四节 总结

本部分运用动态面板和面板 VAR 方法，研究了 2000 年第 1 季度至 2012 年第 3 季度期 33 个新兴市场经济体与 20 个发达经济体面临的各种类型资本流动的主要驱动因素。研究得出的主要结论包括：新兴市场经济体与发达经济体各类资本流动的驱动因素明显不同。对新兴市场经济体而言，本国经济增长率是资本流动最重要的拉动因素，而全球风险偏好变动与美国经济增长率的变化是最重要的推动因素。对发达国家而言，汇率变动率是资本流动最重要的拉动因素，而美国经济增长率是最重要的推动因素。非线性面板回归的结果显示，在金融市场平静时期，汇率变动率与经济增长率是新兴市场国家短期资本流动的重要驱动因素，但这些因素在金融市场动荡时期的效果不再显著；在金融市场平静时期，发达国家短期资本流动对利差与经济增长率差异并不敏感，但在金融市场动荡时期，利差与经济增长率差异会显著影响发达国家短期资本流动。基于面板 VAR 方差分解的结果进一步表明，VIX 风险指数和利率水平的变化对新兴市场经济体短期资本流动的解释能力分别达到 17% 与 14%，而国内外经济增长率的解释力合计不足 7%。这意味着，一旦爆发全球性金融危机，新兴市场经济体的资本流动将先于发达经济体受到负面冲击。在面临资本大量流入影响金融稳定的情形下，还有可能会陷入是否加息的两难困境。

　　由于推动因素与拉动因素在新兴市场经济体与发达经济体面临的资本流动中均扮演着重要角色，因此，对国际资本流动进行全面管理，离不开新兴市场经济体与发达经济体之间进行的政策协调。一方面，对新兴市场经济体内部而言，如果个别国家在未经协调的情况下实施资本账户管制等单边措施，可能导致其他国家遭遇更为严重的短期资本流入，这是一种"以邻为壑"的资本流动管制。为避免这一局面，新兴市场经济体彼此之间应该加强政策协调。另一方面，新兴市场经济体与发达经济体之间应该进行更密切的政策协调，以降低具有系统重要性国家国内经济金融政策的负外部性。短期资本流动管理的跨国协调，可以与国际银行业跨国监管、全球宏观审慎政策等问题，一并纳入 G20 的磋商谈判框架。此外，新兴市场经济体作为一个整体，应通过国际金融机构（如 IMF 与世界银行）和国际多边组织（如 G20）向发达经济体施压，要求发达经济体央行在制定执行国内政策的过程中考虑其溢出效应。

第 五 章

宏观政策协调

　　宏观经济政策协调是 G20 发挥其"全球经济合作首要论坛"职能的核心工作领域之一。危机后伴随全球经济复苏乏力及宏观走势分化，G20各经济体之间进行宏观经济政策协调的必要性迅速上升。2009 年的匹兹堡峰会上，G20 各国就建立"强劲、可持续、平衡"增长框架达成一致意见，并正式成立增长框架工作组，为实现这一承诺执行多边磋商监督及政策建议的职能。自 2010 年以来，G20 层面的宏观经济政策主要响应了全球经济形势发展过程中形成的两大问题。一是伴随发达经济体公共债务水平攀升至历史罕见水平，公共债务可持续性、公共债务管理等问题成为重要讨论焦点。二是伴随美日欧英等主要发达经济体在零利率下限约束条件下实施大规模量宽货币政策，这类非传统货币政策的溢出效应，特别是对全球金融市场和新兴经济体的影响，也成为热点议题。一些大型经济体由于其体量、金融市场上的特殊地位或者国际货币体系中的特殊地位，对全球宏观经济及金融稳定的影响要明显超过其他经济体。因此，在 G20宏观经济政策协调中，这些经济体也受到更大监督压力也被认为应当承担更多责任。

　　本章将讨论 G20 宏观经济政策协调的现实基础，并详细论述公共债务、非传统货币政策这两大议题领域的认识发展及政策考量。结构如下：第一节概括从经验证据出发概括 G20 中系统重要性经济体的溢出效应，以此作为 G20 宏观经济政策协调的基础；第二节从近年发达经济体主权债务危机角度透视公共债务管理的发展和问题；第三节主要研究发达经济体公共债务可持续性及管理框架的改革；第四节分析发达经济体非传统货币政策的逻辑、效果及溢出效应；第五节总结全章内容并提出有关政策建议。

第一节　宏观政策协调之基础：开放
经济体的溢出效应

2008 年国际金融经济危机与危机前较长时间内金融风险和国际失衡的持续积累存在直接关联。有关风险与失衡因素一定程度上反映了主要经济体的金融和经济政策缺乏有效合作并在部分领域存在空白。这一问题在危机后的全球经济复苏阶段并未得到实质缓解，反而由于各国复苏进程不平衡、宏观政策分化、失衡风险再度累积而愈加尖锐地反映出来。主要经济体经济政策缺乏合作，与全球范围内生产链分工深化、国际金融市场高度整合、新兴经济体逐渐发挥全球影响的基本经济现实存在明显矛盾，这一矛盾也不断孕育出新的经济和金融风险。

作为监督全球金融风险的主要机构，国际货币基金组织对自身在全球金融风险累积阶段的有效性进行独立评估的结果显示，IMF 没有对全球金融危机前不断升级的风险提供清晰的预警。2011 年的三年期监督审查（TSR）意见提出，IMF 双边监督和多边监督需有效纳入对主要经济体政策溢出效应（spillover effects）的考虑和评估。从 2011 年起，IMF 开始为五大具有系统重要性的经济体（S－5）进行溢出效应评估。评估报告为 G20 平台上各国商讨宏观经济政策协调和责任分担提供了技术支持。

一　IMF 关于五大经济体的溢出效应评估

2008 年国际金融危机以来，针对全球经济复苏增长不平衡及政策分化等问题，G20 成员国启东相互评估程序（Mutual Assessment Process，MAP），旨在促进国际间经济政策协调。这一程序体现了危机后主要经济体对各自经济政策相互影响的高度重视以及在具体工作层的实践努力。为适应国际政策领域的新方向，IMF 在 2011 年度和 2012 年度的第四条款磋商过程中加入了对溢出效应的评估，对五个"系统重要性"经济体（即 S－5，包括美国、欧元区、英国、日本和中国）提供溢出效应评估报告（IMF，2011f；IMF，2012）。

该报告主要探讨系统重要性经济体经济政策的对外影响。报告对各系统重要性经济体选择了不同的政策议题进行溢出效应评估。这些议题来自 IMF 与 S－5 经济体及一些新兴市场国家的双边磋商，从而反映了伙伴国家所关注的自身与 S - 5 经济体经济政策的利益相关点。报告对挑选出来的政策议题分别进行了专题性质的评估，评估方法主要涉及事件分析、描述统计和相关性分析以及数量模型。所采用的数量模型繁多，譬如简单回归，面板回归、投入产出分析、供需冲击的向量自回归模型、全球向量自回归模型（GVAR）、因素增强型向量自回归模型（FAVAR）、多国动态随机一般均衡模型（GIMF）等。评估报告体现了 IMF 较为前沿的技术特征。IMF 近年关于五大经济体溢出效应的观点简要概括如下。

（一）美国

IMF 在报告中指出，除了通过贸易渠道对周边国家传导其溢出效应外，美国对于世界其他国家的影响主要通过金融活动，这是由于美国的债券和股票市场在全球金融市场中具有核心地位，并起到了全球金融市场晴雨表的作用。短期内美国经济增长的溢出效应非常大，重要伙伴国对美国实施经济刺激政策以提振全球经济表示赞扬，但同时也对这些政策有可能导致的负面影响表示担心。这些担心主要体现在以下三个方面：一是宽松的货币政策有可能加剧资本向新兴经济体流动和大宗商品价格上涨；二是美国政府高额赤字水平和债务存量提高了债券市场尾部风险；三是巴塞尔协议Ⅲ之前做出的相关法律政策改变可能会激起金融部门套利活动。

IMF 认为未来美国货币政策从宽松转向紧缩的预期可能会使此前流向新兴市场的资本出现逆转。渐进可信的财政整顿对全球经济的溢出效应并不大，而且其影响方向也是不确定的。但如果美国高额赤字和债务最终影响美国债务可持续性信心，则会对全球经济产生相当大的负面影响。对美国的投资银行进行强有力的监管，可以有效地防止美元基金市场的波动对全球经济带来的负面影响。总体来看，为了防止全球经济发生重大的尾部风险，美国和其他国家在财政政策上有更多共识，而在货币政策上则分歧较大。

（二）欧元区

针对欧元区政策的溢出效应，IMF 重点关注了欧债危机问题。IMF 在报告指出，重要伙伴国对欧元区解决欧洲主权债务危机所进行的努力表示赞扬，但由于欧元区和全球金融市场的高度联动性，重要伙伴国也对欧债危机进一步恶化，尤其是向欧元区核心国家扩散的潜在风险表示担心。如果欧债危机加剧并蔓延到欧元区核心国家，全球则面临重大风险。欧元区实行的财政整顿对总需求产生的微弱负面影响被因重塑市场信心而获得的正面作用所抵消，从而在整体上有利于经济的恢复和发展。

该地区的货币紧缩速度略快于市场预期，但其溢出效应有限。但如果采取非常规手段以控制欧债风险，欧元区则必须考虑与银行体系的互联性，并合理释放市场压力，从而降低对其他国家的影响。拟议中的增强银行体系免疫力的改革、加强潜在增长水平的劳动力和商品市场的改革，以及多哈回合下的贸易自由化改革具有适度为正的溢出效应。

（三）英国

针对英国经济政策的溢出效应，IMF 的研究报告表明英国金融部门的规模和互联性使其成为冲击的重要来源、传导渠道，也使其成为全球冲击的潜在减震器。因此，英国金融部门的稳定性和有效性是一种全球共公共品，有必要对其进行最高级别的监督和规制。和英国的宏观审慎政策一样，更稳健的流动性、资本和杠杆率有助于抑制信贷周期波动并降低系统性风险。IMF 在报告中指出重要伙伴国对英国溢出效应问题的关注主要表现在以下两个方面：一是对于世界其他国家而言，英国金融部门在何种程度上能够成为冲击来源或者冲击传导渠道；二是英国对金融部门的监管政策在增强全球金融稳定性中发挥的作用。

国际合作对于英国发挥维持全球稳定潜力具有重要作用。如果欧盟在制定经济政策时置英国的金融监管政策于不顾，或者限制宏观审慎政策，则英国金融稳定政策的效力会被打上折扣。不论欧盟国家与英国的合作还是欧盟之外国家的合作都有助于限制监管的套利机会，也有助于降低资金池分散化的风险，增强母银行在危机期间对子银行或者分支银行的支撑，从而维持全球金融市场的稳定性。最后，IMF 提到由于英国的金融部门的规模和在全球金融市场中的地位使得英国具有较大的信息优势，因此英国政府可以在对全球系统性风险的监管中发挥重要作用。

（四）日本

针对日本经济政策的溢出效应，IMF 在 2011 年和 2012 年报告中重点关注了以下几方面：一是日本大地震的影响；二是公共债务的动态演化；三是被推迟的财政整顿的潜在影响。IMF 的研究报告表明，日本地震后全球经济所受到的影响充分体现出日本在全球精密技术产品生产链中的地位。日本是亚洲重要的需求来源，在日本"失去的十年"中，由于世界其他主要经济体的经济增长形势比较好，在一定程度上减轻了日本对世界经济的负溢出效应，但由于美国和欧洲的经济形势都不好，这就有可能使得日本对世界经济的影响有所扩大。

日本的财政整顿在短期内可能会对某些亚洲国家造成负面影响，但从长期来看，将会对所有地区都会有正面的影响。日本"增长战略"的快速设施将有利于减轻日本财政政策的负面影响，而日本的货币政策的溢出效应则有限。日本金融部门的溢出效应比其他系统性经济体小，很大程度上是因为日本的金融部门面向国内经济。但是，如果日本的财政整顿不能及时推进，则日本政府债券和银行资产负债表都会受到严重影响，从而影响日本的贸易伙伴。尤其是如果日本政府债券收益率上升有可能导致日本利率上升，从而影响实体经济。

（五）中国

针对中国经济的溢出效应，IMF 的研究表明中国传导和产生实际冲击的能力在扩大，中国的稳定对世界具有重要影响。IMF 在报告中指出中国的重要伙伴国得益于中国的经济增长，特别是经济危机期间的增长，但也在不同程度上关注以下方面产生的溢出影响：一是中国迄今为止的稳步增长可能出现中断；二是货币调整步伐缓慢；三是外汇储备（已经位居世界第一）进一步积累，以及资本账户封闭。

鉴于中国出口导向型增长模式是构成外部压力的重要来源，因而经济再平衡至关重要。货币升值对再平衡过程很重要，但仅靠货币升值只会产生有限的溢出影响。为了实现对其他国家产出和贸易的显著积极影响，必须实行全面转型，降低中国居民和企业的储蓄率，并提高受到压抑的要素价格。提高要素价格还能减轻对中国的竞争力来自扭曲成本结构的担忧，从而缓解贸易摩擦——贸易摩擦本身对世界经济构成风险。相反，中国若不能实现经济再平衡，出口市场份额将空前增长，产能可能出现过剩，由此产生的企业和银行资产负债表压力将导致不利的溢出影响。

二　主要经济体溢出效应的基础及其表现形态

主要经济体对于其他经济体乃至全球的溢出效应实现机制，是以该经济体与其他经济体所形成的贸易联系以及金融联系为基础。

就贸易联系而言，来源于技术、宏观经济及产业政策、国内重要社会事件的冲击会主要通过影响生产、消费及投资决策从而影响一国的进口量以及出口竞争力。本国进口量的变化直接对进口来源国家的外需产生影响。出口竞争力的变化则可直接影响其他经济体在进口与该国产品之间的替代，或者通过第三国在不同来源进口品之间的替代，对在出口市场上存在竞争关系的对手国家出口产生间接影响。

此外，由于主要经济体对包括原油在内重要的全球性商品的需求（或需求增量）相对世界总体占据较大规模，主要经济体国内经济波动或政策变化，通过国际贸易对这些全球性商品的价格形成产生重要作用，从而间接冲击其他经济体的贸易条件、经常账户、国内通胀乃至经济增长。

就金融联系而言，由于全球化进程中资本流动的规模与范围不断扩大，资本账户开放度较高的各国私人部门之间形成了密切的资金往来，及在此基础上产生的复杂的债权债务关系。一国国内经济波动通过利率、汇率、资产价格以及与波动相关的风险评估直接影响其金融资产相对外国的收益率，从而对跨国资金流动产生影响。跨国资金流动的变化又会对其他国家的利率、汇率、资产价格、银行部门资产负债结构等宏观金融变量产生冲击，于是引发其他国家从金融部门到实体经济一连串的反应。

金融联系和贸易联系也并非相互独立。除了国际贸易余额与金融交易等净项在国际收支平衡表中存在内在的联系以外，如果一国与其他国家之间存在较密切的贸易联系，那么该国资产价格波动引发其他国家资产价格波动的可能性一般就较高，即便两国之间私人部门的金融资产交易由于管制的因素而存在局限。其原因在于，金融市场的反应相比实体经济要更为即时，市场一旦预期到引发一国资产价格波动的宏观冲击或者行业性冲击，有可能通过贸易联系对其他国家产生溢出效应，那么其他国家也就可能发生资产价格波动。

（一）美、欧、日、英中五大经济体溢出效应的经济基础

1. 经济规模

美、欧、日、英中是近年来全球最大的五个经济体，在国际贸易与国际金融中也占据首要地位。由于各经济体相对规模较大或者相对规模的变化较快，各经济体内源性经济金融波动以及政策变化，会对其他经济体造成较明显的冲击。这一情形恰似大船在小河中行驶，如果大船航行不稳甚至急调头，就会对周围航行的船只造成颠簸一般。因此，溢出效应规模大小，根源在于五大经济体在全球经济贸易和金融中的相对体量。

无论按照市场汇率还是按照购买力平价计算，美欧日英中五大经济体历年 GDP 占全球份额均在五成以上。如按照市场汇率计算 2006—2011 年

间，五大经济体 GDP 总体份额为 65.5%，购买力平价下为 57%。从构成上看，美欧日英等发达经济体份额呈不同程度的下降态势。其中，美国和日本较为突出。20 世纪 80 年代末美国按购买力平价计算的 GDP 占全球四分之一，日本接近十分之一，而近年来二者份额各自下降了 4.7 个和 3.6 个百分点（表 5.3.1）。

从 20 世纪 80 年代以来，中国在全球产出中的份额有显著增长。2006—2011 年中国按照购买力平价和市场汇率计算的 GDP 份额平均为 12.3% 和 7.9%，相比十年前的 1996—2000 年分别提高了 5.7 个和 4.6 个百分点，而 2011 年相比五年前又分别提高了 4.2 个和 5 个百分点，呈现一定加速态势（表 5.1.1）。从中可以发现一个值得注意的现象，由于人民币升值，相对购买力平价计算的 GDP 份额，中国按照市场汇率计算的 GDP 份额赶超速度提升更快，近年前者已经超过后者。这体现了中国名义和实际汇率升值的积极效果。由于发达经济体与中国明显的潜在增速差异，以及生产率追赶伴随的人民币实际汇率升值趋势，中国相对发达经济体的产出份额还将有明显扩张。

表 5.1.1   五大经济体占全球 GDP 比重（1986—2011 年,%）

	购买力平价			市场汇率		
	1986—1990	1996—2000	2006—2011	1986—1990	1996—2000	2006—2011
美国	25.0	23.3	20.3	28.8	28.6	24.0
欧元区	18.4	18.6	15.2	22.0	22.1	21.0
日本	9.7	8.2	6.1	15.3	14.3	8.4
英国	4.1	3.5	3.1	4.4	4.5	4.2
中国	3.7	6.6	12.3	2.1	3.3	7.9
加总	60.9	60.2	57	72.6	72.8	65.5

数据来源和说明：国际货币基金组织和世界贸易组织数据库（IMF WEO Database），Oct 2012。

2. 贸易联系

贸易联系是溢出效应实现机制的重要基础。从 20 世纪 90 年代以来，全球分别按出口和进口计的贸易总额占全球 GDP 比重均有 10 个百分点左右的显著上升，显示全球经济整体开放度提升以及经济体之间贸易联系增强。2011 年全球出口（进口）占全球 GDP 比重已超过 30%（图 5.1.1）。

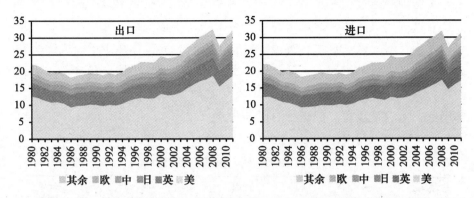

图 5.1.1　五大经济体进出口贸易相对占全球 GDP 规模（1980—2011 年，%）

数据来源和说明：数据来自联合国贸发会统计（UNCTADstat）。进出口贸易均包含货物和服务贸易，其中 1980—1994 年的欧元区进出口贸易口径为货物贸易。欧元区数据不包括区域内贸易。

　　五大经济体占据与其经济总量类似的核心地位。2011 年，五大经济体总体出口占全球 GDP 的 13.4%，总体进口占全球 GDP 的 14.2%。如果从总体进出口占全球 GDP 比重的角度来衡量外部经济体通过贸易联系受五大经济体的影响程度，那么欧元区位居五者中第一，其次是美国、中国、日本和英国。2011 年这一指标上，五大经济体各自比重是 10.1%、6.8%、5.7%、2.7% 和 2.3%。如果从各经济体 GDP 依赖于进出口贸易的程度（即贸易依存度）上看，那么五个经济体中，英国经济贸易渠道受外部影响的相对程度最深，其次是中国、欧元区、日本、美国。2011 年它们各自比重是 65.3%、54.6%、53.6%、32.5% 和 32.6%。

　　从五大经济体相互之间的贸易联系看，英国出口集中在五大经济体内的比重最高，2011 年达到 65%。这一数值对日本和中国分别是 46% 和 41%。美国和欧元区的出口约有 30% 集中在五大经济体内[①]（见表 5.1.2）。结合各国出口占各自 GDP 规模的数据，可以得到一国对五大经济体中其他经济体出口占该国 GDP 比重。对美欧日英中，2011 年这一比值分别为 4.7%、8.7%、7.4%、21.2% 和 11.3%。据此可以推测，英国

---

① 计算欧元区对美、日、英中出口占其总体出口比重时，剔除了欧元区内部贸易。

经济贸易联系受五大经济体溢出效应的影响在五者中最大，其次便是中国。美国经济通过贸易联系受欧日英中溢出效应影响相对最小。

对这五大经济体，通过贸易渠道对中国产生最大溢出效应的经济体排序是美国、欧元区、日本、英国。对日本而言，其排序是中国、美国、欧元区、英国。对英国而言，其排序是欧元区、美国、中国、日本。对美国而言，其排序是欧元区、中国、日本、英国。对欧元区而言，首先是其内部国家，然后是英国、美国、中国和日本。

表 5.1.2　　　　　　　　2011 年五大经济体贸易矩阵（亿美元）

出口对象　出口国	中国	日本	英国	美国	欧元区	世界
中国	—	1483	441	3250	2667	18984
日本	1621	—	164	1277	705	8233
英国	141	70	—	626	2230	4721
美国	1039	662	559	—	1965	14797
欧元区	1612	546	2962	2724	22431	46539
世界	15627	7834	6712	21441	46097	180871

数据来源和说明：数据来自联合国贸发会统计（UNCTADstat）。欧元区对欧元区自身的出口额代表其区域内贸易额。

3. 金融联系

国际金融活动是溢出效应实现机制的另一重要基础。过去三十多年来，全球资本流动不仅规模快速增长，超过全球贸易增长的速度，其波动也非常频繁。这一时期，一方面发达经济体在金融上仍保持着最高的整合度，另一方面越来越多的发展中国家在这一时期减少了金融管制，放开或部分开放其金融体系。包括发展中国家在内的国际资本流动使得全球总体的跨境资产持有量大幅提高。国际金融危机前几年，世界各国对外总资产规模年均增速达 15% 左右，危机后恢复增长使得 2010 年各国对外总资产规模达到全球 GDP 的 176%，相比 2005 年提高了约 40 个百分点（见表5.1.3）。

在五大经济体中，美国、欧元区和英国对外资产总量均为十几万到二十几万亿美元，无论绝对数额还是相对各自 GDP 比重，均显著高于日本和中国。三者总量上就已达全球一半以上，明显超过其贸易总量的相对规模。英国就更为特殊，其发达的金融体系以及国际金融中心的地位，使得英国对外总资产规模数倍于其 GDP 的规模。2011 年这一倍数约为 7。从对外负债总量上看，也可以得到类似的结论。而从国际投资净头寸上看，是英美欧这些金融市场更为发达的经济体积累了净的资金流入，日本和中国则在总体上对外输出资金。

从净资本流动上看，还可发现不同类型资本在总体流向上的一个显著特点。虽然从私人资本流向看，净流向发展中经济体的外商投资规模近年来有快速增长，而从官方储备看，有更多的资金以储备的形式流向了发达经济体。2010 年私人和官方资本①净流入发展中经济体的总量合计为 4335 亿美元，而以增加储备的形式流出发展中经济体的资金总额合计为 8965 亿美元（见表 5.1.4）。这一私人与官方资本流向差异的根本原因在于，发展中经济体在近十来年积累了较大规模的经常账户盈余。因此，总体上，近年来发展中国家在不断积累对发达经济体的债权，但由于资产结构的原因其平均收益较低。

表 5.1.3　主要经济体及全球对外总资产规模（2005—2011，万亿美元）

国家 ＼ 年份	2005	2006	2007	2008	2009	2010	2011
美国	12.4	14.9	19.0	20.1	19.1	21.0	21.8
欧元区	13.0	16.7	21.2	19.5	20.6	22.1	23.5
日本	4.3	4.7	5.4	5.7	6.0	6.9	7.5
英国	8.3	11.9	15.5	16.0	14.1	15.5	16.9
中国	1.2	1.7	2.4	3.0	3.4	4.1	4.7
S—5 总和	39.2	49.9	63.5	64.3	63.2	69.6	74.4
世界	62.3	79.3	100.9	98.8	102.2	111.5	NA
% 全球	63	63	63	65	62	62	
% 全球 GDP	136.7	160.6	181.1	161.3	176.7	176.4	NA

数据来源和说明：国际货币基金组织国际金融统计（IMF, International Financial Statistics）。

---

① 指官方贷款人提供的信贷等。

表5.1.4   发展中经济体资本流动（1990—2010，十亿美元）

净项	年平均		
	1990—2000	2000—2010	2010
资本流动	97.9	141.2	433.5
私人资本流动	88.8	175.6	363.4
直接投资	74.4	201.2	258.3
证券投资	14.3	-4.3	100.6
其他私人资本流动	0.1	-21.3	4.5
官方资本流动	9.0	-34.5	70.1
储备资产变动	-49.7	-474.2	-896.5
总资本流动	48.2	-333.0	-463.0
经常项目	-40.6	331.9	439.9

数据来源和说明：国际货币基金组织国际金融统计（IMF，International Financial Statistics）。

从资本流动的总体规模来看，五大经济体中欧元区规模最大，近五年来平均超过3万亿欧元。美国位居第二，平均接近2万亿美元。英国和日本再次之，中国相对最小。不过中国资本流动规模的平均增长速度却是最快的，2011年中国资本流动规模已超过美国的四成，基本与中美两国间GDP的相对规模持平。

与国际贸易依存度的概念类似，可定义一国对国际金融的依存度，即计算一国国际收支表中金融账户的贷方和借方总和相对本国GDP的比重。这一指标越大，显示一国通过金融联系发生溢出效应的强度越高，还显示一国经金融联系受外部经济体溢出效应的途径越宽敞。从这一指标来看，五大经济体中，英国的国际金融依存度最高，其次是欧元区、美国、日本和中国。从2005年到2011年，美、欧、日、英中五大经济体金融账户下，资本流入和流出的总体规模占各自GDP平均比重分别是15.5%、37.3%、14.3%、93.8%和10.3%（见图5.1.2）。由于资本流动在英国和欧元区经济体中相对规模更大，其经济受资本流动变化的影响也就更大。

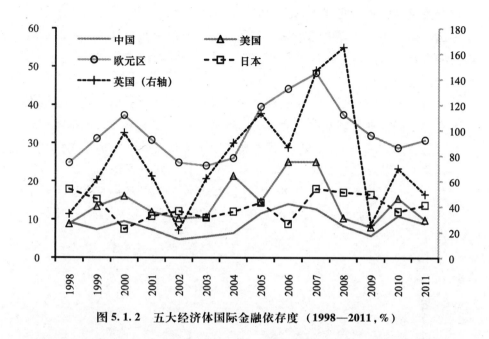

图 5.1.2　五大经济体国际金融依存度（1998—2011，%）

　　数据来源和说明：原始数据来自各经济体央行统计，转载自 CEIC 数据库。各国国际金融依存度经笔者计算得到。

（二）溢出效应的表现形态

　　近几十年全球化的发展导致主要经济体之间贸易和金融联系增强，通过贸易和金融联系所实现的溢出效应，由于传导链条较长较为复杂，往往涉及经济体的多个面向。其中最基本的表现形态有三种：一是宏观经济周期协同；二是国际大宗商品价格与主要经济体关联性；三是金融市场关联性。以下将从这三个角度分别概括近年主要经济体溢出效应的基本表现。

1. 宏观经济周期协同

　　宏观经济的溢出效应是贸易和金融联系强化后的必然后果，它最终会对不同经济体之间宏观经济周期协同性产生影响。虽然各国宏观经济周期呈现同步有可能是遭受到共同性冲击导致，另外从理论角度看，贸易和金融联系增强后不同国家之间宏观经济周期有可能同向运动（正向溢出效应）也可能反向运动（即负向溢出效应），但在长期的视角下，大型经济体之间宏观经济周期协同性增强，不可能主要都由共同的外部冲击导致。在长期，这一现象发生的一个必要条件仍是贸易或金融联系增强。

有关贸易联系与两国之间宏观经济周期协同性的正向关系，在多项对于多国数据的实证研究中都得到经验证据支持。对金融联系与宏观经济周期协同之间关系的实证研究数量相对少一些，其经验结论之间的分歧相对也更大。

战后发达经济体之间一直呈现一定程度的宏观经济周期关联性，这不仅与它们之间较强的贸易联系有关，与布雷顿森林体系下的固定汇率制度也有一定关系。从 20 世纪 90 年代开始，伴随着快速的全球化进程，发达经济体之间以及发达经济体与发展中经济体之间，宏观经济周期协同性有明显提升（参见图 5.1.3）。1980 年到 1995 年，发达经济体与发展中经济体实际 GDP 增速的相关性甚至为负的 0.1。但 1995 年后二者之间相关性提升到正的 0.47[①]。

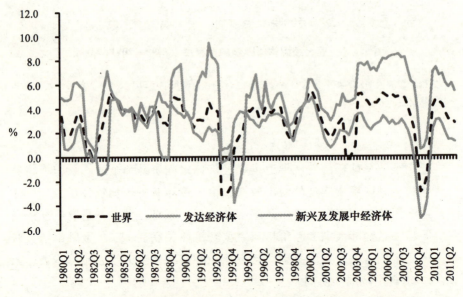

图 5.1.3   世界及不同类型经济体实际 GDP 增速（1980Q1－2011Q2）

数据来源和说明：国际货币基金组织国际金融统计（IMF, International Financial Statistics）。

严格地比较宏观经济周期协同性，需要应用产出缺口这类反映经济周期的指标而非直接应用 GDP 增速。以下采用 HP 滤波器分别计算五大

---

① 这一相关系数具有很强的统计显著性。

经济体、发达经济体和发展中经济体的产出缺口。然后通过计算它们之间的相关系数矩阵来比较五大经济体各自在宏观经济周期协同性上的特点。

从整体上看，五大经济体无论是相互之间还是与整体的发达经济体或发展中经济体，其经济周期的相关系数在 1995 年后相比之前时期均有显著提升。在之前时期，美国与整个发达经济体之间的周期相关系数为 0.74，之后则提高至 0.95；与发展中经济体周期的相关系数也从不显著的 0.05 提高至非常显著的 0.75。对 1995—2011 年这一时期，五个发达经济体之中，欧美发达经济体与其他经济体之间平均的相关系数都达到 0.7 以上，其中英国是 0.77，欧元区和美国均为 0.72。日本与其他经济体的平均周期相关性略低，为 0.68。相比之下中国数值最低，为 0.58，但相比之前时段的 0.12 已有显著提升（表 5.1.5 和表 5.1.6）。

表 5.1.5　　主要经济体经济周期相关系数矩阵（1980Q1—1995Q4）*

	发达	发展	美国	欧元区	日本	英国	中国
发达经济体	1						
	——						
	——						
发展中经济体	−0.027	1					
	−0.216	——					
	0.830	——					
美国	0.735	0.051	1				
	8.525	0.403	——				
	0.000	0.688	——				
欧元区	NA	NA	NA	NA			
	NA	NA	NA	——			
	NA	NA	NA	——			

续表

	发达	发展	美国	欧元区	日本	英国	中国
日本	0.358	0.008	0.107	NA	1		
	3.014	0.061	0.850	NA	——		
	0.004	0.951	0.399	NA	——		
英国	0.261	−0.569	0.241	NA	0.000	1	
	2.133	−5.445	1.959	NA	0.003	——	
	0.037	0.000	0.055	NA	0.998	——	
中国	0.034	−0.108	0.252	NA	−0.108	0.202	1
	0.270	−0.857	2.053	NA	−0.852	1.625	——
	0.788	0.395	0.044	NA	0.398	0.109	——

数据来源和说明：发达经济体和发展中经济体季度 GDP 年同比实际增速来自 IFS，其他经济体数据来自各经济体统计部门，转载自 CEIC。其中欧元区数据从 1996 年开始，中国数据从 1992年开始。对中国 1992 年以前的季度 GDP 实际增速，本章在年度实际增速基础上用二次型平滑的插值方法得到。产出缺口用 HP 滤波器计算得到。

注释：* 每 3 个一纵列的数值中，上方数值代表所在行对应经济体与所在列经济体之间经济周期的相关系数，中间数值代表该相关系数的 t 检验统计量，下方数值代表对应 t 检验统计量的 p 值。

表 5.1.6   主要经济体经济周期相关系数矩阵（1996Q1 – 2011Q4）*

	发达经济体	发展中经济体	美国	欧元区	日本	英国	中国
发达经济体	1						
	——						
发展中经济体	0.856	1					
	13.036	——					
	0.000	——					
美国	0.947	0.753	1				

续表

	发达经济体	发展中经济体	美国	欧元区	日本	英国	中国
	23.677	9.001	——				
	0.000	0.000	——				
欧元区	0.905	0.855	0.797	1			
	17.009	12.997	10.544	——			
	0.000	0.000	0.000				
日本	0.843	0.793	0.724	0.691	1		
	12.551	10.240	8.388	7.653	——		
	0.000	0.000	0.000	0.000			
英国	0.889	0.745	0.820	0.836	0.756	1	
	15.516	8.797	11.470	12.196	9.249	——	
	0.000	0.000	0.000	0.000	0.000		
中国	0.618	0.508	0.531	0.568	0.564	0.662	1
	6.295	4.639	5.013	5.515	5.470	7.060	——
	0.000	0.000	0.000	0.000	0.000	0.000	——

数据来源和说明：同表 5.1.5。

注释：* 每 3 个一纵列的数值中，上方数值代表所在行对应经济体与所在列经济体之间经济周期的相关系数，中间数值代表该相关系数的 t 检验统计量，下方数值代表对应 t 检验统计量的 p 值。

2. 国际大宗商品价格与主要经济体关联性

国际大宗商品价格波动，直接影响主要进口国和出口国的贸易条件，因此对这些国家的国内通胀和外部平衡都会产生传导作用。然而，国际大宗商品价格对于主要经济体而言并非完全外生，而与其宏观经济政策、经济发展阶段等因素密切相关。主要经济体国内经济波动或政策变化，通过国际贸易对这些全球性商品的价格形成产生重要影响，从而间接冲击其他经济体的贸易条件、经常账户、国内通胀乃至经济增长。

新世纪初至今，国际商品市场发生罕见繁荣与剧烈波动。长达十年的商品景气仅仅在 2008 年年末被全球性的金融危机打断，之后又在振荡中重升高位。近年商品景气因其持续时间之长、波动幅度之大及影响范围之广，成为新世纪以来世界经济形势的一个突出特点。近年国际大宗商品价格总体快速上涨主要由能源与金属价格推动，金融危机对大宗商品价格产生剧烈影响，但危机后多种大宗商品价格峰值再次超过危机前水平。

基础金属价格领域，中国溢出效应表现得非常明显。作为一个正在迅速工业化和城市化的经济体，21 世纪以来，中国成为世界上对原材料产品需求最为旺盛的新兴经济体之一。中国对几种金属矿物的表观消费增速大大高于全球增速，使得中国成为有关金属矿物市场上最大的需求增量来源国。进入新世纪以来，中国铜和铝的表观消费占世界比重分别从 15% 上下上升到41.3% 和 38.3%，铁矿石消费量占比从 29.7% 上升到 70.4%。相比之下，石油消费占全球比重从 6.4% 上升到 2010 年 10.4%，上升幅度较小（图 5.1.4）。

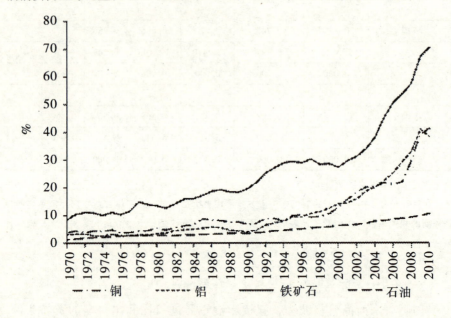

图 5.1.4 中国若干大宗商品消费占世界比重（1970—2010）

资料来源和说明：中国铜、铝消费量来自《中国有色金属工业五十年历史资料汇编》和历年《中国有色金属工业年鉴》。世界铜铝消费量来自 World Bureau of Metal Statistics。中国铁矿石消费量由中国铁矿石产量加进口量计算，数据来自《中国钢铁工业五十年数字汇编》和历年《中国钢铁工业年鉴》。世界铁矿石数据为产量数据，来自 U. S. Geological Survey。中国和世界石油消费量来自 U. S. Energy Information Administration。

由于资源分布在世界地理上的不均衡，中国很多种类的初级产品需要依赖于国际贸易来满足需求。原材料产品进口已经在中国整体对外贸易中占据了非常重要的地位。中国初级产品进口数量增长与国际大宗商品价格之间显示越来越紧密的联动关系。从 20 世纪 90 年代中后期开始，我国初级产品进口数量增长与非能源大宗商品价格已经呈现较明显的正向关系。21 世纪以来，我国进口数量波动与国际市场商品价格波动关系更趋稳健，尤其在金融危机这样的市场大转折时段呈明显领先态势（图 5.1.5）。从 2006 年至 2011 年，滞后一月的我国初级产品进口数量与非能源国际大宗商品价格之间相关系数达到 0.62。这体现中国初级产品进口数量波动在近年逐渐成为影响国际市场商品价格的重要因素。

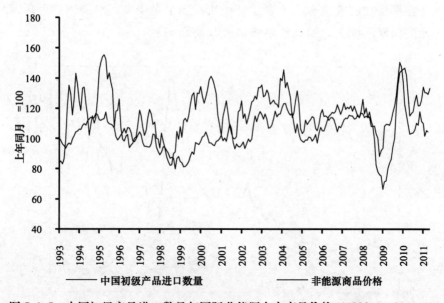

图 5.1.5 中国初级产品进口数量与国际非能源大宗商品价格（1993.1—2011.6）

资料来源和说明：1993—2004 年初级产品进口数量指数来自海关总署综合统计司编《中国对外贸易指数 1993—2004 年》，之后转载自 CEIC 数据库。为去除数据不规则波动，对进口数量同比指数取 3 个月移动平均。非能源商品价格为 CRB 总体商品价格指数，来自 Commodity Research Bureau，转载自 Bloomberg 数据库。

原油等能源价格与美国宏观经济的关联最强，这不仅由于美国是能源消费的最大国家，还由于美国货币政策会对其价格产生重要影响。美国货币政策对国际大宗商品价格的影响可从两个角度观察。一是，国际大宗商品较易储存，因此存货需求是影响其市场价格的重要因素。美国拥有最发达的大宗商品金融衍生品市场，其货币政策通过利率渠道影响存货需求以及国际投资者的资产组合，由此对国际大宗商品价格产生作用。二是，国际大宗商品的标价货币主要是美元，这使得美元汇率波动与大宗商品价格息息相关。

　　给定真实供求变动作为大宗商品价格波动的基本面因素，货币政策和美元汇率等因素发挥推波助澜作用。这从美元名义有效汇率与原油价格的走势上也能直观显示。21 世纪初美元名义有效汇率阶段性走强时期伴随原油价格的低迷，而从 2002 年以来美元名义有效汇率持续贬值，对应时期的原油价格指数一路攀升，直至美国次贷危机及金融危机的冲击导致原油价格大幅波动。直观经验并不能完全反应因果关系，不过近年一些实证研究在严格控制其他影响因素后，仍然确认了主要发达经济体货币政策与美元汇率对不同大宗商品价格施加着共同影响[①]。

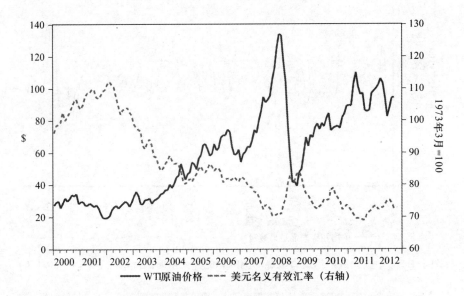

图 5.1.6   WTI 原油价格与美元名义有效汇率（2000Q1—2012Q2）

数据来源：WTI 原油价格来自 IFS 数据库，美元名义有效汇率来自美联储网站。

---

　　① 如 Krichene（2008）在向量误差修正模型框架下估计了原油、黄金、非燃料商品和 CRB 指数四组商品指数的共同趋势部分，认为这一共同趋势是由扩张性的货币政策驱动。欧洲央行近期的研究也表明，虽然解释份额仅是较小的一部分，宽松货币政策条件的确显著影响了近年商品价格（Anzuini 等，2010）。

3. 金融市场关联性

自布雷顿森林体系崩溃后，贸易和资本跨境流动规模的不断扩大，宏观经济周期协同性进一步增强，各国之间的金融联系愈加深化，资产价格跨国相关性明显增强，使得金融冲击的跨境溢出效应也表现得越来越明显。

主要经济体之间的金融市场关联性主要表现在资产价格波动的相关性上。随着金融联系加深，不同国家类似资产之间的价格波动相关性明显提高。如发达国家间的股市相关性以及长期债券收益率相关性在 21 世纪以来相比 20 世纪八九十年代都有不同程度上升。新兴经济体与发达经济体，以及新兴经济体之间的资产价格相关性都有所上升。

从五大经济体代表性股指增速的相关性看，进入 21 世纪以来两者之间相关性相比 20 世纪八九十年代均有明显上升。[①] 美国在前一时期与其他国家股指波动率的平均相关性从 0.45 提高到 0.66，英国从 0.46 提高至 0.65，日本从 0.31 提高至 0.54，欧元区从 0.45 提高至 0.67。中国整体上与这些发达经济体在股指波动上相关性还较低，但也从前一个时期的 0.01 提高至近年的 0.28 （表 5.1.7 和表 5.1.8）。从这些数值还可以看出，五个经济体相关系数提升量都较为接近。这可能显示对这些经济体而言，金融市场关联性的提升与共同性冲击在各国股指波动中发挥更大的作用有关。而共同性冲击作用的增加，其实又反映了全球化加深的特点。

溢出效应所表现出的金融市场关联性还具有一些值得注意的特点。首先，跨国金融市场联系相比跨国宏观经济联系更为明显，股价和利率的跨国相关性往往大于其 GDP 增长的相关性，同时金融市场联系紧密程度与宏观经济联系紧密程度呈正相关系。其次，美国在金融冲击的发源与传播中扮演中心角色，2008 年席卷全球的国际金融危机充分体现了来自美国的金融冲击可能具有的外溢效应规模。最后，资产价格相关性在市场景气与萧条时具有明显的不对称性。相比较于全球性扩张，全球性紧缩的同步性更强。如美国股市下跌时，其他国家与美国市场的相关性要高于股市上涨时的相关性。

---

① 之所以用股指增速（即股指月环比变动）而不是股指水平之间的相关性，是由于股指具有随机游走的特征。对于随机游走的序列而言，即便两个序列生成机制上不存在任何联系，其水平量也可能表现出相关性。

表 5.1.7　　　　　　**五大经济体代表性股指波动率**
相关系数矩阵（1980m1 – 1999m12） *

	中国	欧元区	日本	英国	美国
中国	1.000				
	——				
	——				
欧元区	- 0.023	1.000			
	- 0.236	——			
	0.814				
日本	- 0.007	0.451	1.000		
	- 0.069	6.279	——		
	0.945	0.000			
英国	0.011	0.713	0.390	1.000	
	0.111	12.620	5.818	——	
	0.912	0.000	0.000		
美国	0.004	0.673	0.387	0.739	1.000
	0.045	11.298	6.462	15.102	——
	0.964	0.000	0.000	0.000	——

　　数据来源和说明：美国股指为标准普尔 500 种指数，欧元区股指为道琼斯欧元区斯托克指数，日本为日经 225 种指数，英国为《金融时报》100 种指数，中国为上证综指。上证综指样本从 1990 年 12 月起。股指波动率为指数的月环比增速。

　　注释：* 每 3 个一纵列的数值中，上方数值代表所在行对应经济体与所在列经济体之间股指波动率的相关系数，中间数值代表该相关系数的 t 检验统计量，下方数值代表对应 t 检验统计量的 p 值。

表 5.1.8　　　　　　　　　 五大经济体代表性股指波动率
相关系数矩阵 （2000m1—2012m9） *

	中国	欧元区	日本	英国	美国
中国	1.000				
	——				
	——				
欧元区	0.295	1.000			
	3.803	——			
	0.000	——			
日本	0.292	0.632	1.000		
	3.768	10.045	——		
	0.000	0.000	——		
英国	0.224	0.886	0.604	1.000	
	2.839	23.565	9.351	——	
	0.005	0.000	0.000	——	
美国	0.290	0.861	0.634	0.873	1.000
	3.734	20.894	10.094	22.093	——
	0.000	0.000	0.000	0.000	——

数据来源和说明：同表 5.1.7。

注释：* 每 3 个一纵列的数值中，上方数值代表所在行对应经济体与所在列经济体之间股指波动率的相关系数，中间数值代表该相关系数的 t 检验统计量，下方数值代表对应 t 检验统计量的 p 值。

就五大经济体而言，计算美股下跌时两两之间股指波动的相关系数结果，的确显著高于美股上涨时两两相关系数。美股下跌时，美国与其他经济体股指波动平均相关系数为 0.58，而美股上涨时为 0.45。对欧元区，美股下跌时平均相关系数是 0.60，而美股下跌时是 0.44。对英国两种情况下分别是 0.57 和 0.44。对日本两种情况下分别是 0.48 和 0.22。对中国则是 0.28 和 0.05。这一结果意味着，由于溢出效应的不对称性，即便在正常状态下各经济体之间出现一定的"脱钩（decoupling）"现象，各经济体仍需提防负面冲击时的大幅共振现象。

表 5.1.9　　　　五大经济体代表性股指波动率相关系数矩阵

	中国	欧元区	日本	英国	美国
中国	1.000				
	——				
	——				
欧元区	0.323	1.000			
	2.751	——			
	0.008	——			
日本	0.357	0.524	1.000		
	3.085	4.960	——		
	0.003	0.000	——		
英国	0.187	0.806	0.507	1.000	
	1.532	10.975	4.738	——	
	0.130	0.000	0.000	——	
美国	0.235	0.765	0.544	0.774	1.000
	1.949	9.574	5.225	9.849	——
	0.056	0.000	0.000	0.000	——

数据来源和说明：同表 5.1.7。

注释：样本时间 2000 年 1 月—2012 年 9 月；取样条件：美股下跌时（样本数 67 个）。每 3 个一纵列的数值中，上方数值代表所在行对应经济体与所在列经济体之间股指波动率的相关系数，中间数值代表该相关系数的 t 检验统计量，下方数值代表对应 t 检验统计量的 p 值。

表 5. 1. 10　　　　五大经济体代表性股指波动率相关系数矩阵

	中国	欧元区	日本	英国	美国
中国	1.000				
	——				
	——				
欧元区	0.022	1.000			
	0.207	——			
	0.836	——			
日本	0.024	0.329	1.000		
	0.218	3.209	——		
	0.828	0.002	——		
英国	−0.004	0.766	0.261	1.000	
	−0.037	10.998	2.497	——	
	0.971	0.000	0.015	——	
美国	0.140	0.645	0.278	0.727	1.000
	1.308	7.789	2.665	9.758	——
	0.194	0.000	0.009	0.000	——

数据来源与说明：同表 5.1.7。

注释：样本时间 2000 年 1 月—2012 年 9 月；取样条件：美股下跌时（样本数 87 个）。每 3 个一纵列的数值中，上方数值代表所在行对应经济体与所在列经济体之间股指波动率的相关系数，中间数值代表该相关系数的 t 检验统计量，下方数值代表对应 t 检验统计量的 p 值。

第二节   从主权债务危机看公共债务管理

一   主权债务危机中发达国家公共债务的发展

2008 年全球金融危机爆发以来，发达经济体公债债务可持续问题成为大家关注的焦点。发达经济体的政府债务水平（公共债务占 GDP 比例）在 20 世纪 70 年代和 90 年代之间开始逐步上升。2000 年至 2007 年，由于全球经济增长强劲，且一些国家采取了相应的财政整顿措施，金融危机前发达国家债务水平趋于平缓。如图 5.2.1 中，大多数发达国家公共债务占 GDP 比重均低于 70%，其中，法国、英国、西班牙、冰岛、爱尔兰的公共债务占 GDP 比率低于 60%，优于同一时期的德国公债水平；但是，日本、希腊、意大利等少数缺乏财政纪律的国家，公共债务比重在金融危机爆发前就已经突破 90%（图 5.2.1）。

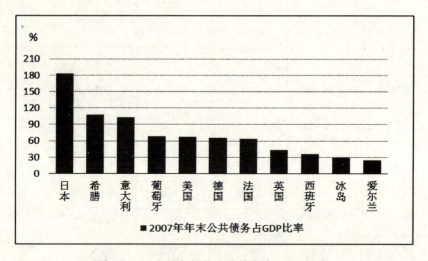

图 5.2.1   金融危机前公共债务占 GDP 比率

资料来源：国际货币基金组织世界经济展望（IMF WEO）数据库。

全球金融危机爆发后，发达国家的公共债务水平迅速上升。根据 IMF 的统计，至 2014 年年末，包括德国在内的发达国家公共债务占 GDP 比重都高于 60%。其中，日本达 240%，希腊为 180%，意大利、葡萄牙和爱尔兰分别达到 100% 以上。主要国家都面临主权债务危机或财政整固的压力（图 5.2.2）。

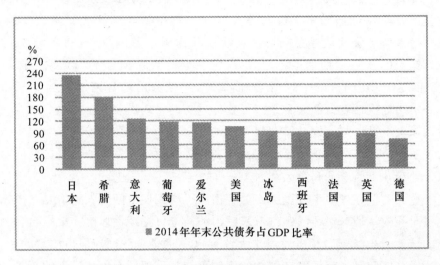

图 5.2.2　金融危机后公共债务占 GDP 比率

资料来源：国际货币基金组织世界经济展望（IMF WEO）数据库。

　　对于上述现象，已有的研究表明，发达国家公共债务快速攀升背后的主导因素有两个。

　　第一，危机前信贷和资产价格繁荣掩盖了一些发达经济体的实际财政状况。欧元区的部分缺乏国际竞争力的国家，例如爱尔兰和西班牙，由于税收收入的增长而产生虚假的安全感。实际上，这部分税收收入完全来源不可持续的金融繁荣。相比正常的周期性经济扩张而言，金融和房地产部分短暂的税收收入上涨能一次性改善政府的财政状况，导致政策制定者低估了其财政缺口。这反过来又造成财政政策更加宽松。因此，依赖金融泡沫的财政状况显然不可持续。

　　第二，金融危机导致财政收入崩溃性下降，财政支出激增。公共债务与金融危机之间的联系在过去 20 年的时间里一直非常紧密。一方面，危机前政府已经出现系统性超支，没有有效征税的政治意愿或能力，财政状况堪忧。另一方面，由于危机后衰退的严重性和长期性，应对衰退的过程中，政府支出激增，政府税收收入急剧下降，政府公共债务出现大规模增加。值得指出的是，银行救助成本在某些情况下只是金融危机后债务负担上升相对较小的一个原因。

尽管公共债务规模持续上升，市场借款条件仍对债务发行方十分有利。所有新发行债务中，长期借贷的比例仍维持在53%—55%，并且，在所有未偿还公共债务总额中，长期债务比例仍高达80%—85%。几乎所有国家的债务到期期限都增加了1—4年，现在债务平均到期期限为7.5年（OECD国家的平均值），而2007年债务平均到期期限为5—5.5年。本币计值借款份额大致维持不变，这有助于政府避免公共债务组合中货币风险上升。与关键政策利率下降趋势一致，大部分国家的借贷成本也出现了下降。唯一的例外是公共预算和债务问题不断发酵的一些国家：希腊、葡萄牙、西班牙和意大利。

然而，债务规模十分重要。尽管债务平均到期时间更长，但是，未来一段时间内，债务偿还问题将带来巨大的债务可持续性风险。根据经合组织的估计，2015年，债务总额中大约有40%的债务到期。值得注意的是，发达经济体和新兴市场经济体这一比例可能几乎相同，因为后者的债务平均到期时间更短。

根据OECD债务管理办公室（DMO）的观点，除了陷入深度经济衰退的国家，在大多数情况下，各国未来发行需求预测可以明确界定。发行需求主要由中期债务偿还额度和预期财政赤字/盈余变化趋势决定。如果政府承诺实行预算巩固、降低中期财政赤字，那么，借贷成本和投资者情绪将更有利。市场剧烈波动和投资者负面情绪表明，政府无力采取措施控制公共财政。值得注意的是，与以前时期相比，现在的发达经济体债务市场比新兴市场更脆弱、潜在波动性更大。

对许多发达经济体债务脆弱性的判断与投资者"安全投资转移"（flight to quality）密切联系。新兴市场经济体的投资者为了避免汇率风险，更愿意投资本币债券。而且，投资者也更偏好那些公共债务水平低、公共财政更加平衡稳定的债务发行国。现存的需求特征刺激各国政府发行新债时以本币为主。通常来说，可以发现，所有国家债务市场都存在国内偏好（home bias），非居民持有的主权债务比例较低。全球投资者和发达经济体的投资者对于欧洲和欧元区国家风险的评估非常审慎。出于这一原因，欧洲主权债务形势不断升级时，投资者更倾向于投资美国或日本主权债务债券，尽管事实上这些国家的公共债务负担更高。

发达经济体持续的经济衰退或低增长以及有限的财政刺激空间，使货

币当局将非常规货币政策作为最后手段。美国、英国和日本货币当局在
"量化宽松"计划中购买了大量的公共债券，且主要是长期债券。然而，
这类政策措施会压低利率，造成收益率曲线扭曲，因为长期收益率出于低
位是人为造成的。与此同时，储备货币发行国的短期债券主要由私人投资
者以及新兴经济体和大宗商品出口国的中央银行作为外汇储备资产配置选
择所持有。

二 发达国家公共债务管理的不足与面临的挑战

通常情况下，主权债务借款者管理他们的直接债务和一些按合同规定
的或有负债，例如担保。很多政府债务办公室还监督其他类型的公共债
务。各个国家的情况不同，但一般包括次级债务实体、公共企业和公共银
行的债务。一些债务办公室还会监督大型私人公司或银行的债务。国家主
权干预次级主权实体和半国营企业的债务，当非主权债务人陷入困境时，
将有助于债权人向国家行使追索权。很多国家都在它们的预算法则中声
明，一个主权政府不会对其他公共部门的债务负法律责任。

1989 年至 2008 年，一个明显的趋势特征是：国家对经济的直接干预
不断减少。很多项目（资产和负债）都被剥离出政府资产负债表。政府
对表外负债的理解和管理并未改善。为政府债务管理者提供关键基础的公
共财政管理体系在过去 25 年中也在逐渐演变发展。很多国家已经引进了
权责发生制报告和会计程序；一些权责发生制预算编制程序。越来越多的
国家采纳了以结果为导向的预算和中期预算实践。所以，预算体系的透明
度和效率已经得到改善，预算过程也越来越向纳税人负责。欧洲的马斯特
里赫特标准，以及其他国家采纳的类似准则，已经帮助这些国家将预算赤
字保持在可控的范围。尽管如此，更紧的中央财政预算已经导致政府逐渐
运用表外（准财政）工具（例如，公共企业，公共银行、关税、担保和
保险法案，PPPs）来促进经济增长，满足社会弱势群体的需要。结果，
准公共机构的债务大幅增加。

表外负债不仅不受控制，有时甚至被政府债务管理者无视。当危机让
这些不透明的负债无法管理控制，政府不得不减少准债务工具时，主权债
务的可持续性就将受到严重损害。隐形或有债务的风险特别高，这些债务
并未被法律行为或是直接的政府合同覆盖。当政府面临系统性或是政治上
不能忽视的情况时，例如，自然灾害（超出巨灾保险计划覆盖的范围），

当地方政府，或是系统重要性企业和银行破产时，这些问题就会出现。准财政风险的内容特别难以衡量和预测，但是它对政府资产负债表的影响却是最严重的。很少有国家对它们的准财政活动有一个全面的了解，并去评估它们对主权资产负债表的风险。甚至是那些将狭义预算赤字控制住的政府，也允许它们的广义赤字（包括公共部门的准财政活动）超出稳健的范围。近些年，这就是中央政府债务迅速积累的一个关键因素。

很多政府并没有一个单一的目标去监测所有类型的财政风险。主权债务管理者只会处理极少部分的或有债务，例如，政府担保。一些国家债务办公室的确会审查准财政风险的大小，但并没有能力控制风险。其他政府机构可能对特定范围的准财政操作有较好的了解，但罕有机构能对这些准财政风险有全面的了解。不透明的准财政活动遍布发展中国家，但是这些活动极少被监管和规范，而且很少有发展中国家会对其广义财政赤字进行长期监测和管理。很多发展中国家会运用以下表外业务工具：公有企业，特别是自然垄断企业，政府经常将这些企业的税收政策当作针对穷人的第二社会安全网；公共银行，它们的任务是刺激经济发展和创造就业，但是这可能会扭曲以市场为基础的资源配置；行业政策，担保和保险计划；对与社会相关的商品和服务进行定价管理，支持弱势群体的生活标准。

危机前，发达国家债券市场长期收益率下降，公共债务总量急剧膨胀。公共部门债务发行需要私人部门的支持和参与。然而，在全球金融一体化的趋势下，投资者主体行为出现变化，对主权债风险敏感程度增加，国债收益率曲线扁平化，国外投资者对安全资产的需求上升，国内银行对主权债的需求上升。这一点可以从发达国家的收益率曲线中得到证实。例如，1996 年至 2007 年，英国的 30 年期债券收益率一直低于 10 年期的债券，2005 年至 2006 年，美国 30 年期国债收益率低于 1 年期国债，这反映了机构投资者为了匹配负债而对更长期限资产的持续需求，这种需求导致发达国家政府可以用最低成本筹集资金。然而，收益率曲线的扭曲没有引起债务管理者的足够注意：如果政府一直期望利用更低的借款成本，那么，该国承受外部金融冲击的能力会越来越弱，政府发行债务的信用也将会受到严重影响。正是基于这一原因，此前美国、法国相继被下调 3A 主权信用评级；同理，欧元区的重债国正是由于没有留意国债市场上收益率的扭曲而导致过度负债。

危机期间，公共债务管理与货币政策的冲突会越来越剧烈。在危机期间，过高的公债水平会导致货币政策模式的转变，财政支配模式（fiscal-dominance）一定程度上取代了通胀目标制，货币政策目标发生变化。美欧两国相继执行量化宽松政策的目的之一正是降低国债收益率成本，保证公共债务规模在短期内可持续。这导致货币政策的传导渠道滞碍，扭曲了长短期债券的收益率曲线，增加了公共债务结构管理的难度。在债务规模达到合理水平之前，央行的独立性和公共债务的可持续性的冲突，将是发达国家政府在管理公债规模和结构过程中面临的重要挑战。

危机期间，债务管理者如何处理公共债务整顿与低迷的经济增长之间的关系。当前公共债务整顿的速度是公共债务管理的关键所在，这关系到公共债务规模管理的效率，如何在低增长的环境下保证公共债务可持续是发达国家在中期内面临的主要挑战。

一方面，过高的公共债务水平会降低经济增长速度。政府债务影响经济增长的主要渠道就是长期利率，政府财政赤字增长将会导致长期利率上升，这会对私人投资形成挤出效应，从而损害长期潜在经济增长率。除了利率渠道外，债务还可能对税收体系、通货膨胀以及未来预期产生影响，从而影响一国经济增长。另一方面，由于危机期间财政乘数大于 1，财政整固可能在短期内反而损害经济增长，甚至导致经济陷入衰退和赤字的恶性循环。

因此，公共债务管理者需要重新权衡财政整固政策的速度。从长期来看，公共债务过高的风险在于导致偿付性风险；从短期来看，公共债务比率过高的风险在于引发流动性风险，失去信心的投资者会抛售该国国债，触发主权债务危机。因此，此时政府债务管理部门需要其他政策的支持，例如同时实施宽松的货币政策和紧缩的财政政策，保证财政整固政策渐进实施的同时，不至于由于公债规模过高而引发投资者抛售国债。

第三节　公共债务的可持续性和管理经验

公共债务管理（Public Debt Management，PDM）又被称为主权债务管理（Sovereign Debt Management，SDM）、政府债务管理（Government Debt Management，GDM）。美国金融危机之后，公共债务尤其发达经济体的公共债务问题受到各方重视，这主要是因为：第一，金融危机爆发后，各国加大了财政政策的刺激力度，政府债务激增，政府债务的可持续受到日益关注；第二，发达经济体央行通过量化宽松政策购买了大量政府债券，公共债务管理问题从原来的财政领域已经扩展至货币和金融稳定领域；第三，欧债危机的爆发更凸显了公共债务管理的重要性。2013 年，主权债务管理成为 G20 峰会的主要议题之一，并可能成为全球经济治理领域中持续受到关注的重大问题之一。发达经济体如何应对主权债务压力，关系到后危机时代的全球经济走势和格局。如何改革主权债务管理模式，会影响相关国际经济规则的演变，并将对新兴市场，尤其是像金砖国家这样的新兴大国带来较大的影响。

　　当前围绕主权债务管理的热点问题包括：（1）公共债务的可持续性；（2）全球金融危机以来发达国家处理公共债务的措施及效果评估；（3）公共债务管理框架的改革。以下将简要回顾公共债务管理的历史，围绕上述三个主要问题，梳理有关文献，综述各方观点，介绍全球金融危机在全球层面对公共债务管理所产生的影响。

一　公共债务管理的历史

　　一国为了应对支出压力，无非要从国有资产、税收和发债三个角度筹资，这亦反映出现代财政体制的发展脉络。首先，国有资产长期以来都是政府的一个收入来源，如王室拥有的领地及矿山，或是采取对盐、铁、烟、酒等特殊产品的国家垄断经营。但靠出售国有资产并不能带来持续、稳定增长的收入，而国有企业经营中又经常出现低效甚至亏损。其次，政府可以靠征税获得收入。较早的税收是易于监控的对贸易征收的关税和厘金。之后，政府又陆续引入了对消费征收的税种、对生产征收的税种和对收入征收的税种，此外还有对法律操作或其他程序征收的"印花税"、车船管理税，等等。经济学家熊彼特指出，现在国家的起源就是"税收国家"：为了征税，出现了第一批官僚；为了提高征税的效率，逐步强化了国家对经济的管理。代议制的出现，也与围绕征税权的政治博弈有关。最后，出现相对较晚的是公债。尽管政府向私人部门贷款的历史并不短，如在阿拉伯帝国的阿巴斯王朝，巴格达的中央金库就会根据预期的税收收入做短期借贷，中世纪欧洲君主也经常向富有的银行家族借钱，但真正意义上的公共债务制度在 16 世纪以后才逐渐成形。公债制度的出现，依赖于金融市场的发展，以及相关法律、政治制度的出现。

　　即使是在公债制度逐渐流行之后，各国的公共债务规模仍然较低。大部分情况下，发行国债是为了战争筹款。战争期间，政府支出会突然增加，而受到战事冲击，税收收入会减少。为了应对临时性的战争支出，政府才会发行国债，而一旦等到战争结束，国债的规模又会大大减少，恢复正常。在十八九世纪，偶尔也会出现债务违约的现象，20世纪20—30年代世界经济大萧条期间，拉丁美洲国家曾经出现较为严重的国家债务违约，但人们大多认为这只是在特殊情况下才会出现的异常现象。

"二战"之后，公共债务问题才逐渐受到人们的重视。这主要是因为：第一，各国政府规模不断扩大，比如在美国，受朝鲜战争、越南战争及约翰逊总统"伟大社会"政策、肯尼迪总统"新边疆"运动的影响，政府的规模和职能日益扩大，发债也逐渐成为常规。第二，20世纪70年代至80年代，世界主要经济体进入"滞胀"时期，凯恩斯主义并没有有效刺激经济复苏，反而造成各国政府债务累积到不可持续的水平。80年代初期拉美国家爆发债务危机，为各国加强公共债务管理敲响警钟。第三，20世纪70年代至80年代，布雷顿森林体系的崩溃以及随后爆发的两次石油危机造成汇率和利率波动加剧，造成政府收入的不确定性随之提高，增加了财政管理的复杂程度。第四，20世纪70年代金融自由化和全球化的发展，导致国内债券市场快速发展、大批金融衍生品出现、全球金融市场不断融合，公共部门借款者可以接触更多的融资工具，扩大了融资来源。公共债务管理与金融市场的融合程度日益加深。在这一时期，一些经合组织国家（如爱尔兰、新西兰、瑞典等）开始了公共债务管理的探索，为其他国家带来示范效应。

20世纪90年代，亚洲金融危机进一步强化了公共债务管理的必要性。亚洲金融危机对公共债务管理的推动主要表现在两个方面：第一，爆发危机的国家普遍存在较为严重的货币错配和期限错配风险，因此在冲击来临时，债务压力急剧扩大，各国逐渐意识到债务结构管理的重要性。第二，为挽救金融体系，重振金融信心，政府向国有甚至私有金融部门注入资金，公共债务在金融危机之后激增。危机之后，加强对政府债务的管理逐渐形成共识，财政整顿成为一些国家政策改革的重要部分。

2008年美国金融危机以及随后爆发的欧洲主权债务危机更是凸显了公共债务管理的必要。首先，公共债务规模不可持续乃至爆发危机的情形在历史上出现多次，但近年来发达经济体集中出现债务问题并引发全球经济动荡实属罕见。历史上发达经济体曾经出现的财政困难大多是由于两次世界大战或者内战等特殊原因，而此次却出现在全球化时代的相对和平时期。其次，此前，公共债务管理在发展中国家显得更为急迫，美国金融危机爆发之后，主要发达经济体公共债务问题日益突出。美国政府债务规模频频临近债务上限，引发对其国债市场违约的巨大担忧；日本政府债务规模已经突破 GDP 的 200%，成为世界上债务占比最高的国家；欧洲直接爆发债务危机，目前仍在危机的泥沼中苦苦挣扎。欧元区债务危机甚至使得重债国无法从资本市场获得足够融资，从而在三十多年后重启了国际货币基金组织对于发达经济体的大规模贷款援助。发达经济体爆发主权债务危机，一方面动摇了人们对公共债务管理的一些传统观念，另一方面也引起人们的担心，由于发达经济体对全球经济的影响巨大，其如何处理公共债务问题，对于全球经济的未来走向都有深远影响。

　　发达经济体的公共债务问题已经演变成一个长期问题。从总体上看，发达经济体总体政府债务相对 GDP 比重已经从 20 世纪 90 年代约 60% 的水平大幅增至 2012 年的 104%。与此形成鲜明对比的是，80 年代拉美债务危机和 90 年代末亚洲金融危机后，新兴市场和发展中国家总体政府债务相对 GDP 规模总体呈下降态势，从 21 世纪初的约 50% 收缩至 2012 年的 35% ①。居高不下的公共债务迫使发达国家在政策上做出回应。国别层面，发达经济体纷纷采取财政整顿措施以削减赤字，欧元区更是制定新的财政契约，希望从制度上加强财政纪律约束。国际层面，2010 年 G20 多伦多峰会提出了发达经济体于 2013 年实现赤字减半、2016 年债务率稳定的目标。在此基础上洛斯卡沃斯峰会进一步提出，针对债务率远高于危机前均值的状况，各国应明确 2016 年之后"可信而有雄心（credible and ambitious）"的国别债务率目标，及配套的实施策略及时间表。2013 年 9 月 G20 圣彼得堡峰会上，政府财政与公共债务的可持续性仍将是一个重要议题。

二　公共债务的可持续性

　　发达国家爆发的公共债务危机对传统的宏观经济学提出了严峻的挑战。宏观经济学关于债务问题的主流理论是"李嘉图等价"。根据"李嘉

---

　　①　无论按照总体政府债务口径，还是净债务或私人部门持有的公共债务口径，全球两大经济类型债务负担基本上体现类似的分化趋势。

图等价",政府通过发债融资的做法会被居民识破,并相应地调整其储蓄行为,从长期来看,发债不会对经济有实质性的影响。换言之,政府希望通过发债来影响经济增长的做法是注定失败的。这是一种典型的新自由主义经济学观点。

发达国家公共债务问题的恶化引起人们对主流经济学观点的反思。人们发现,传统的宏观经济学理论对公共债务问题关注甚少,这也能从一个侧面反映出,发达经济体在历史上很少遭遇严重的公共债务危机。公共债务对经济增长究竟有正面影响还是负面影响?哪些因素影响到公共债务的长期可持续性?能否找到衡量适宜债务水平的标准?如何看待发达经济体当前的债务规模问题?这些都是公共债务管理需要了解的最基本问题,但经济学家们仍然争执不下,没有找到令人信服的解释。

本节将简要介绍传统的财政稳定理论,并分析其内在的缺陷。然后讨论公共债务对经济增长的正面影响和负面影响。最后,结合经验研究的最新发展讨论如何界定公共债务的适宜规模,以及有关的学术争议。

（一）传统的财政稳定理论

国际金融机构及各国政府关于公共债务可持续性的研究框架主要包括如下几个。一是 IMF 制定的对开放市场国家的债务可持续性进行评估的公共债务可持续性分析（DSA）框架;二是由 OECD 制定的旨在分析财政平衡及比较各种债务可持续性场景的财政整固框架;三是各种国际财政监督机制,特别是国际货币基金组织的第四条款磋商报告,以及在 G20 等多边平台对财政状况所做的评估、预测;四是各国弥补预算赤字的财政惯例和框架。上述各种研究基本上都是从财政稳定的角度研究公共债务的可持续性问题（Romer,1996）。

根据政府的预算平衡方程,政府当期财政支出与上期债务在当期的利息支出等于当期的财政收入及新增债务。根据这一预算平衡方程,财政稳定理论认为,影响一国公共债务可持续性的主要因素:一是财政盈余,代表一国财政的流量收支变化。二是实际利率,代表一国国债余额的成本。三是经济增长率,代表一国未来的偿债能力。IMF 和 OECD 在计算公共债务可持续性的时候,均采用这一分析框架,通过对财政盈余、实际利率和经济增长率进行长期预测,试图找到公共债务可持续所需满足的条件。

但是,这一分析框架存在一些严重的缺陷。第一,上述框架未考虑到财政政策、经济增长和实际利率之间的内在联系。经济增长率的起落会对财政收入带来影响，财政政策可能影响到当期或长期的经济增长率，经济增长率和利率之间也存在相互影响，由于存在这种复杂的相互联系，使得相关研究很容易出现较大的偏差。第二，对合理的债务水平的界定较为武断。现有的研究往往将可持续的债务水平分为最高可持续债务水平（maximum sustainable debt level）和长期运行的债务水平（long-run debt level）。前者是指一国公共债务如超出这一水平，可能会爆发债务危机，一般认为，发达国家公共债务的最高可持续债务占 GDP 比率为 80%—192%，新兴市场国家为 35%—77%。后者是根据一国长期增长率、利率水平估计出来的可持续的债务水平。经验分析表明，从长期来看，发达国家的长期可运行债务水平为 50%—75%，新兴市场国家为 25%。但现实例子是，一些国家的债务水平并不高（如爱尔兰和西班牙），却爆发了严重的债务危机。第三，未能从整体经济的资产负债表角度研究债务规模。从东亚金融危机和本轮全球金融危机均可看出，当一国国内金融机构负债较高，或国际金融市场出现系统性的危机时，即使政府的债务水平不高，政府为了救助金融机构、刺激经济增长，也会遭遇债务水平突然增加，达到不可持续的地步。在分析公共债务可持续问题时，应研究整个经济体系的资产负债表，关注公共部门和私人部门之间的联系，从而识别出公共部门的或有负债，并将或有负债并入公共部门的表内。

（二）公共债务与经济增长

按照经典的"李嘉图等价"命题，给定政府支出路径，无论支出是靠定额税（lump-sum tax）还是靠发债来融资，对消费者行为均无影响，对总储蓄和投资也没有影响，即所谓"债务中性（debt neutrality）"（Barro，1989）。这是因为，假设居民有足够的前瞻性，他们将预料到，当期减税（靠发债融资）意味着未来更高的税收，当前只是推迟了税收而已。这一条件下，居民会将所有减税带来的收入储存起来，应对未来的税收负担。政府储蓄的下降为居民储蓄的上升所抵消，国民储蓄和总体投资都将保持不变，国民收入等宏观变量不会受到影响。

有关的经验研究并不支持"李嘉图等价"，因此很多经济学家对"李嘉图等价"持怀疑态度（Romer，2006）。造成"李嘉图等价"不成立的原因包括资本市场不完善、税负的永久性推延、税收的扭曲效应、收入不确定性等（Elmendorf 和 Mankiw，1999）。但"李嘉图等价"仍然是研究债务与经济增长关系的主流理论。根据"李嘉图等价"，有不少学者认为，公共债务会从多重渠道对经济增长带来不利的影响。

第一，政府举债会导致利率提高，并导致对私人投资的"挤出"。这将导致长期资本存量相对下降，成为"代际负担（intergenerational burden）"（Modigliani，1961）。第二，公共债务规模扩张可能导致长期通胀预期上升。如果政府债务上升的同时，没有伴随未来税收上升或支出减少，那么这一政策的结果是导致总需求上升。在总供给不变的条件下，产品市场均衡与政府预算约束会要求物价上升以将真实债务降低至初始水平（Woodford，1995）。第三，当公共债务规模扩张后，财政政策和货币政策的不确定性上升，这也会对投资决策产生负面影响。缺乏关于公共债务的清晰规则，会降低货币政策稳定宏观经济的能力，使得投资者更加无所适从（Eusepi 和 Preston，2010）。第四，债务水平增加可能导致财政纪律涣散。如果政府支出不需立刻匹配更高的税收，可能导致政府和公众在扩大支出的时候都会掉以轻心（Feldstein，1995）。第五，在国际金融市场上，如果一国公共债务水平过高，即使没有外币债务固有的货币错配可能对产出、资本流动、汇率管理及国家信用评级等方面带来负面影响的问题，也可能由于外国投资者对于该国资产的信心下降，导致资本外流并造成汇率贬值及其他较为严重的宏观经济困难。

但是，主流观点往往高估了公共债务的负面影响，忽视了公共债务对经济增长的积极作用。首先，公共债务对私人投资的挤出效应可能并不高。传统理论假设，政府预算平衡的约束条件意味着当前的减税就是未来的增税，但如果当前减税，未来减少政府支出，则挤出效应在长期内可以被抵消。其次，在总需求不足的情况下，运用公共债务工具可以弥补总需求的不足，提高整体社会福利，这正是凯恩斯提出的应对经济萧条的主要对策。再次，公共投资支出与私人投资支出之间并非完全替代，它们也存在一定的互补性。增加基础设施存量的公共支出能提高私人投资支出的边际回报，从而促进长期经济增长（Aschauer，2000）。由于这类公共支出的社会效果持续时间较长，完全由当期税收来支持并不具有经济合理性，其成本可通过公共债务的形式分散到未来各个时期。最后，政府债务增加能改善经济中面临流动性约束的经济主体的福利。对于这些经济主体，政府债务增加等同于它们以政府对其未来收入更大的索取权换得了一种高度流动性的资产。私人部门财富中流动性资产比重上升，会提高私人部门响应经济冲击的效率（Woodford，1990）。

综上所述，公共债务对经济增长很可能同时存在负面及正面影响，哪一方占主导取决于具体情景。在经验研究中，目前尚没有完全一致的证据支持公共债务规模与经济增长无关或者有关。有关研究发现，公共债务规模与人均 GDP 增长之间的关系在发展中国家和发达国家中表现不同。Schclarek（2004）利用 1970—2002 年 59 个发展中国家的数据，分析了外债对人均 GDP 增长的影响，发现存在显著的负向关系，但同一时期内 24 个工业国家政府债务和人均 GDP 增速之间却不存在统计上显著的关系。Kumar 和 Woo（2010）应用 1970—2007年 38 个发达国家和所有人口超过五百万的新兴经济体的数据，发现发达经济体中债务对增长的负向作用要比在新兴经济体中小。这些分析结果暗示，公共债务合理规模如果存在的话，也可能是在发展中国家表现得更为明显。这又可能与发展中国家外币债务比重相对较高的一般特征存在关联。

三 发达经济体应对公共债务问题的措施及效果评估

（一）对当前发达经济体公共债务规模的总体判断

从图 5.2.1 可以看出，"一战"之前发达经济体主要信奉小政府和预算平衡观念，公债规模并不大。受到两次世界大战和 20 世纪 30 年代大萧条的影响，发达经济体的公共债务在 20 世纪之后开始急剧扩大。"二战"之后发达经济体的公共债务规模出现了较大幅度的下降，但从 20世纪 70 年代中期之后又逐步扩大。当前发达经济体公共债务规模已经上升至"二战"后最高水平。

但是，从利息负担的角度来看，发达经济体的利息负担虽有明显增加，但仍未超过历史最高水平。图 5.3.1 显示，近几年伴随公共债务规模的急剧扩张，美日英德法等主要发达国家利息支出占国内产值比重也有所上涨，但仍处于可控水平。根据国际货币基金组织的预测，未来五年间除德国利息负担会持续下降以外，其余四国利息负担将面临不同程度上升态势。其中日本利息负担占国内产出的比重将从 2012 年的0.9% 上升至 2.2%。美、英、法三国利息负担占比将上升至 2.5% 到2.8%（图 5.3.2）。

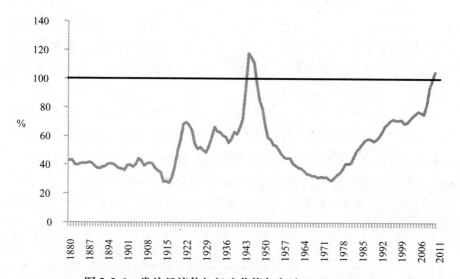

图 5.3.1 发达经济体加权公共债务水平（1880—2011）

数据来源和说明：数据来自 2012 年 10 月的国际货币基金组织《世界经济展望》。发达经济体包括美国、日本及部分欧洲国家，按照 2011 年美元 GDP 相对比重加权。

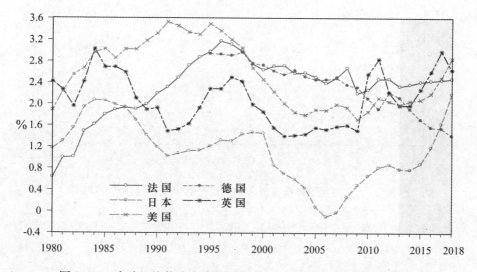

图 5.3.2 发达经济体政府债务利息支出占 GDP 比重（1980—2018）

数据来源和说明：数据来自国际货币基金组织 2013 年 4 月版《世界经济展望》数据库，经笔者计算。图中阴影部分为预测值。

　　主要发达经济体公共债务利息负担仍然可控，主要是由于当前利率水平处于历史低位。从 20 世纪 90 年代开始，主要发达经济体就已经进入超低利率的时代，全球金融危机之后，各国利率更是到了接近零利率的水平。图 5.3.3 显示了通过利息支出与上期国债规模推算的公共债务偿付利率水平。当前美、英、德、法实际偿付的利率水平仅处于 2%—3%，属历史最低。英美两国采取大规模量化宽松货币政策，央行直接购买长期国债，使得长期国债利率受到更多下行压力，当前公共债务偿付利率比欧元区国家更低。不过随着未来量宽政策退出的影响，英美两国公共债务偿付利率上升幅度较欧元区国家也会更高。虽然日本公共债务偿付利率预期将从 2012 年的 0.4% 明显上升至 2018 年的 0.9%，在发达经济体中它仍处于最低水平。

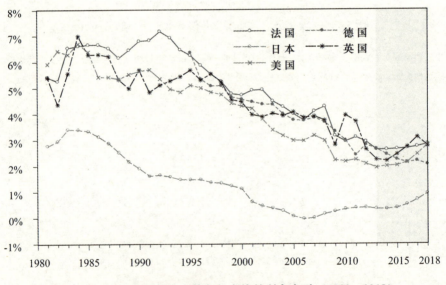

图 5.3.3　发达经济体政府债务年度偿付利率水平（1980—2018）

　　数据来源和说明：数据来自国际货币基金组织 2013 年 4 月版《世界经济展望》数据库，经笔者计算。图中阴影部分为预测值。年度偿付利率＝利息支出/上年债务总额。

　　从长期来看，公共债务的可持续性取决于利率和增长率的赛跑。简言之，如果从长期来看，名义 GDP 增速高于名义利率，债务规模就会逐渐减少。这一机制是自动起作用的，而且随着债务规模的提升，这一作用的效果越大。这意味着，当前发达经济体债务规模已经如此之高，未来能够有效减少债务压力的主要途径就在于长期增长前景。我们可将名义 GDP 增速与名义偿付利率之差称为"增长—利率缺口"。

图 5.3.4 描述了五个发达经济体"增长—利率缺口"的历年变化及未来五年的预期走势。数据显示，20 世纪 80 年代名义 GDP 增速总体大于名义利率，而这一时期公共债务的规模也逐渐下降。90 年代"增长—利率缺口"普遍缩小，法德日三国更是受到其负面影响。危机前几年，经济增长较为强劲，"增长—利率缺口"总体上升，对于债务规模有遏制作用。危机期间，经济出现负增长，"增长—率缺口"出现了前所未有的负值。简单推算，2008—2009 年由于经济增速下滑导致的债务规模上升幅度，法国为 5.0%，德国为 6.1%，日本为 16.4%，英国为 3.6%，美国为 4.1%。随着经济的逐步恢复，预计 2013—2018 年经济增长超过利率将对发达经济体债务规模产生的缩减作用分别为：法国 1.9%，德国 1.6%，日本 26.3%，英国 8.3%，美国 18.5%。

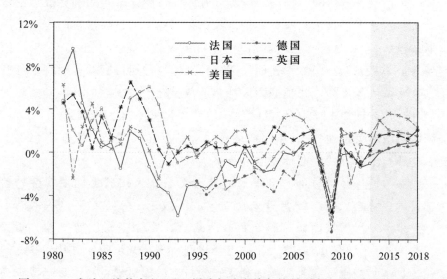

图 5.3.4 发达经济体名义 GDP 增速与政府债务偿付利率之差（1980—2018）

数据来源和说明：数据来自国际货币基金组织 2013 年 4 月版《世界经济展望》数据库，经笔者计算。图中阴影部分为预测值。

从这一测算可看到，法、德这两个欧元区国家虽然公共债务规模不是最大的，但其债务缩减反而面临更大挑战。由于"增长—利率缺口"较小，其债务缩减基本上只能依靠基本财政盈余，这无疑意味着更高的政治成本、经济困难与社会压力。美国、英国和日本由于"增长—利率缺口"较大，虽然债务率更高，但在短期反而存在更多财政上的可腾挪空间。

为降低公共债务比重，控制财政赤字扩张趋势，2010 年 G20 多伦多峰会制定了关于发达国家财政整顿的目标。所有的发达经济体均承诺，到 2013 年将一般财政赤字缩减到 2010 年一半的水平，并到 2016 年稳定或降低政府债务占 GDP 比率，其中，美国的官方承诺是将联邦政府赤字削减一半。日本是多伦多承诺的特例，但制订了一项中期计划，其中包括：(1) 到 2015 财年将基本财政赤字由 2010 财年水平削减一半（占 GDP 的比率）；(2) 到 2020 财年实现基本财政盈余；(3) 从 2021 财年起，逐步降低债务占 GDP 的比率。

截至目前，大部分发达经济体已在降低赤字方面取得了积极进展。澳大利亚、加拿大、法国、德国、意大利和欧元区整体都将顺利完成多伦多峰会目标。日本尽管不用执行多伦多承诺的目标，但目前正在向自己的中期财政目标迈进。按计划日本政府会通过税收改革法案，在 2015 年将消费税率从 5% 提高至 10%。其他大部分经济体与预期目标的差距将十分微小，这些偏差并不会威胁长期内多伦多债务目标的实现。但美国和西班牙是例外，预计到 2016 年它们的一般政府债务仍将持续上升。从技术上说，美国联邦政府可以在 2016 年完成债务目标，但在那之后，债务将再次上升，这凸显出可靠的中期计划的必要性。

大多数发达经济体的财政调整结构较为合理。按照多伦多峰会的要求，大约三分之二的财政调整来自支出的削减，三分之一来自收入的增加。大多数发达国家财政调整结构较为合理，部分国家还需要进一步完善：法国和意大利的政府收入比率已经很高，两国必须减少对政府收入的依赖。日本和美国则需要削减福利支出。日本的消费税也尚有进一步提高的空间。

发达经济体已在结构性财政改革方面取得进展，但仍需要继续推进。发达国家的财政整顿承诺目标，包括巩固财政框架（欧元区、法国、意大利、日本、西班牙）、养老金改革（法国和英国）以及税收体系改革（法国和日本）。欧元区推出的财政契约是财政治理中取得的重要进展。

意大利正准备实施平衡预算规则，西班牙也正在对现有的平衡预算规则进行调整。法国和英国已经承诺改革养老金。法国在削减税收支出方面取得积极进展。然而，各国仍需进一步推动结构性改革，包括税收改革（澳大利亚、美国）；公共养老金改革和进一步的医疗保险改革（美国）；联邦转移支付制度改革、在各州层面上遵守财政规则（德国）；建立正式的机构/机制以整合各级政府的财政计划信息同时协调各方行动（加拿大）；推行更为广泛的改革，以应对老龄化和医保成本所带来的长期财政压力。

以下简要介绍美国、欧洲和日本各国在全球金融危机之后应对债务压力的具体政策及效果评估。

（二）美国应对公共债务问题的具体措施及效果

全球金融危机爆发后，美国公共债务占 GDP 比重在 2008—2012 年急剧上升了 30 个百分点，达到和平时期的最高水平。公共债务快速扩张，引发各界对于美国财政状况的担忧：首先，债务危机可能引发金融危机。一旦市场对美国债务的担忧影响到国债收益率出现振荡，将导致整个金融市场的紊乱。其次，债务危机可能引发货币危机。美国联邦政府债务的持有者中，外国债权人占有很大比重，根据截至 2013 年 6 月的数据，外国持有的美国国债达到 5.6 万亿美元，占美国公共债务 33.5%，其中外国政府持有量为 4 万亿美元。如果对美国债务问题的担忧导致外国投资者抛售美元资产，可能引发货币危机，对全球的金融市场及宏观经济造成巨大冲击。

1. 短期内围绕债务问题的争议

短期内，美国政界围绕着债务上限和自动减支，反复拉锯，讨价还价，但并未从根本上解决债务困境。

2011 年美国就已经遇到债务上限的危机。民主党和共和党在应否加税、削减开支、提高债务上限等问题上存在尖锐矛盾，在美国债务逼近上限后的三个多月内，两党始终未能就提高上限达成解决方案。最终的妥协方案是 2011 年的《预算控制法》。这一方案提出：一方面，在做出一定的让步之后，允许政府债务上限提高 2.1 万亿美元（特殊条件下可提高最高达 2.4 万亿美元）①；另一方面，要求政府必须在未来十年削减赤字

①　2011 年《预算控制法》中规定债务上限提高分为三步。首先是立即提高四千亿美元；其次是总统可以要求继续提高债务上限五千亿美元，除非国会三分之二多数反对；最后是总统还可要求提高债务上限 1.2 万—1.5 万亿美元，除非国会三分之二多数反对。其具体额度则还取决于超级委员会通过的减赤额度，或者是否通过平衡预算修正案。

2.4 万亿美元。作为妥协,《预算控制法》规定设立了一个由两党代表共同组成的 12 人"超级委员会",该委员会被授权在 2011 年年底前就未来十年减赤 1.2 万—1.5 万亿美元拟订方案。如果国会未能在 2011 年底通过这一方案,那么将在 2013 年 1 月 1 日触发自动减支程序。自动减支程序不仅覆盖斟酌处置支出,还覆盖强制性支出。

不出意料,到 2012 年年底,由于两党严重的分歧,超级委员会未能达成减赤方案,因此在 2013 年年初触发了自动减支程序。加之布什政府时期和金融危机后经济刺激计划实行的减税政策在 2012 年年底到期,两项因素叠加在一起,使得美国在 2012 年年末面临"财政悬崖"的挑战。

尽管避免了出现"财政悬崖"危机,但美国政府仍然存在被迫违约的风险。2012 年年底,距离 2011 年债务上限危机不到一年半的时间,美国联邦政府债务上升规模已达 2.1 万亿美元,再次用尽上次政治妥协所获得的上升空间。2013 年 1 月美国国会两党达成协议,允许美国联邦政府在 2013 年 5 月 19 日之前继续进行必要的举债活动,以防发生债务违约。从 5 月下旬至今,由于美国经济形势略有好转,财政状况改善①,美国国会对解决债务上限采取了拖延策略,美国财政部一直在运用紧急现金管理办法维持联邦政府运作。

目前,奥巴马及民主党参议员仍希望众议院能无条件通过债务上限提升,在此条件下再与共和党讨论减赤。而共和党则对奥巴马提出了一个清单,要求将不同程度的债务上限提升与相应程度的减赤方案搭配。这一清单的基本内容是:长期债务上限上升(使得奥巴马余下任期内财政部能持续举债)需伴随医疗保险计划和/或社会保障计划的私有化;中期债务上限上升(使得财政部能在 2015 年某个时间前持续举债)需伴随压缩食品券支出,或实施固定拨款的医疗补助计划,或大幅提升退休年龄;短期债务上限提升(延迟违约至 2014 年上半年)需伴随实施家庭经济状况调查的社会保障计划,或小幅提高退休年龄,或结束农业补贴。预计未来围绕债务上限的政治讨价还价将长期化,这种无休止的政治争吵,丝毫无助于债务问题的根本解决。

---

① 房地产市场复苏使得政府所有的联邦住房机构向政府转移支付的利润也大大提升,CBO 预计今年将达到 950 亿美元。此外,美联储也已经向财政部交付了通过量化宽松所获得的 884 亿美元持债收益。

2. 中期内量化宽松政策退出对美国债务问题的影响

爆发金融危机之后，美联储实施的量化宽松货币政策，在一定程度上降低了政府的融资成本，缓解了债务压力负担。

首先，美联储向财政部上缴了大量铸币税，增加了财政收入。自2008 年美联储首次购买金融资产以来，其资产规模迅速扩大。如今，美联储的总资产已经接近 3.5 万亿美元，其中大部分是美国国债或抵押贷款支持证券（MBS），收益率约为 3.5%，其负债主要是商业银行在美联储的银行存款（或超额准备金），成本仅为 0.25%；二者的差距成了美联储巨额铸币税收收入的来源。按有关法律，美联储的这部分收入在剔除开支后，必须上缴财政部。2009—2012 年，美联储共计向财政部上缴了 2925 亿美元（见图 5.3.5），约为量化宽松措施实施前总额的 4 倍；上缴收益的规模占国内生产总值（GDP）比重从 2009 年的约 0.2% 上升至 2012 年的 0.5% 左右水平。根据美国国会预算办公室（CBO）的预测，该比重将在 2014 年与2015 年进一步上升至 0.6% 左右。也就是说，采取量化宽松货币政策后，美联储直接将财政赤字占 GDP 比重下降了 0.2—0.5 个百分点。

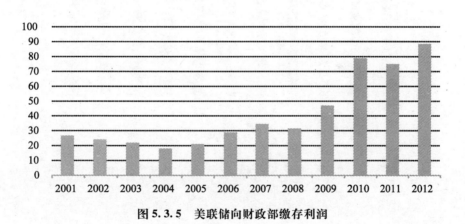

图 5.3.5　美联储向财政部缴存利润

数据来源和说明：美联储年报。左轴单位：10 亿美元。

其次，量化宽松货币政策刺激经济增长，有助于提高财政税收。美联储副主席 Yellen（2013）预测，美联储购买的 5000 亿美元长期资产将在长期中使债务比率降低 1.5 个百分点，这主要归功于经济增长之后能够征收更多的税收收入。以此类推，到 2014 年年初美联储将拥有 4 万亿美元长期资产，并使美国债务负担比率降低 12 个百分点。

最后，量化宽松货币政策降低了政府的再融资成本。从图 5.3.6 可以看出，相对危机前，美国财政部的短期融资成本下降了 3 个百分点，中长期融资成本则下降了 2 个百分点，与此同时，美国财政部的国债发行规模也逐年上升，2012 年新发行的国债总额达到 1.159 万亿美元，且主要以中长期国债为主。这说明，美国财政部在融资成本的下降后，灵活地调整了债务发行规模。

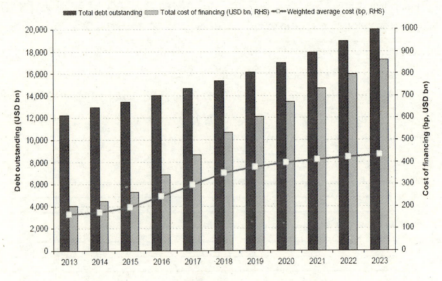

图 5.3.6　美国政府债务总额、利息与融资成本

数据来源和说明：美国债务管理办公室网站 （US Office of Debt Management）。左轴代表债务总额 （10 亿美元），右轴代表利息成本 （10 亿美元） 以及融资成本 （1 个基点），横轴单位是年份，2013—2023 年的数据是 US Office of Debt Management 预测数据。

但是，随着美国经济增长的复苏，美联储已经开始讨论退出量化宽松政策，这给美国未来的债务问题带来了新的风险。在美联储实施超宽松货币政策的五年时间内，美国国债占 GDP 比率迅速上升。若美联储退出量化宽松货币政策，势必导致政府再融资利率上升，增加政府债务成本。根据美国政府债务管理办公室公布的预测数据，未来五年将是美国债务利息增长最快的一段时期 （见图 5.2.7），2014—2018 年，美国债务融资成本将会大幅上升，从 1.7% 上升至 4.3%，而利息支出从不足 3000 亿美元上涨至超过 5000 亿美元，占债务总额比率也从 1.6% 上升至 3%。

上述预测是建立在美联储可以有序退出量化宽松货币政策的前提上。然而，一旦退出策略出现失误，经济增长速度低于预期，投资者会加速离开国债市场，进一步推高美国政府融资成本。图 5.3.7 表明，美联储的预期与市场预期之间存在较大的系统性偏差，美联储认为只要在 3 年内逐步退出量化宽松政策，那么国债市场的远端利率并不会抬升，反而会保持平坦，然而市场的远期曲线比美联储的预期高出约 100 个基点。毫无疑问，量化宽松货币政策退出策略一旦引发利率波动，国债市场将会承担更大压力。

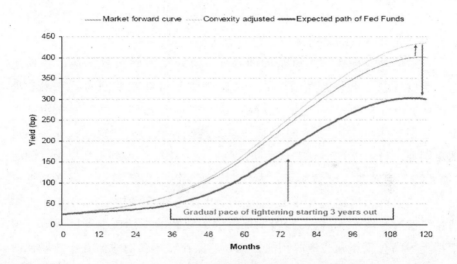

图 5.3.7　美联储退出量宽政策的收益率曲线

数据来源和说明：美国债务管理管理办公室网站（US Office of Debt Management）左轴代表融资成本（1 个基点），横轴单位是月。

3. 美国债务问题的长期前景

从长期来看，美国应对公共债务问题的挑战来自两方面。一是政治上缺乏共识，处于"政治分裂"状态。二是趋势上人口老龄化问题日益严重，并导致未来支出压力加剧。

从政治上看，两党、政治家和民众之间对如何解决问题有很大分歧，难以形成共识。民主党和共和党对待预算的态度针锋相对。民主党认为，在适当减少政府支出的同时，可以增税，特别是提高高收入人群的边际税率。剧烈减少政府支出将危害低收入群体和中产阶级的利益。总的来说，民主党倾向于保护弱势群体不受损害，为此需要保持一个大政府。共和党则反对一切税收增加，认为必须减少政府开支，改革现有的医疗保障项目，以减税的政策促进经济增长。共和党的根本纲领是要求一个小政府，减少政府对经济活动的干预。

美国公众或者没有认识到预算问题的严重性，或者出于自身既得利益，难以在如何解决预算问题的方案上形成共识，公众意见明显趋向两个极端。这在一定程度上反映了全球化过程中，发达国家两级分化加剧、中产阶级正在萎缩的情况。选民意见的两级分化正是收入分配两极分化的反映。既然增税和减少支出都有一半选民反对，剩下的解决办法只有借债。只有得到充分授权的政府才能够进行大规模改革。

从长期趋势来看，人口结构的变动，会对美国财政状况造成长期压力。美国政府支出分为强制性的（法律规定不可随意变动的）和斟酌处置的两部分。社会保障、医疗保险和医疗补助等福利项目属于强制性支出。它们被称为"权利"，这是依法享受这些福利的人的权利，政府不可随意剥夺。当前，这部分支出在联邦政府支出中已经占到一半以上。随着"婴儿潮"陆续进入退休年龄，人口老龄化问题日益严重，美国强制性支出将继续上升，将构成在中长期稳定公共债务的重大挑战。2010 年美国通过了医改法案①，旨在减少没有保险的人数和减少健康保险的成本。但根据美国国会预算办公室的预测，攀升的医疗成本将对未来几十年联邦政府预算带来巨大压力，医改法案不足以明显减少这一压力。如要稳定政府预算，在现有法律基础上还必须大幅降低联邦政府医疗支出的增速。但至今我们仍未看到美国有何有效的政策解决这一问题。

---

① "病人保障和可负担医疗照顾法" （The Patient Protection and Affordable Care Act, PPACA）。该法要求每一个没有被雇主资助的医疗保险、医疗保障或医疗辅助计划的个人，购买私人保险。否则需缴纳罚金。该法要求所有保险公司对同样年龄、居住在同一地区的人不管男女收取同样的保险费。建立健康保险交易所，使个人和企业可以比较不同的保险计划，购买保险。高于联邦贫困线 100%—400% 的低收入家庭得到联邦补贴。建立健康保险的最低标准。雇用 50 名或更多工人的企业，如果政府对雇员的健康保险提供补贴，雇主需要和政府分担责任。该法从 2010 年开始用几年时间逐步生效。

（三）欧洲应对公共债务问题的具体措施及效果

全球金融危机爆发后，欧洲的债务规模不断攀升，但经济增长长期低迷，尽管欧洲的债务余额占 GDP 的比例仍然低于美国和日本，但由于复苏乏力，其财政整顿将遇到更大的压力，预计未来财政紧缩和刺激经济增长之间的矛盾会更加突出，希腊、西班牙等外围国家的财政状况会继续恶化，甚至因此拖累德国、法国等核心国家。

2008—2010 年，由于欧洲经济复苏计划的实行，欧元区财政赤字增加了 3 倍左右，而 GDP 却在 2009 年的大幅萎缩 4% 之后维持缓慢复苏趋势。2012 年欧元区 GDP 同比仅增长 1.4%，除德国、法国分别实现 0.7% 的经济增长外，其他成员国经济复苏几近停滞，希腊、葡萄牙经济分别萎缩 6.7% 和 3.2%。结果是，截至 2012 年年末，欧元区公共债务占 GDP 比例由上年的 87.2% 进一步攀升至 90.6%。根据 IMF 的预测，欧债五国在未来两年内，公债占 GDP 比率还会继续上升，其中西班牙会从 84.1% 上升至 96.9%，增幅达 15%。

2012 年 1 月 30 日，欧盟成员国领导人在欧盟峰会上宣布，除英国和捷克以外的欧盟 25 国通过了旨在加强财政纪律的"财政契约"草案。此后，25 个成员国在 3 月的春季峰会上正式签署草案，实施更为严厉的财政规则。

财政契约引入了两项矫正性工具：超额赤字程序（excessive deficit procedure，EDP）与过度失衡程序（excessive imbalance procedure）。这意味着财政契约的监督不仅适用于政府赤字与债务，也适用于其他宏观经济失衡。一旦有国家严重背离财政目标或其修正时间表出现变化，矫正机制将自动启动。在偏离既定规则的情况下，缔约国有义务实施自动矫正机制。财政契约机制将以欧盟订立的共同原则为基础。共同原则将规范矫正机制的性质、规模与时限，以及在欧元区层面负责监控落实规则。欧盟最高司法机构，即欧洲法院，将承担监控规则付诸实行的责任。

按照这一规则，欧元区各国需要削迅速减巨额赤字。当新规则开始实施时，17 个欧元区国家中，除了爱沙尼亚、芬兰和卢森堡 3 国外，其他国家均处于"超额赤字区"（excessive deficit procedure，EDP）中，需要在 2012 年（比利时和塞浦路斯）或 2013 年（其他 12 个国家）将其赤字减小到 GDP 的 3% 以下。若做不到这一点，这些国家就将在 2013 年或之后一年受到制裁。

　　2012—2013 年，各国需要纠正的赤字规模非常显著。如果将 2012 年 4 月的"稳定程序"（stability programs）中已经设想的削减归为"计划"削减的话，那么没有计划但必须要完成的部分则被归为"额外"紧缩的范畴，其规模等于欧洲委员会的预测值与 3% 的目标值之差。14 个相关国家（除了爱沙尼亚、芬兰和卢森堡外）的平均计划紧缩规模大约为 GDP 的 2.75%。这意味着每年的紧缩规模大约是 1.4 个百分点。但是，其中的西班牙、斯洛文尼亚、塞浦路斯、斯洛伐克、法国和荷兰需要采取额外紧缩措施。西班牙总的紧缩规模为 GDP 的 6.6%，塞浦路斯是 6.1%，斯洛文尼亚是 4.7%，法国、斯洛伐克和荷兰相对温和，分别为 2.3%、2% 和 1.9%。

　　如此严厉的赤字削减计划显然已经超出了欧元区各国政府的能力范围。在欧元区失业率高企，私人消费严重不足的前提下，2012 年欧元区政府消费对经济增长的贡献为 0，而各国政府财政整顿速度与经济衰退密切相关。从图 5.3.8 可以发现，财政整顿力度越大的国家，经济增长率下降得也越快。重债五国中，希腊、意大利、葡萄牙、西班牙财政整顿速度明显高于其他国家，这也导致其经济增长率显著下滑。

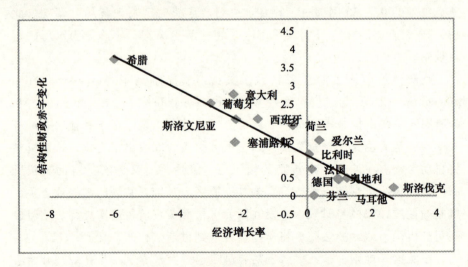

图 5.3.8　财政整顿与经济增长的关系

　　数据来源和说明：数据来自国际货币基金组织《世界经济展望》数据库。竖轴代表 2012 年结构性财政赤字的变化，横轴代表 2012 年经济增长率。其中，各国结构性财政赤字的变化反映了该国财政整顿程度的变化，结构性财政赤字越高（财政赤字提高代表财政改善，用正值表示），则各国财政状况需要改善的程度就越高，财政整顿的力度越大。坐标轴单位是 %。

欧元区财政整顿的力度过快过猛，导致重债国陷入了衰退泥沼无法自救。这是因为财政整顿在减少支出的同时也降低了经济增长速度。一方面，财政整顿会增强投资者对一国国债的偿还能力的信心；另一方面，经济增长速度的下降又会引发投资者对经济前景的担忧。由于在经济衰退期间财政乘数往往大于1，所以二者合起来的效果最终会让一国整体债务比率上升而非下降。例如，目前意大利政府国债/GDP 等于120%，财政乘数等于1.5（即政府紧缩一单位会引起 GDP 减少1.5 个单位），那么实行紧缩财政政策后，债务总量每减少1%，GDP 总量会下降120%×1.5%，最终，国债/GDP 反而会上升到120.98%。也就是说，财政整顿在减少支出的同时也降低了整体经济规模。在这种情况下，财政整顿本身会增加而不是降低政府债券的风险。这也是西班牙不断要求降低财政赤字标准的主要依据：在衰退最严重的国家执行严苛的财政紧缩，无疑是对降至冰点的宏观经济再泼了一盆凉水。

IMF 指出，财政整顿计划的重点应是持久的结构性改革，而非临时或短期措施。针对欧元区的财政整顿，IMF 提出以下几点建议：

第一，鉴于经济增长环境疲软，发达国家必须为其经济增长提供支持，来应对财政整顿带来的紧缩效应。政策必须重在解决经济的根本结构性问题，货币政策必须尽可能提供支持。

第二，由于债务削减需要时间，财政整顿应以持久的结构调整为重点。在这方面，加强预算程序透明度和可靠度财政体制能够发挥作用。

第三，意大利20 世纪90 年代的情况表明，即使没有强劲的经济增长，也能实现债务的适度削减。

此后，G20 中的发达国家同意在实施财政策略时，放松了财政整顿的力度，采取相对灵活的方法，维持公共财政可持续性。例如法国减缓了近期财政整顿的步伐，以支持国内需求，意大利和西班牙，放缓了近期的财政目标，更多地利用了财政的自动稳定器功能。

四 公共债务管理框架的改革

（一）公共债务管理的目标

和货币政策不同，公共债务管理缺乏一个明晰的框架，难以制定具体的参数标准，也没有灵活有效的政策工具。总体来讲，各国债务管理者仍然依赖一些较为笼统的原则、风险模型工具及实际操作经验。大体来说，公共债务管理的职能是为了帮助政府有效的融资，一是要以尽可能低的成本满足政府融资需求；二是要在融资过程中注意防范潜在的风险。从各国实践来看，公共债务管理的其他目标还包括：（1）促进本地债券市场的发展，增强政府未来融资能力，为中央银行提供实施货币政策的工具；（2）关注政府借债对金融市场的影响，在政府债务展期以及债务高企时，避免金融市场出现短期动荡等。表5.3.1概况了部分国家公共债务管理的目标。随着美国金融危机和欧洲主权债务危机的爆发，公共债务管理对其他政策（如货币政策、财政政策、金融稳定政策）的溢出效应越来越大，其所关注的目标是否应该向其他政策目标扩展和加强引发了激烈的讨论。

　　从流程来看，公共债务管理是一项系统工程，其大致包括以下三个环节：首先，确立目标和规则。政府应建立一个清晰的债务管理目标，并辅之以一系列的支持措施，包括：（1）稳定的治理框架、审慎的成本—风险管理战略和债券组合管理政策；（2）有效的组织结构；（3）合适的管理信息系统；（4）强有力的内部风险管理文化等。其次，保障有效执行。在管理目标确定的基础上，应确保所有相关交易与政府债务管理战略目标一致并尽可能地有效执行。最后，完善报告和监督机制。建立报告程序，确保政府债务管理者在执行债务管理时能够被有效问责（Wheeler，2004）。

表5.3.1　　　　　　　　　　　部分国家公共债务管理的目标

国家	目标
加拿大	债务管理的基础目标是提供稳定、低成本的融资以满足政府需要。辅助目标是维持一个功能完善的政府债券市场，以确保债务融资成本低廉与稳定，并令国内市场参与者获益
英国	在考虑风险因素后，尽量降低长期政府融资的成本，并确保债务管理政策与货币政策目标保持一致
丹麦	在考虑风险水平下，以尽可能低的长期融资成本满足中央政府融资需求。另外，公共债务管理应促进中央政府在长期内对于金融市场的准入，并促进国内金融市场功能的完善

续表

国家	目标
日本	债务管理的基本目标是为国民经济提供稳定顺畅的融资，并降低中期至长期的融资成本
美国	确保联邦政府的融资需求得到满足
巴西	在长期融资成本尽可能低的情况下，有效满足财政部门的融资需要，并确保审慎风险水平维持在一定范围之内。此外，公共债务管理也应有利于巴西政府债券市场的顺畅运转
越南	主要包括四个目标：（1）满足发展投资的资本需求；（2）满足充足和及时的债务偿付；（3）确保融资成本最低；（4）确保风险可控
印度	在长期成本尽可能低的情况下，满足中央政府的融资需求，并保持总债务维持在可持续水平。此外，公共债务管理的另一个目标是支持国内债券市场的发展
墨西哥	主要包括四个目标：（1）通过内债和外债的平衡，以尽可能低的融资成本满足联邦政府融资需求，并确保审慎风险维持在一定水平；（2）公共债务结构应考虑到可能出现的极端金融状况；（3）确保一个多元化的融资渠道；（4）促进本币债券市场功能完善

资料来源和说明：各国财政部官方网站关于公共债务管理说明的文本。

（二）公共债务管理策略

公共债务管理是一个"从干中学"的过程。总体而言，公共债务管理大体上经历了四个阶段（麦克威廉姆斯，2010；Andabak 和 Svaljek，2012）。

第一阶段，政府主要依赖非市场工具进行债务融资。这一时期，国内债券市场发展落后，政府主要依赖银行贷款或国际金融机构的优惠贷款满足融资需求。此时债务管理非常有限，主要用来记录相关借款以及债务偿付交易。债务管理并无一个独立的部门负责，只是在货币政策或财政政策框架下有所涉及。

第二阶段，政府开始从原来的非市场型融资向市场型融资过渡。在这一阶段下，国内债券市场开始发展，债券发行成为政府的主要融资来源，但是也由此造成市场风险加大。这一阶段公共债务管理最主要的特征是开始重视风险管理。政府开始建立独立的债务管理部门，并逐渐从财政政策和货币政策框架中分离出来。

第三阶段，政府开始使用资产和负债管理（Asset-Liability Management,
ALM）方法对债务进行管理，而不是仅仅关注政府债务。同时，政府公共
债务管理也不仅仅只关注显性债务，对于或有负债也给予了更多关注。随
后，政府的公共债务管理机构还可以利用资产和负债管理方法为其他政府
机构或地方政府单位提供服务。债务管理部门的职能范围也进一步扩大，
还会包括对政府贷款进行评估，对政府机构的现金和风险管理提出建议等。

以下我们简要介绍政府在资产负债表框架下管理公共债务的策略。在
一个简化的政府资产负债表中（表5.3.2），政府的资产方是未来各项收
入的现值；政府的债务方是未来的各项支出的现值。只有当政府盈余
（财政收入减去除偿还债务外的其他支出）的现值与债务本金相匹配时，
政府的债务水平才是可持续的。政府公共债务管理的主要风险在于：（1）
宏观需求冲击对政府税收的影响。如果经济增长突然放缓，导致税收收入
下降，或由于突然遇到外部冲击，导致政府支出增加，都有可能导致政府
的财政状况恶化。如果债务本金超过了政府盈余，那么，政府债务就可能
会面临违约风险；（2）货币市场冲击对利率水平的影响。当政府需要发
行一笔长期债务满足融资需求时，若恰逢货币市场流动性紧张导致利率上
升，政府的融资成本将会随之提高，如果利率上浮较大，将导致政府未来
的债务支出超过盈余，甚至导致政府出现违约。

表5.3.2   政府资产负债表

资产	负债
未来税收的现值	未来支出的现值（不包括偿还债务）

数据来源和说明：作者整理。

由于中长期内宏观需求对政府税收冲击比较难以操控，因此，政府债
务管理当局主要关注的是债务的利率水平，目标是使发债成本在中长期最
小化。其关键的决策变量是长短期债券在政府负债总额中的比重，即政府
债务组合的平均期限。一方面，如果短期债券所占比重越大，政府债务组
合平均期限越短，则由于一般情况下短期利率低于长期利率，政府融资的
成本较低，但由于需要不断重新发债以偿还本息，因而所面临的流动性风
险越高。另一方面，如果增加政府债务组合中长期债券所占比例，则当期

的不确定性会减少，但由于通常状况下长期利率要高于短期利率，会造成发债成本上升。可见，政府债务管理决策实际上就是在发债成本与风险之间寻求平衡，建立最优的负债组合。可以认为，政府的公共债务管理当局相当于一个基金经理，在金融市场管理着庞大的公共债务。

在传统的公共债务管理框架下，债务管理和货币政策各司其职，但它们之间一直存在政策冲突。公共债务管理当局强调融资成本和风险的权衡，而货币政策的首要目标通常是为了稳定物价。货币政策通过短期债券市场影响隔夜拆解利率，进一步传导至长期债券市场。政府债务管理者则通过新债发行、利率互换等调节各期限债券所占的比例。政府债务管理者的这一操作，可能导致长短期利率的变化与货币政策目标方向不一致，从而影响中央银行货币政策的传导途径和效果。

在全球金融危机爆发之前，各国一般采取所谓"分离原则"降低政策冲突：中央银行不在长期国债市场进行操作，而只限于在短期债券或货币市场，通过调节短期利率将货币政策信号传导到长期利率。政府债务管理者则基于融资成本最小化原则，以中长期债券为主要工具，并将短期债券的发行规模控制在谨慎的水平。在正常情况下，按照这一分离原则，货币政策与政府债务管理政策之间的冲突并不明显。

然而，全球金融危机之后，这一"心照不宣"的平衡被打破。美联储、英格兰银行和欧洲央行等在危机之后采取了扩张性的货币政策，短期利率很快降低到接近零的水平，无法继续利用利率政策工具。于是，央行开始采取"非常规货币政策"直接进入长期债券市场，对长期利率施加影响。这就使得央行和公共债务管理者有可能直接发生冲突。比如，美联储的本意是希望通过购买长期国债，压低长期利率，但美国财政部却借机发行了更多的长期国债，以降低融资成本。

（三）国际货币基金组织—世界银行公共债务管理框架

20 世纪 90 年代后期一系列金融危机的爆发，使得世界各国和国际组织意识到在全球范围内加强公共债务管理的重要性。IMF 和世界银行（WB）与各国的债务管理专家在 21 世纪初期开始着手建立全球性的公共债务管理规则指南。2000 年 7 月，在 30 个国家政府债务管理者提交规则指南草案的基础上，IMF 和 WB 执行董事会对其进行了讨论，并在随后召开多次国际研讨会，最终在 2001 年形成《公共债务管理指南》，2003 年这两家国际组织对《公共债务管理指南》进行了补充修订（IMF 和 World

Bank，2001，2003）。

《公共债务管理指南》（简称指南）目的是帮助各国政策决策者提高其公共债务管理质量，降低各国面对国际金融冲击的脆弱性。指南共包括六个部分，分别为债务管理的目标与政策协调、透明度和问责制、机制化机构、债务管理战略、风险管理框架、发展和维持有效的政府债券市场，它们共同为各国公共债务管理建立了参考准则。

（1）债务管理的目标与政策协调。指南强调，需设立中长期的债务管理目标和战略，并加强与其他政策的协调。指南指出，公共债务管理的主要目标是确保风险处于审慎水平之下，以尽可能低的中长期成本满足政府的融资需求和债务偿付需要。同时，公共债务管理者应该与货币政策和财政政策制定者在政策目标、机构设置、信息共享等各方面加强协调。

（2）加强透明度和问责制。指南指出，应明确债务管理部门的角色、职责和目标，公开债务管理政策的形成和报告程序，加强公共债务管理政策信息的公共获得性，加强债务管理部门的问责制。

（3）机制化机构。指南指出，应建立一个明确的法律框架，阐明什么机构有权力进行借款、发行债券以及代表政府执行其他交易，债务管理的组织架构应该良好设计，以确保职责和角色被清晰界定，加强内部管理，并确保所有交易和运作符合法律规范。

（4）债务管理战略。指南指出，应对政府债务结构中蕴含的风险进行仔细监测和评估，充分考虑债务现金流下的金融和其他风险特质，为融资决策和降低政府风险服务，应对外币债务、短期债务、浮动利率债务相关风险仔细评估和管理等。

（5）风险管理框架。指南指出，应建立一个框架，使得债务管理者可以识别和管理政府债务组合中预期成本和风险的平衡。为评估风险，债务管理者应定期进行债务组合的压力测试，并考虑或有负债对政府债务的影响。

（6）发展和维持有效的政府债券市场。指南指出，为降低中长期成本与风险，债务管理者应确保所实行政策与促进债券市场发展的目标相一致，例如应不断扩大市场投资者基础，在一级市场上运作应更加透明和可预期等。

在推出《公共债务管理指南》的基础上，IMF 和 WB 在 2002 年发起了一个包括 12 个国家的关于公共债务管理的试验计划，以帮助各国设计、执行公共债务管理改革。2007 年，IMF 和 WB 发布报告，对这些国家在加强公共债务管理方面的实践进行了评估（Caruana 和 Leipziger，2007）。评估报告认为，从总体上看，各国在加强公共债务管理方面取得积极进展：多个发展中国家的债务结构取得明显改善，部分中低收入国家在发展和公布债务管理战略方面取得进步，一些国家加强了公共债务管理的治理框架，在提高透明度、加强同市场参与者沟通方面取得相当大的进展，并积极推动了本国债券市场的发展。然而，IMF 和 WB 认为仍存在一些不足，为此，其建议发展中国家在以下三个方面继续加强公共债务管理，包括：（1）发展一个全面有效的债务管理战略；（2）改善公共债务管理治理结构，加强能力建设；（3）强化债务管理操作和金融市场发展之间的关系。

为改善各国特别是发展中国家公共债务管理框架，2009 年，IMF 和WB 联合建立了一个能力建设计划，通过完善一系列债务管理工具以满足各国公共债务管理改革的需要（图 5.3.9）。自此之后，IMF 和 WB 通过以下四个渠道向各国提供公共债务管理支持，包括：（1）债务管理绩效评估（DeMPA）模块，该模块主要评估一国在公共债务管理机制安排方面的优势与不足；（2）中期债务管理战略（MTDS）模块，该模块主要为一国提供技术和操作性指导，以帮助一国政府实现成本—风险平衡和长期债务可持续性；（3）债务管理改革计划（DMRP）模块，该模块通过制订详细和一连串的国家行动计划以克服公共债务管理机制和操作方面缺陷；（4）针对特定领域所提供的其他能力建设和技术援助。

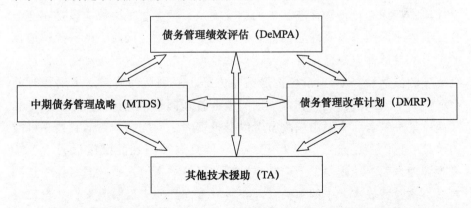

图 5.3.9　国际货币基金组织——世界银行公共债务管理技术援助支持

资料来源和说明：引自 IMF-WB（2013），Helping Developing Countries Address Public Debt Management Challenges – An IMF World Bank Capacity Building Partnership. http：//www. imf. org/external/np/pp/eng/2013/030513. pdf，March 5，2013。

在债务管理战略发展方面，评估报告认为一些国家在建立正式和明确的债务管理战略方面取得了积极进展，同时，各国在执行债务管理战略时也加强了同财政和货币政策的协调。通过利用中期债务管理战略工具包，各国可以更好地评估借款结构的变化，也更有利于评估不同宏观情景下对各国融资构成的影响。在机制和组织建设方面，报告认为各国在债务管理职责的整合方面取得显著进展，在数据报告和记录、降低运作风险程序、现金管理实践等方面也有所改善。不过，报告指出各国在债务成本—风险上的分析仍显不足，因此，这需要加强熟练债务管理人员的培养，在能力建设上须加强中期债务管理战略的技术援助。

除了公共债务管理框架的完善之外，金融危机爆发后，IMF 和 WB 也尝试对公共债务管理原则进行完善。2010 年 7 月 1—2 日，国际货币基金组织召集 33 国债务管理者以及央行官员、私人部门和其他金融组织代表在瑞典首都斯德哥尔摩召开第 10 届债务管理人论坛（Debt Managers' Forum），会后形成了关于债务管理的"斯德哥尔摩原则"（Stockholm Principles）。

"斯德哥尔摩原则"（以下简称原则）包括十条有关债务管理的惯例和原则，其可分为三大方面内容：框架和操作、市场沟通策略和风险管理。（1）框架和操作方面，原则认为债务管理应该考虑不同金融资产、显性与隐性或有负债和债务结构的相互关系，债务管理决策应该是在充分收集国内、区域以及全球层面信息的基础上做出的。同时，债务操作应保持足够的灵活性以降低债务发行计划的执行风险，缓解市场动荡，促进二级市场的流动性。（2）市场沟通策略方面，原则认为应建立主动及时的市场沟通策略以支持透明和可预期的债务管理框架，应保持债务管理者和其他政策决策者、金融市场决策者以及投资者之间的公开对话，共享可能的信息变化以避免意外情况发生，并支持具有预测性的操作框架。（3）风险管理方面，原则要求债务结构风险应保持在审慎水平，同时在中长期内最小化融资成本，中期债务管理战略应考虑到所有风险因素，并与投资者进行积极沟通。

（四）全球金融危机对各国债务管理提出的挑战

金融危机对各国政府融资活动造成冲击，为各国公共债务管理提出挑战。国际金融市场动荡加剧进一步恶化融资状况。危机造成金融市场动荡加剧，限制了各国政府的市场融资能力，公共债务管理压力增大（表5.3.3）。

表 5.3.3　　　　　　　部分发达经济体中央政府融资需求

	2005—2007 年平均水平（占 GDP 之比）	2008—2010 年平均水平（占 GDP 之比）
澳大利亚	0.5	5.4
比利时	14.8	24.0
加拿大	8.9	14.7
法国	10.6	18.1
德国	8.8	12.8
意大利	19.2	24.1
荷兰	6.3	16.4
英国	5.7	13.2
美国	13.4	24.8

资料来源和说明：引自 IMF（2011），"Managing Sovereign Debt and Debt Markets through a Crisis-Practical Insights and Policy Lessons"，April 18，2011。

金融危机对各国公共债务管理策略提出了挑战。例如在风险管理方面，传统风险管理方法主要为成本—风险分析，但是这种方法未能有效考虑到所有风险因素，如宏观经济脆弱性对债务结构的影响等，同时这种方法主要基于历史结果，对于金融危机这样的极端事件未能有效考虑。此外，金融危机还暴露了各国在债务结构管理、流动性拨备、投资者管理等方面的缺陷。

金融危机之前，主权债务管理一般只被看作狭窄的技术性活动，对其他政策活动的影响很小或者很容易应对。但是金融危机之后，政府债务市场的发展增强了公共债务管理、货币政策、金融稳定之间的联系，这表现在：第一，政府债券供给明显增加，发达经济体政府总债务达到近几十年来新高，债务余额的平均期限也有所降低；第二，非传统货币政策使得央行持有大量政府债券，政府债券成为银行可接受抵押品的重要组成部分；第三，政府债券需求出现结构性改变，银行和其他金融机构对政府债券需求量上升。最终，公共债务管理与金融稳定之间的关系相互强化（图5.3.10）。

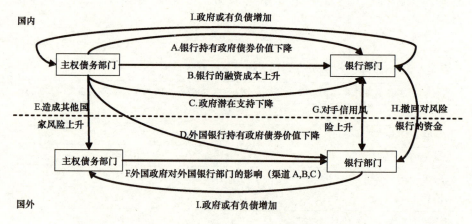

图 5.3.10   主权债务风险与银行部门风险的相互传染

资料来源和说明：引自 IMF（2010），"Global Financial Stability Report：Sovereigns，Funding，and Systemic Liquidity"，October 2010.

第四节   发达经济体非传统货币政策及溢出效应

国际金融危机后，随着发达经济体中央银行传统货币政策空间快速耗尽，美、英、欧、日等货币当局陆续采取了非传统的超宽松货币政策。由于该类型政策普遍包括通过资产购买或者流动性工具为金融体系提供确定数量的资金，故也被称为"数量宽松政策（quantitative easing policy）"，简称量宽政策。发达经济体非传统货币政策到目前为止实施已接近五年，其规模和持续时间在历史上都没有可以匹配的前例。作为特殊时期政策措施，其传导机制及效果相比传统货币政策面临更大的争议及不确定性。在全球化的背景下，该政策对于其他经济体的溢出效应及风险也成为 G20 等国际经济治理平台上的重要议题。本文将介绍发达经济体非传统货币政策的特点、理论机制及实际效果，并结合 2013 年年末美联储退出量宽政策的前景，分析其退出方式、可能的溢出效应及对中国的政策启示。

一   发达经济体非传统货币政策实施特点

（一）非传统货币政策的背景与内涵

自金融危机于 2007 年夏露出端倪以来，发达经济体货币当局开始陆续调降政策利率，并在"雷曼兄弟"倒闭后加速下调，政策利率很快便接近零下限（zero lower bound）。如美联储在 2008 年 10—12 月连续三次调低联邦基金利率目标，总幅度接近 200 个基点，联邦基金利率继而维持在 0—0.25% 的超低水平（见图 5.4.1）。英国、日本、欧元区也采取了类似的操作。相比包括 20 世纪 30 年代大萧条在内的历次危机，以美国为代表的发达经济体应对此次危机的降息力度前所未见，政策利率降至前所未有的低水平（BIS，2012）。[1]

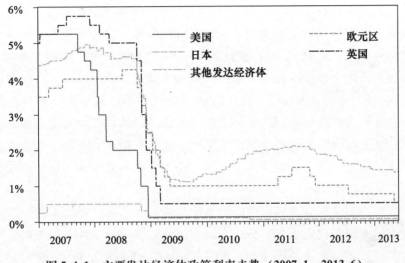

图 5.4.1 主要发达经济体政策利率走势（2007.1—2013.6）

数据来源和说明：美国、欧元区、日本、英国数据来自对应央行，转载自 CEIC 数据库。其他发达经济体政策利率引自 BIS（2013），为澳大利亚、加拿大、新西兰、挪威、瑞典和瑞士的政策利率平均值。当政策利率目标为一区间时，取区间中值。

在利率零下限的约束条件下，为救助金融体系并防止宏观经济陷入严重通货紧缩，发达经济体继续采取了与传统货币政策工具存在一定区别的措施来对经济提供流动性并压低风险资产的实际利率。这些措施被

———————

① 早期央行如美联储和英格兰银行的货币政策操作与现在的操作方式有较大区别。当时美联储和英格兰银行通过调整再贴现利率（discount rate）影响银行向中央银行借入储备的成本。20 世纪 30 年代大危机期间，美联储再贴现利率从 1929 年 9 月的 5.58% 经过两年时间逐步下调到 1.5%，英格兰银行将再贴现利率从 1929 年 10 月的 6.48% 下调到 1932 年 7 月的 2%。

广泛地称为"非传统货币政策（unconventional monetary policy）"。对于"非传统货币政策"工具，目前并不存在一个普遍接受的统一定义。如Borio 和 Disyatat（2010）认为，区分传统与非传统工具在一些情况下可能存在特殊困难。Cecioni 等（2011）同时从目标以及实施条件两方面将非传统货币政策定义为，当政策利率达到零下限时，为修复货币政策传导机制或者对经济提供进一步刺激而采取的任何政策干预措施。

（二）非传统货币政策的形式

危机后由于各国所面临具体问题的不同，金融体系在结构上的不同特点以及各国央行判断上的差异，发达经济体实施的非传统货币政策并没有标准化的方案，而是包括了多种形式。按照 Bernanke（2009）的区分，非传统货币政策包括两种主要类型。第一类体现为政策沟通，即所谓前瞻性指引（forward guidance）。在短期利率接近零下限时，央行通过与公众就未来货币政策走势进行沟通，直接影响更长时期内公众对于利率走势的预期，从而对更为长期的利率产生影响。通过影响长期利率，前瞻性指引最终对实体经济总需求产生作用。第二类工具则直接对央行资产负债表的资产方进行操作。

第二类工具又以可根据功能的不同分为三种。第一种与央行作为最后贷款人的传统角色紧密相连，旨在对金融机构提供流动性。如美联储在危机爆发后创造了定期拍卖工具 TAF（Term Auction Facility）、定期证券借贷工具 TSLF（Term Security Lending Facility）、一级交易商信贷工具 PDC（Primary Dealer Credit Facility）等，并与多个外国央行签署了双边货币互换协议，为国际市场提供美元流动性。欧央行也采取了类似的措施给金融部门提供更长期限的流动性，特别是外币流动性等。如固定利率全额分配程序 FRFA（Fixed-Rate Full-Allotment），长期再融资操作 LTROs（Longer-Term Refinancing Operations）。第二种直接向关键性信贷市场上的借贷者及投资者提供流动性，旨在减轻信贷市场功能受损对商业票据、资产支持证券等非银行市场以及实体经济的影响。如美联储直接购买商业票据、以资产支持证券为抵押品提供信贷，欧央行扩大了抵押品的范围，英格兰银行设计了融资换贷款计划 FLS（Funding for Lending Scheme）。第三种则是央行在二级市场上直接购买长期证券，直接对长期利率施加影响。

随着发达经济体面临主要风险及局限的变化，其货币当局在不同时期实施的主要非传统货币政策的具体内容也相应有所变化。以美国为例，自2008 年年末利率接近零下限以来，美联储一直运用了前瞻性指引影响市场对利率的预期，每次联储会议对外公告都说明在未来特定时期内维持联邦基金利率在 0—0.25%。对资产负债表的操作重点则陆续发生转移。在危机爆发的初期，经济最大的风险在于金融系统崩溃与实体经济收缩之间形成恶性循环。因此美联储通过购买特定机构债券来向私人部门直接提供流动性，重建机构信用，缓解信贷市场运作不良的后果。当美国政府采取了大规模的财政刺激，使得财政赤字与债务负担成为影响经济前景的重要风险时，美联储开始大规模购买联邦政府长期债券来稳定长期利率，从而间接缓解美国政府的财务负担。当美国政府承诺稳定债务规模并以法案的形式确定了减支计划后，为缓解财政紧缩对国内需求和就业复苏的影响，美联储再次选择抵押贷款支持证券作为资产购买的一大对象，实际上等同于直接支持房地产市场。

当前，美联储仍在实施每月 850 亿美元的开放式资产购买计划与对政策利率的前瞻性指引。英格兰银行扩大了融资换贷款计划 FLS（Funding for Lending Scheme）的范围，并将这一计划延长至 2015 年年初，以鼓励金融部门对小企业提供信贷。欧央行设计了直接货币交易 OMTs（Outright Monetary Transactions）的程序，对欧元区的主权债市场提供流动性支持，改善货币政策在整个欧元区内的传导。日本央行则启动了质与量的货币宽松计划，将通胀目标从 1% 提高到 2%，扩张央行资产负债表并延长其资产期限，以改善困扰日本多年的通货紧缩问题。

（三）非传统货币政策的操作规模

综上所述，除前瞻性指引外，其他非传统货币政策基本上都直接操作于央行资产负债表的资产方之上。因此，危机以来发达经济体央行资产负债表的规模及资产构成变化反映了非传统货币政策的操作幅度。图 5.4.2报告了 2007 年以来主要发达经济体央行资产规模的扩张过程。相比 2007年年初，主要发达经济体央行资产规模总体扩张了 170%，其中英格兰银行资产扩大了 3.3 倍，美联储资产扩大了 2.3 倍，欧央行为 1.7 倍，日本央行扩大了一倍。

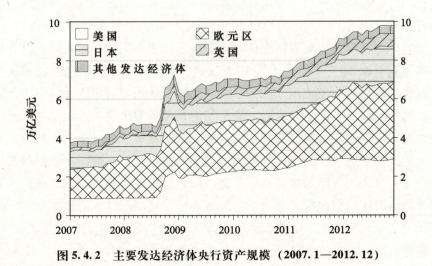

图 5.4.2　主要发达经济体央行资产规模（2007.1—2012.12）

数据来源和说明：各国央行资产负债表数据来自对应央行，转载自 CEIC 数据库。其他发达经济包括澳大利亚、加拿大、丹麦、新西兰、挪威和瑞典。

　　发达经济体央行资产构成的内容与期限也随着非传统货币政策操作在各个时期侧重点的不同而发生变化。总体上，在主要发达经济体央行资产的构成中，公共部门和私人部门证券的比重均明显上升，资产的期限也显著延长。以美联储为例，2007 年伊始，10 年以上的证券持有量在总资产中仅占不到 8%，到 2013 年中占比已经超过四分之一（图 5.4.3）。通过长期再融资操作，欧央行持有的三年期回购协议最高时达到欧央行总资产的三分之一。而在危机前，欧央行仅仅持有期限等于或少于 6 个月的回购协议。

二　非传统货币政策的理论机制及效果评估

（一）金融危机对传统货币政策的挑战

　　在金融危机前，学界关于发达经济体中货币政策的普遍共识认为，货币政策目标应是实现稳定的低通货膨胀，即通胀目标制，中间目标是银行间市场短期利率。在通常情况下，这一短期利率对其他市场利率以及整体经济的效果也被认为是较为明确可靠的。短期利率水平需要参考各种各样的宏观经济信号，而这一决策过程能近似的由泰勒规则描述（Woodford，

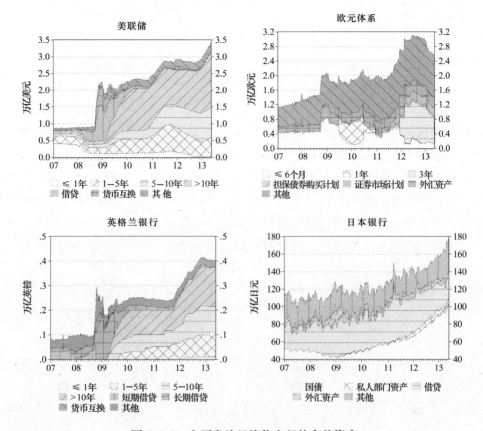

图 5.4.3　主要发达经济体央行持有的资产

数据来源和说明：各国央行网站。对于美联储，四种期限序列代表美联储持有的国债、MBS
以及机构债。对于欧元体系，三种期限代表回购协议。对于英格兰银行，四种期限序列代表英格
兰银行持有的英国国债。

2003）。

　　从 20 世纪 90 年代到危机前，发达经济体整体较低的通胀与较平
稳的经济增长对于这一传统共识形成无疑提供了强有力的支持。然而
本次危机的爆发对于传统货币政策理论提出了巨大挑战，其核心争议
在于货币政策是否应于事前控制资产价格泡沫而非仅仅用于事后清理
（Joyce 等，2012）。从实际政策操作层面看，发达经济体央行无疑都
或多或少地偏离了传统货币政策理论，在通胀目标之外增加了货币政

策对于金融稳定的关注，事前预见并控制金融风险正逐渐成为新的货
币政策共识。

本次危机对于传统货币政策用于事后清理的效果也提出了严重质疑。
首先，根据传统的泰勒规则，当发达经济体面临深度经济衰退时，短期名
义利率应该降到零以下，但由于经济主体总能持有零利率的现金，市场利
率总是面临零下限。这意味着传统货币政策工具失效。其次，由于金融体
系以及私人部门所持有的大量资产遭遇重创，信贷市场对金融机构和借款
人偿债能力可信度需要进行重新评估，市场不确定性增加，这导致官方利
率和市场利率传统上较为稳定可靠的联动关系被打破，即传统货币政策的
传导机制部分失效了。反映这一现象的一个显著事实是，尽管银行间市场
短期利率接近于零，长期国债收益率也达到极低水平，但私人部门实际的
借贷利率下降幅度相对有限，这导致企业借贷利率与联邦基金利率之间的
差异扩大并维持在相对高位（图5.4.4）。

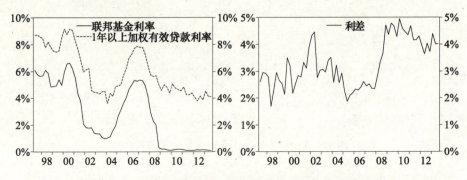

图5.4.4   美国1年以上加权有效贷款利率及与联邦基金
利率之利差（1997Q2—2013Q3）

数据来源和说明：美国1年以上加权有效贷款利率来自美联储企业借贷情况调查，与联邦
基金利率转载自圣路易斯联储银行网站。

非传统货币政策尽管形式多样，但其核心出发点基本上都针对传统货
币政策面临零下限约束以及在金融市场尚未正常运作前传导机制部分受阻
这两个问题。针对短期利率零下限的问题，非传统货币政策考虑影响其他
类型的利率，譬如长期国债收益率。对传统货币政策传导机制部分受阻的
问题，非传统货币政策则设计了直接针对特定市场提供流动性的操作方

式。这两方面操作都带来央行资产负债表规模的显著扩张。而央行扩张资产负债表本质上是央行应用其创造一般支付手段的能力获取资产的过程。在这一过程中，央行资产负债表扩张了，同时私人部门所持有的资产构成也变化了。

（二）资产组合再配置效应渠道

非传统货币政策发挥作用的核心在于央行以高度流动性的货币资产置换公共或私人部门其他资产将如何影响整体经济，即所谓的资产组合再配置效应（portfolio rebalancing effect）如何产生。更细致地拆分这一问题，它涉及这一资产置换如何影响私人部门的信贷成本以及信贷可得性，进而又如何影响经济中的总需求。另外，央行购买资产的构成会有何影响，购买私人部门资产与购买公共部门债券是否会有不同效果等。

从理论角度来看，资产组合再配置效应是否存在受特定条件约束。Eggertsson 和 Woodford（2003）应用一个无生命限期模型证明，在资产具有完全可替代性的条件下，与央行的任何资产置换都不会对人的经济决策产生任何影响。这一假说与财政理论上的李嘉图等价本质上是一样的。不过这一假说成立所依赖的前提，即各种资产可完全相互替代，投资者可购买或出售无限量的资产，即便在正常条件下也难以成立。因此，Curdia 和 Woodford（2011）应用一般均衡模型证明，当某些市场存在参与约束时，资产组合再配置效应存在，即央行购买私人部门资产的政策会影响私人部门决策。另外，当资产价值不仅仅来自该资产的未来现金流收入，那么也将存在资产组合再配置效应。如 Krishnamurthy 和 Vissing – Jorgensen（2011）说明由于回购协议经常要求用美国国债作为抵押，因此相对其他类型资产，美国国债的价值超出其未来现金流收益的折现值。

Miles（2011）将央行购买长期国债的资产组合再配置效应作用于国内需求的渠道概括为两个。第一个渠道是通过压低国债收益率，使得期限溢价以及其他长期风险资产收益率下降，这使得私人部门财富上升，同时还使得信贷约束得以缓解，从而对国内需求产生促进作用。第二个渠道是通过增加银行的流动性资产提高银行信贷的可获得性，从而促进国内需求。

（三）非传统货币政策效果的经验证据

从危机后金融市场以及宏观经济走势上看，非传统货币政策的确显示出积极效果。不过评估非传统货币政策的效果还需要进行更严格的反事实分析,其难点在于隔离同时发生的其他因素,如财政刺激的影响。由于非传统货币政策对于金融市场的影响几乎没有时滞,因此有关的实证研究更丰富一些。反之,由于非传统货币政策对总体经济的影响往往存在长度不确定的时滞,这一领域的实证研究更为困难,相对而言也较少。

从总体上看,实证研究支持非传统货币政策对于金融变量的显著影响。包括 D'Amico 和 King(2010)在内的一系列实证研究发现,美联储第一轮大规模资产购买成功地压低了中长期利率。Neely(2012)则发现,美国公布大规模资产购买计划对于国际长期利率和美元现价也具有重大影响。一些研究者对于这一影响的持续性也进行了分析。如 Wright(2011)测算的结果显示,尽管非传统货币政策对国债收益率之外的金融变量也具有重大影响,但这些效果常常是非常短暂的。不过,由于金融市场往往会存在初期的过度反应或者这些金融变量逐渐受其他因素(如宏观经济前景的改善)的抵消性影响,这一测算并不意味着非传统货币政策的影响就是短暂的。与之不同,Joyce 和 Tong(2012)发现当控制宏观和财政性因素后,资产购买对于收益率的压低效应是较为持久的。

对于非传统货币政策更广泛的宏观经济效应,Baumeister 和 Benati(2010)估计了时变参数的结构 VAR 以考察 2007—2009 年长期债券利差下降的宏观经济效果。对美国、欧元区、日本和英国,他们发现降低长期收益率对产出增长和通货膨胀都有显著影响。其反事实模拟则表明,美国和英国的非传统货币政策在避免通缩和产出下滑的重大风险上起到了重大作用。

从有关研究来看,非传统货币政策的确能够降低长期利率,而长期利率降低对经济复苏也的确有正面作用。然而国际金融危机后近五年,发达经济体的复苏仍然脆弱,这或者说明经济衰退的力量非常强大,或者说明非传统货币政策作用很小。如果是该政策作用很小,那很可能是因为货币政策本身影响有限,且面临收益递减的约束,还需要其他促进经济增长的措施来补充。与此有关的问题是,即非传统货币政策很有效,其成本可能是什么?一个值得关注的问题是大规模的银行超额储备降低了银行间市场同业拆借的规模,并使得这一市场运行不良(Joyce 等,2012)。当经济出现复苏后,央行将如何减少这一高额储备水平并避免高通胀?另外,央行大规模购买政府债券事实上为政府债务规模不断上升提供了便利条件,这也同时意味着财政风险、金融风险与通货膨胀风险。

三　非传统货币政策退出的时机与策略

（一）美国非传统货币政策的退出时机

随着美国经济的好转，对当前以购买长期债券压低长期利率为核心的非传统货币政策退出的预期也越来越强。2013 年 6 月 19 日，美联储发布本年度第四次 FOMC 议息会议声明与联储经济预测，将 2014 年经济增速从 2.9%—3.4% 上调到 3.0%—3.5%；预测 2013 年年底失业率降到 7.2%—7.3%，2014 年年底失业率降到 6.5%—6.8%，2015 年失业率进一步降至 5.8%—6.2%。这一预期下，美联储暗示正在考虑开始减少资产购买规模。伯南克在随后举行的新闻发布会上进一步表示，如果经济复苏数据符合预期，那么美联储将会在 2013 年晚些时候放缓资产购买步伐，在 2014 年上半年继续有序削减资产购买步伐，并在 2014 年年中左右终止购买。

从宏观和金融稳定的角度考虑，退出量宽不会一蹴而就，而是一个循序渐进的逐步推进过程，其时机选择是重要和棘手的问题。退出过早，可能给经济复苏带来压力；退出过晚，则可能引发新一轮资产价格泡沫和恶性通货膨胀。美联储不仅要持续关注美国的 GDP、失业率、居民收入和支出、消费者信心、工业生产、房屋销售、股票指数等指标，还要密切关注通胀预期与大宗商品价格等。只有在国际经济环境持续改善，内外部需求不断增强，经济数据连续好转的情况下，美国量宽政策退出的具体方案才能得以执行。

从伯南克的表态来看，量宽政策退出的基本逻辑仍是有条件"可以退"。目前的"可以退"主要是基于增长与就业两个变量的改善，但从危机后近四年的宏观数据上看，美国经济增长和就业指标不时存在波动，美国两党政治使得债务上限问题反复成为高悬在美国经济乃至全球经济上的显著风险，因此未来美联储的退出政策仍存在很大不确定性。譬如，近期由于按揭贷款利率上升、财政政策对经济增长的抑制作用，美联储下调了 2013 年和 2014 年 GDP 增长的预期，因此 9 月美联储会议未如市场普遍预期宣布放缓资产购买，而是宣布需要等待经济复苏可持续的更多证据，这导致国际金融市场剧烈反应。类似的情形在未来一段时间仍可能反复出现。

（二）非传统货币政策的退出策略

从美联储当前的资产负债表以及非传统货币政策的实施现状看，其退出应包括两方面内容：一是美联储资产负债表的瘦身；二是政策利率脱离零下限区间开始正常化。对于第一步，技术上可采取如下三种方式。一是通过逐步削减当前的资产购买规模以减缓资产负债表的扩张；二是通过持有长期债券自然到期并不再将本金投资于债券来实现资产负债表自动缩减；三是直接出售债券资产，主动缩减资产负债表。其中削减资产购买规模是逻辑上的第一步，而当美联储不再购买长期资产后，是否会直接出售存量长期资产还是持有至自然到期则需要根据经济活动与金融市场具体情况确定。

退出策略上最重要的是如何协调资产负债表规模缩减与升息两方面政策的问题。这从理论上看存在三种可能性：首先是先退出资产购买计划，然后开始升息；其次是在不收缩资产负债表规模的条件下直接升息；最后是前两者的调和，即前期以出售资产为主，升息为辅，在资产负债表大幅收缩之前不进行大幅升息，直到资产负债表大幅瘦身之后才会持续上调利率。从实际情况看，在资产负债表大幅收缩之前，美联储不会大幅上调联邦基金利率。美联储会议所公布的信息与此一致。这一选择的主要原因包括三方面。

第一，从联邦基金利率调控有效性角度考虑。由于银行系统存在大量超额准备金，联邦基金市场交易规模和流动性已经显著降低，调整联邦基准利率难以影响市场短期利率走势，因此联邦基金利率作为货币政策基准利率的有效性有所下降。这种情况下，超额准备金利率的调控作用相对而言更强。另外，美联储还可运用逆回购、定期存款工具等来调控金融市场的短期利率水平。

第二，从美联储财务成本和金融市场稳定的角度考虑。从资产方的角度看，放缓加息步伐可为出售美联储所持有的长期资产创造有利的市场条件。如果短期利率上升幅度过大，使得长期利率显著上升，将导致有关资产价格下降，这不仅使得美联储受到损失，也会导致金融机构蒙受损失，并可能使得相关市场再度失去流动性。从负债方的角度看，随着市场利率的提高，美联储为避免大量超额准备金流入市场，会通过各种短期工具吸收超额准备金，并上调超额准备金利率。目前美联储存款准备金高达 1.8万亿，短期利率每上升 1 个百分点，美联储存款准备金的利息支出就增加

180 亿美元。这会增加美联储的利息支出和财务成本，从而对美联储的加息政策形成掣肘。从财政角度来看，加息会提高国债收益率以及各级市政债的收益率水平，在当前美国债务率达到"二战"后最高的情况下，发债成本提高将大大加重财政负担。

第三，美联储也不太可能等到资产负债表完成瘦身后再开始升息。零利率是非常时期的政策，联邦基金利率在 0%—0.25% 的极低利率水平上已经维持了近五年。美联储未来出售资产时间可能长达 4—5 年，继续维持低利率如此长的时间很可能助长金融市场的依赖性，妨碍金融机构正常的利率预期，并导致资产价格泡沫。小幅加息也可逐步引导市场预期，让利率发挥信号作用，测试市场反应和美国经济的承受能力。因此，目前市场普遍预期当失业率下降到 6.5% 以下、核心个人消费支出物价指数（PCE）增长接近 2% 时，美联储会开启加息进程。

综上所述，美联储退出非传统货币政策的策略核心是实现有秩序的退出，避免造成金融市场动荡或者通胀风险不可控制的上升。为实现这一目标，同时需要平衡对市场预期的引导以及适度相机抉择两方面关系。通过建立退出规则和透明度，加强与市场的沟通，以大体可预期方式逆转非传统货币政策，另外还需要根据债券市场、信贷市场、通货膨胀和失业率的动态变化，适时适度地收缩流动性供应。

四　美国退出非传统货币政策的溢出效应

从历史上看，主要发达经济体尤其是美国货币政策的大调整都对全球经济产生重大影响。20 世纪 90 年代中期，当美国经济从 90 年代早期的衰退中恢复时，格林斯潘领导的美联储开始提高利率以控制通胀，此次美国利率提高成为国际资本从东南亚流回美国、最终导致亚洲金融危机的原因之一。美国互联网泡沫 2000 年崩溃以后，美联储从 2001 年 1 月到 2003 年 6 月间连续 13 次下调联邦基金利率，该利率从 6.5% 降低到 1% 的历史最低水平。美元的低利率导致低风险套利交易在全球范围内风行，热钱大量流入新兴经济体和石油输出国，造成全球流动性过剩的局面。本次国际金融危机后，美联储推行前所未有的超宽松货币政策，欧元区和英日等国相继跟进，导致国际流动性泛滥，大宗商品价格高位震荡，并推动大量短期资本流入新兴经济体。非传统货币政策的正常化过程必定会在大宗商品价格、短期国际资本流动及全球金融体系稳定等方面产生不可忽略的冲击。

(一) 非传统货币政策实施与退出时的溢出效应

非传统货币政策退出的冲击幅度在一定程度上可以看作非传统货币政策实施时溢出效应的逆转。在非传统货币政策实施中，虽然通过刺激发达经济体更快地复苏对其贸易伙伴的出口以及跨境借贷产生了积极作用，但也对新兴经济体产生了包括资本流动加剧、汇率升值、资产价格上升及信贷扩张等溢出效应。这些效应由于新兴经济体金融体系和汇率制度的不完善甚至有加剧的倾向。

尽管关于溢出效应的实证经验还存在一定分歧，但总体上新兴经济体在量宽政策公布后经历了明显的资本流入 (IMF，2013；Fratacher, Lo Duca and Straub，2012)。以巴西为例，Barroso 等人 (2013) 估计了美联储量宽政策的事前与事后对巴西经济的影响，分解其传导机制并检验了其统计显著性。他们对美国第一轮量宽 (2008 年 12 月—2009 年 6 月)、第二轮量宽 (2010 年 8 月—2011 年 8 月) 以及扭转操作 (2011 年 9 月—2012 年 6 月) 的研究发现，这几轮操作对巴西经济的影响总体上与预期方向一致，并在统计上显著。巴西通胀、消费与实体经济活动随之上升，汇率名义升值 7.3%，实际升值 9.3%，总资本流入上升 13.9%，其中证券投资类的资本流入增长 17.6%，社会信贷相对 GDP 规模上升 0.9 个百分点而股市市值相对 GDP 上升 4.4 个百分点。另外他们还发现从渠道上看，溢出效应最重要的传导渠道是资本流入。

因此，新兴经济体对非传统货币政策退出最基本的关注点在于，随着货币政策正常化，资本流出将导致金融市场与金融机构遭遇冲击。由于发达经济体央行已实施近五年的非传统货币政策，其正常化过程可能面临操作经验不足与市场超调风险的巨大挑战。本次危机使得市场各类利率之间的关系产生系统性变化，另外发达经济体也缺乏在大量超额储备的情况下操作货币政策的经验。这可能使得利率波动性风险加剧，并导致长期利率的超调。这不仅意味着金融风险和资产价格风险，资本流动和汇率的大幅变动，还可能对经济复苏产生损害。

在这种情况下，流动性较差的企业或银行乃至国家将面临重重困难，而那些以杠杆化方式持有风险资产以及长期债券同时又没有采取足够保值措施的实体则将陷入偿付危机。虽然总体上看新兴经济体爆发危机仍属于小概率事件，但一旦爆发则对区域经济、同类型经济体产生传染效应，其最终导致的负面影响可能大大超出事前估计。因此，发达经济体实施非传统货币政策的效果虽然已成为可以分析的经验资料，但其退出非传统货币政策对外部影响的不确定性并没有因此而明显降低。

（二）退出非传统货币政策的溢出效应可能渠道分析

第一，退出非传统货币政策将对市场利率、资产价格产生直接影响。美国缩减资产购买规模后，势必对美国长期国债收益率产生明显影响。美联储在量宽后期购买的美国国债占新发行量的规模接近90%。目前美联储持有1.99万亿美元的美国国债，占美国国债总额的12%，是美国国债市场上最大的买家。一旦美联储减少购买乃至出售美国国债，必将导致美国国债价格下跌。由于美国国债在金融体系中的基础性资产定价作用，这将使得包括股市房市在内的其他资产价格受到不同程度影响。事实上，由于美联储退出QE的预期，美国10年期国债收益率从5月初的1.66%快速飙升至6月美联储议息会后的2.4%左右。

第二，核心发达经济体利率变化将导致国际资本的重新配置以及汇率调整。根据历史经验，美联储升息后往往带来美元的走强。1994年美联储将基准利率迅速从3%开始升息，并在1995年中期维持在6%左右的高位后，美元指数迅速上升。2004年中期美联储开始加息，到2005年12月13日共加息八次，美元对欧元、日元的利差分别达到200、415个基点，推动美元走强。随着美国经济增长向好，美国启动量宽货币政策退出后美元利率上升，加之欧洲和日本的货币紧缩滞后于美国，这都将对美元形成支撑。一旦美元出现升值，国际资本往往会从新兴市场回流美国，美元套利交易平仓，造成新兴市场经济体出现新一轮国际资本外流风险。新兴市场金融市场流动性以及资产价格都会受到冲击，货币贬值压力和宏观经济调控压力加剧。

第三，美元汇率走强及全球利率上行可能对大宗商品价格产生一定抑制作用，这对大宗商品进口国和出口国意味着不同的福利效应。从历史数据看，美元汇率与原油等大宗商品价格呈现较为明显的负相关关系。但对不同类型大宗商品价格的影响还要具体考虑供给和需求面因素，尤其是中国等大型新兴经济体的影响。譬如，在第一轮和第二轮量宽期间，大宗商品价格大幅上涨，主要由于量化宽松带来了经济复苏和通胀的预期。到第二轮量宽结束时，受制于全球经济需求疲软、欧债危机等因素影响，大宗商品价格开始走软。而从2012年9月开始的新一轮量宽以来，尽管美国经济开始复苏，但欧洲、日本和新兴经济体的增长不及预期，大宗商品价格走弱。因此，非传统货币政策退出对大宗商品价格的影响还需结合考虑主要经济体增长形势。

第五节　总结

从总体来看，国际货币基金组织和世界银行在国际层面为世界各国提供了较为完善的公共债务管理框架，有效地提升了各国特别是发展中国家和低收入国家的公共债务管理水平。但是危机所暴露出的一系列公共债务问题，表明现行的公共债务管理原则仍存在较大的改进余地。虽然 IMF 和 WB 也尝试对已有原则进行更新与完善，但是现有规则可能仍不够全面，考虑到各国之间存在的诸多差异，这些规则也未必普遍适用。为此，G20 已经要求 IMF 会同 WB 对现有管理规则进行完善和修订，以更好地适应金融危机之后的情况。

公共债务管理改革引起各国的高度重视，除 IMF 和世界银行自身推动之外，G20 也在其中发挥着重要作用。作为 2013 年 G20 轮值主席国，俄罗斯将"国家借贷和公共债务管理"设为 2013 年年度 G20 会议的重要议题之一。2013 年 4 月 2 日和 3 日，G20 在莫斯科召开"债务市场非常规条件下的公共债务管理"高级别研讨会，以评估公共债务管理领域的多边标准、指导方针和建议的有效性。在 4 月 18—19 日召开的 G20 财长和央行行长会议上，各国财长和央行行长呼吁国际货币基金组织和世界银行对《公共债务管理指南》的执行和可能审查方面同成员国进行沟通咨询。

国际货币基金组织和世界银行共同制定的《公共债务管理指南》和"斯德哥尔摩原则"成为全球范围内公共债务管理原则的基础，后续改革应该以这两个原则为基础，对其进行完善和修订。预计未来公共债务管理改革应该侧重如下几个方面：

首先，根据金融危机爆发的具体情况，加强对于公共债务的技术性管理。如在金融危机期间，面对融资需求增加和融资成本上升的压力，多个国家通过改变发行债券期限结构、开发非核心市场和融资工具等，扩展融资来源，降低融资成本。此外，针对市场动荡所引发的融资困难，多个国家通过修改债券发行机制、灵活使用债务工具、加强同市场的沟通等，以此来恢复市场信心，修复市场融资功能。通过实施这些政策措施，有效地维护了公共债务市场的运作，部分缓解了公共债务市场的压力。但是这些措施也使得政府的公共债务结构风险增大，只是金融危机这种极端事件之下的权宜之计。

其次，继续推进完善公共债务管理原则。除国际货币基金组织和世界银行制定的《公共债务管理指南》之外，其他国际组织和机构也建立起类似的公共债务管理原则。然而，欧洲债务危机的爆发说明现有债务管理原则仍存在较大缺陷。未来需要改进的方向至少包括以下几个方面：

第一，加强风险管理框架建设。原有指南对风险的管理只是强调成本—风险分析，未能对风险进行全面的识别与监控，导致政府对债务风险估计不足。应进一步扩大公共债务管理所关注的风险范围，"斯德哥尔摩原则"为此已经有所强调。

第二，加强公共债务管理应对宏观经济冲击的能力。欧洲债务危机爆发的原因之一，是美国金融危机冲击下欧洲债务的急剧增长，这显示出已有债务管理原则未能充分考虑到宏观经济冲击对公共债务带来的影响，这一方面要求公共债务管理应建立充足的流动性缓冲以应对不时之需，同时应加大压力测试力度，提早做好应对准备。

第三，推动采用整合的资产负债管理框架。采用资产负债综合管理框架而不是仅仅从负债角度对公共债务进行管理，有利于对政府部门的金融资产和负债进行较为全面的分析，例如一国政府虽然拥有较高的债务负担，但是如果其拥有期限、质量正好与之匹配的资产，则较高的公共债务水平并不会造成太大的风险。

发达经济体非传统货币政策逐步退出并实现正常化，这不仅是其内部利益的大势所趋，从长远看也符合全球宏观经济和金融稳定的共同利益。不过大规模非传统货币政策退出缺乏先例，即使是理论水平和政策操作水平均处于先进地位的美联储也不能不谨慎为之。我国需要对这一过程中的可能风险有提前认识和准备。

如上文所述，非传统货币政策退出将对全球市场利率、汇率、资产价格、资本流动等金融变量产生调整压力。由于缺乏经验导致的不确定性使得调整过程出现超调的可能性很大，这将加剧新兴经济体稳定宏观经济和金融体系的困难。不过，不同类型新兴经济体面临的冲击将存在显著异质性，将取决于特定国家宏观经济周期状态、市场成熟度以及有关监管政策。如果一国经济宏观经济运行低于其潜在产出，即面临总需求不足的问题，那么资本流出将使得国内需求进一步收缩。如果一国金融市场存在缺陷、市场深度不足，那么由大规模资本流出造成的外部冲击很可能造成宏观经济冲击，如果没有采用针对性的宏观审慎政策及短期资本流动管理的措施，那么该国将被动面临外部环境变化的挑战。

因此，我国需结合以上几方面因素准备相关政策应对。第一，密切监控国内宏观经济周期及货币流动性。在美国退出量化宽松政策的背景下，短期资本外流会通过外汇占款减少和存款增速放缓等渠道造成国内流动性出现一定下降，央行可在控制通货膨胀目标的同时，考虑对国内金融市场流动性提供补充。譬如我国当前大型金融机构的法定存款准备金率为20%，中小型金融机构为16.5%，这一水平在主要经济体中处于最高位置。当需要补充流动性时，下调法定存款准备金率是一项有效的数量型工具，同时也符合金融机构提高市场化运作水平的需要。

第二，为防范短期资本大规模流出的潜在风险及对国内金融市场的冲击，我国应加强对短期资本流动的管理，完善微观审慎和宏观审慎政策框架。短期资本跨境流动往往具有顺周期和超调特征，将加大汇率和市场利率波动性，增加宏观经济不稳定性和脆弱性。我国应通过对跨境业务和金融机构的监测，加强对短期资本流动的监测和风险评估。在短期资本流动风险的管理上，还应考虑以市场手段为主，以行政措施为辅，以避免对正常资本流动的过度约束。

第三，加强国际沟通与协作，督促美国实行更加负责的货币政策。尽管美国量宽政策进入与退出主要以美国经济形势为最终决定因素，但是考虑到美国经济对世界经济的影响，美国货币政策操作要顾及对其他国家，特别是新兴市场经济体的影响。我国应在 G20 等国际经济治理平台上督促美国实行更加负责的货币政策，建立信息共享机制和政策协调机制，加强同新兴市场经济体的沟通，确保量宽政策有序退出，并通过 IMF 或货币互换等机制性安排确保针对脆弱经济体的流动性供应。

第四，考虑建立区域性的汇率协调机制，与东盟等贸易上存在一定竞争关系的经济体一同防范竞争性贬值风险。在此次非传统货币政策实施期间，亚洲新兴经济体经历了相比其他地区而言更大规模的资本流入，预期在非传统货币政策退出时，这些地区也将经历大规模的资本流出冲击。这一过程如果导致汇率的无序贬值,对于中国对外贸易以及国内宏观经济稳定将带来重大影响。我国可考虑通过东盟"10+3"的合作机制,强化与亚洲新兴经济体的汇率合作,以共同促进本地区的宏观经济与金融稳定。

第 六 章

全球经济再平衡

2009 年全球经济面临全面收缩时，各国政府在一系列重大问题上迅速采取联合行动，成功地利用货币和财政政策等手段，暂时缓解了流动性危机。然而，应对危机的各种刺激性政策工具并没有真正解决世界经济运行当中的结构性问题和矛盾。全球经济失衡已经衍生出一系列问题。20世纪末的拉丁美洲和亚洲金融危机、2008 年的金融危机以及近期的欧债危机，都或多或少地与经济失衡存在千丝万缕的联系。全球经济失衡所带来的潜在风险和实际损失不断增加，影响范围越来越广泛。当前问题的严重性以及对于过去失衡无序调整的痛苦回忆，使得国际社会深刻意识到全球经济再平衡是实现世界经济强劲、可持续、平衡发展的关键保障。

本章结构安排如下：第一节回顾全球经济失衡的表现和形成原因。第二节以 G20 框架下参考性指南为基础讨论 G20 针对再平衡多采取的措施，阐述 G20 框架下参考性指南设计中的博弈过程。第三节回顾全球失衡治理的重要进程，阐述重要议题、各方态度、推动再平衡的各项动因和进展评估与争议。第四节对再平衡进程进行的数量评估进行分析。第五节是本章的总结和结论。

第一节　全球经济失衡表现与形成原因分析

进入 21 世纪以来，全球外部账户的失衡程度日益严重。大体而言，对于全球经济失衡的分析框架可以分为三类：（1）以贸易与经常账户失衡为代表的外部经济失衡，表现较为突出的是中美之间的贸易与经常账户失衡；（2）以一国储蓄与投资为指标的国内失衡；（3）以资本和金融账户以及外汇储备为代表的国际金融往来失衡。其中（1）和（2）的理论关联来自国民账户的基本原理，即国际部门失衡必然意味着国内部门的失衡；而（1）和（3）的关联则来自国际收支理论，两者密不可分。

一 外部经济失衡表现

1. 发达经济体和新兴与发展经济体的整体表现[①]

进入 21 世纪以来，全球外部账户的失衡程度一直在加深。从 2006 年开始，失衡的步伐进一步加速，直至 2007 年达到顶峰，如图 5.1.1 所示。剔除个别国家，全球外部账户失衡大致可以划分为两大阵营：以美国为代表的发达国家逆差阵营和以中国为代表的新兴与发展经济体的顺差阵营。总体格局表现为：20 世纪最后 10 年的相对平稳期；20 世纪末至 21 世纪初失衡迅速扩大期；2008 年至 2009 年的危机收缩期；2010 年之后发达经济体和新兴与发展经济体之间失衡程度伴随经济的复苏而重返逐步扩大的通道，其中德国和英国的经常账户余额占 GDP 比重上升较其他国家更快。

进入 21 世纪，新兴与发展经济体完成了从经常账户逆差向顺差的转变。由于经济规模的影响，中国因素起到了决定性作用。新兴与发展经济体的经常账户差额占 GDP 的比例从 20 世纪 90 年代的 -2.7% 逐步上升至 2006 年的近 5%。2007 年危机爆发后经常账户余额占比迅速缩小，2009 年该比重迅速下降为 1.3%，2014 年进一步下降为 0.6%。发达经济体内部既存在规模较大的贸易顺差国，也存在规模较大的贸易逆差国。20 世纪的最后 10 年中，发达经济体基本保持着相对较小的经常账户顺差规模。然而进入 21 世纪后，发达经济体的经常账户开始出现恶化，2006 年其经常账户余额占 GDP 比重为 -1.2%，达到近二十年来的最高赤字水平。随着总需求下降，2009 年该比重缩小为 -0.18% 的较低水平。2010 年这一比重上升为 -0.22%，扩大了 0.04 个百分点。除 2010 年出现平衡状态以外，这一比重趋势一直持续到 2012 年，为 -0.1%，稍有扩大。从 2013 年开始，发达经济体经常账户出现较大幅度的盈余，这和其经济复苏状态密切相关，2014 年这一指标达到 0.4%，证实了经济发展的良好势头。

---

① 这里的新兴与发展经济体沿袭 IMF-WEO 数据库中的定义，包含 150 个国家，详见该数据库相关说明。

2. 主要失衡国家的经常账户表现

在全球金融危机初期，由于经济收缩、私人部门去杠杆化以及汇率大幅震荡等多重压力，发达国家对于进口的需求迅速减少。2009 年全球贸易急剧收缩，大宗商品价格全面回落，全球贸易量和贸易额均急剧下降，世界贸易呈现 70 年来的最大跌幅。据 WTO 提供的数据，全球实际贸易增长率从 2008 年的 2.1% 下降为 2009 年的 - 12.2%，2013 年逐步恢复至 2.5%。以美元计价的商品名义贸易额从 2008 年的 15.8 万亿美元在危机后逐步增加至 2013 年的 18.8 万亿美元，名义贸易增长率增加了 20%。

2009 年中国、德国和日本等顺差国名义有效汇率的上升以及印度和英国等逆差国名义有效汇率的贬值，都对改善外部失衡起到了一定作用。尽管美国长期持续的经常账户逆差要求通过美元贬值来纠正，然而 2008 年下半年至 2009 年上半年美元的"安全港"功能反而使得美元有效汇率逐步升值。由于美元特殊地位所导致的这种现象，使得汇率的平衡调节作用在金融市场动荡加大时会出现失灵。当然，就整体而言，由于全球贸易活动的收缩，主要的逆差国（如美国、英国和法国）和顺差国（如中国、德国和日本）在危机后经常账户失衡相对本国经济的规模迅速缩小。

尽管金融危机以来的经济收缩带来了外部失衡的强制性调整，但是这种调整并没有消除导致失衡的基本因素。若全球经济持续低迷，失衡问题将暂时缓解；若全球经济复苏，失衡问题则很可能再度恶化。事实上，2011 年上半年在全球经济复苏乏力的大背景下，全球贸易再度呈收缩态势，9 月 WTO 将全球商品贸易增长速度从 6.8% 下调为 5%。若隐若现的保护主义情绪、发达国家去杠杆化过程以及黯淡的经济增长前景，导致全球贸易活动放缓，减轻了全球经济失衡。以中、日、美三大全球主要的贸易失衡国而言，2014 年经常账户占 GDP 比重分别较 2013 年同期有所下降。从目前的贸易活动形势来看，如果这种下降趋势继续保持，则 2015 年全年的失衡程度将进一步收窄（图 6.1.1）。但是，由于导致失衡的原因并未发生改变，这次失衡程度的减轻与危机后的情况类似，并不具有可持续性。

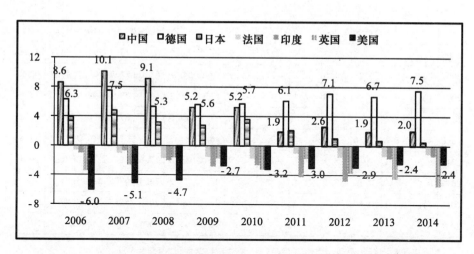

图 6.1.1　外部失衡严重国家的经常账户余额占 GDP 比重（2006—2014 年）

数据来源：国际货币基金组织《世界经济展望》数据库，2015 年 5 月。

二　内部经济失衡表现

外部失衡本质上是一国内部经济失衡的镜像。因此，在观察各国外部失衡表现的同时，也应该对各国内部失衡程度做出测定。联合国贸发会 UNCTAD（2011）指出，不应仅仅将经常账户失衡作为衡量全球失衡的核心指标。首先，经常账户失衡仅仅反映了失衡问题的一面。其次，经常账户在短期内的逆差或顺差，并不足以反映更为长期的或根源性的失衡状况。对于一国内部经济失衡最基础的测度则来自该国储蓄和投资的实际表现（见表 6.1.1）。

表 6.1.1　　　7 个失衡国家的公共部门财政表现（2002—2014 年）

国别	财政盈余占 GDP（%）							公共债务总额占 GDP（%）						
	中国	法国	德国	印度	日本	英国	美国	中国	法国	德国	印度	日本	英国	美国
2002	-3.0	-3.2	-3.7	-9.9	-8.0	-2.0	-3.9	18.9	59.0	60.7	80.6	160.9	37.2	57.1
2003	-2.4	-4.1	-4.0	-9.2	-8.0	-3.3	-4.9	19.2	63.2	64.4	81.7	167.2	38.5	60.4
2004	-1.5	-3.6	-3.8	-7.3	-6.2	-3.4	-4.4	18.5	65.0	66.2	81.0	178.1	40.2	61.5
2005	-1.4	-3.0	-3.3	-6.4	-4.8	-3.3	-3.2	17.6	66.7	68.5	78.7	191.6	42.1	61.7

	财政盈余占 GDP（%）							公共债务总额占 GDP（%）						
2006	-0.7	-2.3	-1.6	-5.3	-4.0	-2.6	-2.0	16.2	64.0	67.9	75.4	191.3	43.1	61.1
2007	0.9	-2.7	0.2	-4.0	-2.4	-2.7	-2.7	19.6	64.28	65.0	72.7	187.7	43.9	62.3
2008	-0.4	-3.3	0.0	-7.0	-4.2	-4.9	-6.5	17.0	68.2	66.4	73.1	195.0	52.0	71.6
2009	-3.0	-7.6	-3.1	-9.1	-10.3	-10.3	-12.8	17.7	79.0	74.1	69.4	216.3	68.3	85.2
2010	-1.2	-6.8	-4.0	-8.4	-9.3	-9.7	-11.3	36.6	81.5	80.3	67.5	216.0	76.4	94.8
2011	0.6	-5.1	-0.8	-8.1	-9.8	-7.6	-9.9	36.5	85.0	77.6	68..1	229.8	81.8	99.1
2012	0.0	-4.9	0.1	-7.5	-8.8	-7	-8.6	37.3	89.2	79.4	67.5	236.6	85.8	102.4
2013	-1.1	-4.1	0.1	-7.2	-8.5	-5.7	-5.8	39.4	92.4	76.9	65.5	242.4	87.3	103.4
2014	-1.1	-4.2	0.6	-7.2	-7.7	-5.7	-5.3	41.1	95.1	73.1	65.0	246.4	89.5	104.8

数据来源：国际货币基金组织《世界经济展望》数据库，2015 年 5 月。

以国民储蓄与投资差额占 GDP 的规模来衡量，失衡最严重的为中国和美国，相应地这两个国家也是外部失衡表现最严重的国家。2007 年就储蓄投资差额占 GDP 比重指标而言，中国达到了前所未有的 10.1%，这一比例在 2009 年迅速缩小为 5.2%；同期德国则从 7.5% 下降至 5.6%。作为主要的储蓄投资逆差国，美国在失衡最严重时期该指标分别达到 -5.1%（2005 年）、-5.1（2004 年）和 -5%（2007 年）。危机后，由于经济收缩引致的消费模式的变化使得内部失衡迅速缩小，2009 年美国储蓄投资差额占 GDP 比重上升至 -3.3%。

在已经认定存在较大失衡的七个国家中，财政赤字对 GDP 占比规模的增加更多地来自这些国家财政纪律方面的缺陷。危机之后的早期（2007—2009 年），几乎所有七个失衡国家年度财政赤字均出现明显增加，其中美国、英国、日本和印度的赤字规模一度高达 GDP 的 9% 以上水平。后期，随着经济状况的逐渐好转，赤字占 GDP 比重均出现了下降。与持续的财政赤字流量累积相对应的是公共债务的存量表现持续恶化。在过去十年中，法、日、英、美的公共债务占 GDP 比重上升超过 1.4 倍，其中英国的增长速度最快（表 6.1.1）。[1] 由于秉持平衡财政的基本思想，中国

---

[1]　由于私人部门的数据准确性欠佳，下面关于内部失衡的分析将以公共部门的失衡为主要对象。

的公共债务占 GDP 比重仍处于相当低的水平。印度则由于近期 GDP 的快速增长而受益，其公共债务占 GDP 比重还处于下降通道中。

金融危机以来，失衡国家经济收缩带来了财政收入减少，财政刺激政策导致了支出增加。对于系统重要性企业的救助等，使得已有的失衡雪上加霜，私人部门的部分债务负担被转移到公共部门，公共财政平衡能力迅速恶化。如果财政赤字增长继续，或者即使财政平衡但经济出现负增长，都意味着债务占比的进一步扩张。目前内部失衡，特别是公共部门的失衡，已经引致部分发达经济体（如"欧猪五国"）陷入泥沼，严重阻碍了全球再平衡的进程。

三 国际金融往来失衡表现

实物资源的国际间转移必然伴随着国际资本的转移。按照目前 IMF 对国际收支账户的划分，分别由经常账户、资本账户、金融账户、储备与其他项目和错误与遗漏五项构成。对主要失衡国家而言，美国的经常账户高逆差对应反映到金融账户的高顺差中，2006 年其金融账户的顺差占 GDP 比例一度高达 5.8%，随着贸易逆差的快速收窄，2009 年该比率跌落至 2%（图 6.1.2），之后数年一直保持在 2% 左右。对于顺差国而言，发达经济体和发展中经济体在国际金融失衡表现中则存在较大差异，发展中国家由于资本管制、资本市场不发达以及出于自我保护需求等种种原因，私人部门的金融账户转移规模较小，主要表现为储备账户的畸高（表6.1.2）；而以德国和日本为首的发达经济体，尽管也积累了一定的储备，但主要平衡经常账户顺差的项目落在金融账户上。

过去十年以来，G20 中的发展与新兴经济体几乎无一例外地呈现出官方外汇储备的快速增长态势（表 6.1.2）。其形成的主要原因包括：经历了数次金融危机后的预防性需求，资金需求国为吸引投资者稳定投资信心的棘轮效应，汇率缺乏弹性或者存在结售汇管制，私人部门缺乏投资渠道，货币存在升值预期等。而发达国家由于本身已经是主要的国际储备货币发行国，其外汇储备占 GDP 比例相对平稳得多。

新兴与发展中国家的官方外汇储备主要流向发达经济体的低风险、低收益率金融产品如美国、德国长期国债。最大的经常账户逆差国美国，其被外国持有的金融资产中约 65% 是属于有利息支出的，而美国持有的外部金融资产中只有 45% 存在利息收益，形成了一种隐形的利息净流出趋势（Mann，2005）。但是这种发达经济体与新兴经济体之间（尤其是中美之间）的金融失衡已经被或即将被一些因素缓和。首先，这些金融产品往往是以发行国货币计价，因此发行国可以通过贬值等手段减少其债务负担。其次，美国目前的海外直接投资收益大于外资在美国的投资收益（反映为金融账户顺差），在一定程度上缓解了美国外部负债状况。

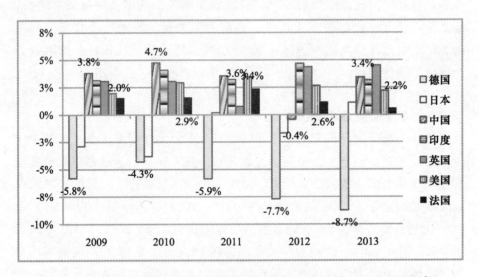

图 6.1.2　外部失衡严重国家的金融账户余额占 GDP 比重（2009—2013 年）

数据来源：国际货币基金组织国际金融统计数据库，2014 年 12 月。

表 6.1.2　　　G20 国家外汇储备占该国 GDP 比重（2002—2014 年）

	2002	2003	2004	2005	2006	2007	2008	2009	2010	2011	2012	2013	2014
阿根廷	10.1	10.1	11.8	12.4	14.2	16.9	13.5	13.8	12.6	7.2	6.1	4	4.8
巴西	7.4	8.8	7.9	6.0	7.8	13.0	11.7	14.5	13.4	13.1	15	14.6	15.1
中国	19.7	24.6	31.6	36.3	39.3	43.7	43.1	48.1	48.4	47.9	43.5	43.8	40.3
印度	13.1	16.5	18.2	16.2	18.7	23.1	19.7	20.4	16.4	14.3	14.3	14.3	14.4
印度尼西亚	15.7	14.8	13.5	11.5	11.2	12.7	9.7	11.2	12.7	11.6	11.5	10.2	11.9
韩国	21.0	24.0	27.4	24.9	25.0	24.9	21.5	31.8	28.3	24.8	25.9	25.7	25
墨西哥	7.1	8.2	8.3	8.6	7.9	8.3	8.6	10.7	11.1	11.7	12.9	13.4	14.4
俄罗斯	12.8	17.0	20.4	23.0	29.8	35.9	24.7	33.2	29.3	23.2	23.5	22	17.6

	2002	2003	2004	2005	2006	2007	2008	2009	2010	2011	2012	2013	2014
沙特阿拉伯	8.9	8.2	9.3	48.3	62.9	78.9	92.3	105.2	96.4	78.5	87.3	95.5	95.5
南非	5.0	3.7	5.8	7.4	8.7	10.2	11.0	11.4	9.7	9.6	10.4	11.5	11.9
土耳其	11.6	11.1	9.0	10.4	11.5	11.3	9.6	11.3	10.7	9.9	12.5	13.3	13.1
加拿大	4.4	3.6	3.0	2.7	2.6	2.8	2.8	3.2	2.8	3	3	3.2	3.5
法国	1.5	1.3	1.4	1.1	1.8	1.7	1.1	1.1	1.4	0.9	1.1	1	1
德国	2.1	1.7	1.5	1.2	1.7	1.2	1.1	1.1	1.1	1.0	1.1	1	1
意大利	2.0	1.7	1.4	1.3	1.3	1.3	1.5	1.6	1.7	1.5	1.7	1.7	1.6
日本	11.5	15.4	17.9	18.2	20.1	21.7	20.6	19.8	19.0	20.7	20	24.5	26
英国	1.9	1.5	1.5	1.6	1.6	1.7	1.6	1.7	2.2	2.2	2.5	2.6	2.6
美国	0.3	0.4	0.4	0.3	0.3	0.3	0.3	0.4	0.4	0.3	0.3	0.3	0.2
E11	12.0	13.4	14.8	18.6	21.6	25.4	24.1	28.3	26.3	29.8	29.9	30.7	29.6
G7	3.4	3.7	3.9	3.8	4.1	4.4	4.1	4.1	4.1	4.3	4.2	4.2	4.2

资料来源：国际货币基金组织国际金融统计数据库，2015 年 5 月。

第二节 G20 的再平衡努力——参考性指南

从庆州会议发展起来的参考性指南工作，成为 2011 年以来在 G20 全球治理平台下一项富有建设性的政策合作。在经历了指标集提出、磋商、达成协议等一系列复杂艰巨的工作后，参考性指南指标已在巴黎会议上顺利达成。本书将从参考性指南的发展背景入手，重点分析各国涉及的主要指标及指标设计原则、指标的讨论与中国的立场、参考性指南指标的最终确定以及对指标谈判阶段的经验总结等重要内容。

一 G20 框架下参考性指南设计之指标选择

全球经济从危机中逐步复苏，2010 年开始 G20 将注意力从以救市为目标的国际政策协调，向全球经济失衡、国际货币体系改革、大宗商品价格、金融监管改革与全球金融安全网等更加长久的议题转变。不平衡问题由于其长期性、破坏性以及对各国政策协调的要求，成为 2011 年 G20 全球治理平台上热点议题之一。实际上，长期以来学术界对于外部失衡问题并没有共识性看法，甚至对于全球失衡也缺乏严格的定义。这一背景使得在 G20 平台上讨论全球失衡的治理工作变得复杂而艰巨。

（一）G20 框架下参考性指南背景介绍

G20 庆州会议前夕，美国财政部长盖特纳在 2010 年 10 月 21 日给 G20 各成员国财政部长的信函中，就建立更有力的国际金融合作框架提出了三条具体建议，其中第一条和第三条均为明确针对外部不平衡问题而提出的。第一条建议指出 G20 成员国应承诺采取政策措施，在未来几年内使外部不平衡占 GDP 的比重降低到某个特定水平，并给予结构性的原材料出口大国一定例外。第三条提出由 IMF 对 G20 各成员国的政策落实情况进行监督。G20 庆州财政部长会尽管将主要议题集中在汇率问题上，然而在其公报中依然再次提到，"加强多边合作，提高外部可持续性，采取一系列政策推动减少过度失衡并将经常账户失衡控制在可持续的水平上。如果根据各方认可的参考性指南确定出现持续大幅失衡，则有必要对失衡本质和阻碍调整的根本原因进行评估，并作为相互评估工作的一部分。"

在 2010 年 11 月 G20 首尔会议财政部长公报中，指出将通过增强共同评估程序（MAP）来促进外部可持续性，而由财政部长会通过的参考性指南将成为评估 G20 国家实施调整的主要参考。参考性指南将由一套系统的指标构成，以协助及时确定是否存在需要制止或纠正的严重失衡。公告还提出成立一个框架工作组（FWG，由 G20 各成员经济体代表、西班牙代表、世界银行代表和 IMF 代表组成），在 IMF 提供的技术协助基础上进一步讨论协商，并提交财政部长会。

G20 的 FWG 工作组创建后，参考性指南的建设正式开始运作。按首尔会议制订的计划，在 2011 年 2 月巴黎会议上确定参考性指南的指标选择工作，并于 2011 年 4 月在华盛顿会议上确定具体的量化实施方法。参考性指南将主要用于第一阶段的评估工作，4 月以后当失衡国家及相关失衡项目确定后，开始进入第二阶段的工作，即就评估结果在 MAP 框架下进行政策建议和执行监督。

（二）参考性指南指标的提出

首尔会议结束后，采用一篮子指标代替之前盖特纳提出的经常账户指标的基本思想已达成共识。参与 FWG 的各国代表纷纷就参考性指南应该包括的指标以及如何测定这些指标发表意见。然而，由于 G20 内部各国经济状况以及对失衡问题的认识存在较大差异，提出的指标也存在较大分歧。

由 FWG 各国及主要国际机构代表提出的指标体系中出现频率较高的指标包括：财政余额占 GDP 比重、经常账户余额占 GDP 比重、私人储蓄率、外汇储备、海外净资产头寸、实际有效汇率、私人信贷、总债务占 GDP 比重等。

其他被各国代表提出的指标还包括：单位劳动成本、市场开放程度、汇率、贸易条件、资产价格、老龄化率、家户收入、储蓄动机、银行信贷、金融机构建设情况、资源价格扭曲程度、要素价格扭曲程度等。

由于各国提供的参考性指标繁杂，涉及面较广，因此，加拿大代表提出了参考性指南设定应遵循的六条基本准则：指标数量应有限；注重结构性因素；关注政策能够影响到的指标；反应内外部失衡；指标度量的最小化重叠；协调行动效果显著。应该说这六条准则是具有建设性的设计，是引导参考性指南向可操作性方向发展的重要支持。

（三）参考性指南指标的讨论与中国立场

2011 年 1 月 13 日数位经济学家、IMF 及 FWG 代表对参考性指南发表了演讲。如哈佛大学的弗兰克认为外汇储备和实际汇率是两个非常重要的失衡指标，前者与债务相关，后者与购买力相关。MIT 的福布斯指出重要的指标应包括：经常账户、国际储备（及汇率）、政府储蓄、私人债务。IMF 的代表斯里尼瓦森和法如克提出第一步的失衡评估应包括外部失衡（经常账户、实际汇率、国际储备）、金融失衡（信贷增长、其他关键指标）和内部失衡（公共债务、财政收支）三大部分，同时提出的还有 IMF 长期以来对汇率与经常账户平衡方面的 CGER 模型研究。FWG 工作组加拿大籍联席主席罗钦则对各国提出的各项指标进行了回顾，列举了内外部两大类、7 个重要指标：经常账户、实际有效汇率、净海外资产、国际储备、财政赤字/债务（% GDP）、私人储蓄（% GDP）和私人信贷增长。

在主要的共性指标中，中国方面对（实际）汇率以及外汇储备指标的争议较大。由于失衡问题的核心仍在于国际贸易，各国调整手段应允许灵活化，部分国家以汇率调整为主要政策手段，部分国家则可能通过支出政策改变予以调整，还有部分国家选择采用经济结构调整等政策手段。而且实际汇率的统计目前有多种方法，不符合加方提出的简单直接要求。此外，对于汇率偏离的评估也是一个充满争议的问题，这将导致 FWG 的工作陷入困境。外汇储备指标明显对中国、印度、巴西等外储增长较快国家不利。沙特阿拉伯、俄罗斯等国尽管外储增长较快，但可以通过对待原材料出口大国的特别条款得以豁免或降低要求。实际上，新兴市场积累的大量外汇储备是由于不合理的国际货币体系所导致的，是出于防范外部投机资本冲击而做出的不得已选择，并非是引致全球失衡的原因。此外，中方也对经常账户这一指标表现敏感，认为经常项目项下由货物与服务贸易、转移支付和收入项组成，各个组成成分之间并没有绝对的同向变动关系，应区别对待。

（四）参考性指南指标的最终确定

通过 FWG 的共同努力，在 2011 年 2 月巴黎财政部长与央行行长会公报中，指出参考性指南的评估将采用以下指标：内部失衡指标包括公共债务与财政盈余，私人储蓄率与私人债务率；外部失衡指标由贸易盈余和净投资收益与转移支付构成；同时考虑汇率、财政、货币等其他政策情况。巴黎会议决定的三组指标，分别涉及了国内公共部门平衡能力（代表存量的政府总债务和流量的政府收支）、私人部门平衡能力（私人储蓄率和债务率）以及外部经济平衡能力（贸易账户和净投资收益与转移支付）。

最终指标的设定基本体现了 IMF 的设计原则，从内外部两个层面反映失衡状况。这里特别需要指出的是，外部指标由原来的三个：经常账户、汇率和储备，变成现在的两个：贸易账户和投资收益与转移支付。也可以说是保留了原指标中的一个，因为经常账户正是由贸易账户、收益、转移支付三个部分构成。正因为如此，在后续指标量化的准备工作中，大量被提及的依然是经常账户指标。

二 G20 框架下参考性指南设计之量化方法博弈

作为 2011 年二十国平台上重要议题，治理全球失衡的参考性指南工作已经在 4 月 G20 华盛顿会议上确定了参考性指南的量化方案。由于采用了四种不同的量化方法，两套不同的历史时间区间，以及后来引入的系统重要性指标，使得参考性指南的量化方案变得较为复杂。关于量化方案的讨论各国意见差异性较大，中国的顾虑主要在于外部失衡的衡量上，但同时也清醒地意识到自身无法被排除在失衡国之外，因此在参与多国博弈时的难度比较之前确定参考性指南指标时要小得多。在对谈判方式方法的分析基础上，本书试图总结此次谈判中积累的经验和教训，以期为今后应对此类国际协调问题提供支持。

在巴黎会议就参考性指南的指标设置达成一致意见后，框架工作组（FWG）很快开始责成 IMF 提供量化的方法论支持。从 2 月 19 日巴黎会议结束到 4 月 14 日华盛顿会议开始，中间只有不到两个月时间可以用于财政部长会之前的细节磋商。然而与确定参考性指南的指标篮子相比，由于涉及测算方法、失衡标准设置、国别差异等，使得对于量化方案的讨论变得更为复杂。对于存在失衡可能的国家，谈判官员需要在短时间内了解方法论并给予准确的判断，既要表现出合作态度，又要维护本国利益，谈判压力较指标选择过程更甚。

（一）参考性指南量化方法简介

2011 年 3 月 18 日，G20 增长框架工作组举行了第十五次电话会议，会前联席主席给各与会者散发了 IMF 关于量化方法的建议。IMF 提供了两大类四种分析框架，分别为：结构法和同属于统计法的时间序列法、分组法和四分位法。此外，IMF 也提供了运用这些分析框架给出针对各个指标的分析和判断标准，其涉及的指标包括：经常账户、贸易账户、政府总债务、财政盈余、私人储蓄和私人债务。但在其早期提交的文件中，完全没有涉及净投资收益与转移支付项。可能考虑的是，贸易余额（含商品和服务）加上收入与净转移支付项后就是经常账户。因此，尽管在 IMF 的技术文件中多次出现经常账户，却并未对净投资收益与转移支付给出任何单独的度量或分析。

基本的评估思路如下：首先，利用以上分析框架根据 1990 年至 2004 年的数据分析，确定合意水平值或标准值；其次，在标准值上下设置浮动区间；最后，根据检验考量值的位置确定失衡程度。检验考量值主要用于判定目前或未来是否存在失衡的指标数值。

IMF 提供的对外部失衡度量的结构法源自 1995 年成立的汇率咨询小组 CGER 的工作，其作用就是在七国集团框架下评估汇率水平。在这个方法被提出伊始，即可以感受到汇率政策依然将成为近期或未来主要的政策改进措施之一。实际上，无论是在 2 月的巴黎会议上，还是在量化阶段的讨论中，对于汇率等货币政策的度量常常被提及。

在给出失衡度量方法的同时，IMF 还提出了一个新的指标——系统重要性。只要用购买力平价或者市场汇率衡量的 GDP 占全球份额高于 5%，就被认为系统重要性国家，应被要求用更加严格的标准判定是否失衡。对于系统重要性国家而言，采用严格标准，如果各指标的检验考量值，出现一次（或以上）超过正负两个标准方差，并有出现一次（或以上）超过正负一个标准方差，或者出现两次（及以上）超过一个标准方差，即需要进入第二阶段的评估和改进工作。对于非系统重要性国家而言，则采用宽松标准，即需要出现两次（或以上）超过两个标准方差以后，才需要进入第二阶段评估。

（二）参考性指南量化方法中的中方考量

参考性指南只是为衡量各国的失衡确定方法，而对指标的量化才最终确定各国的失衡水平，而失衡水平的高低则将直接影响到第二阶段的政策建议。为了尽量减少在第二阶段中的被动局面，中方的考量主要体现在以下几点。

1. 关于量化方法的倾向性

由于中方最为担忧外部失衡问题，因此对于外部失衡的量化方案自然最为关注。早期，考虑到 IMF 的 CGER 模型结构法给出的经常账户以及贸易账户的参考值和波动范围较之统计法更为有利，因此中方代表并未显示出对某种方法的特别偏好，而是建议结构法与统计法两种方法结合使用。但由于该方法曾作为 IMF 指责中国汇率问题的一个主要分析工具，因此考虑到前后逻辑的一致性以及各种方法的优劣比较后，中方谈判代表更倾向于时间序列法。

2. 关于历史区间的选择

IMF 给出的所有方法均主要采用 1990 年至 2004 年的历史数据，其理由是认为 2007 年开始的全球经济危机与前期失衡积累有高度联系，因此不宜再把严重失衡时期计算在内。然而，中国的经常账户和贸易账户的起飞正是开始于 2005 年，因此若以区间计算，得到的结果将显著偏低，也使得后期具有较大的调整压力。因此，中方意见偏向将此区间延长，商务部官员提出该区间应延长至 2010 年。

3. 关于量化指标的规范

在 IMF 的方案中，对于外部失衡的研究是基于经常账户和贸易账户的。在 2 月巴黎会议上，在达成的参考性指南指标中，外部失衡指标为贸易账户和净投资收益与转移支付。中方在此指标上压力较小，而其他国家尤其是发达国家在该指标上压力相对较大。因此，中方坚持应尊重巴黎会议公报，在参考性指南中不应再出现对经常账户的量化分析。

4. 关于系统重要性指标

是 IMF 增加的一个额外指标，对经济大国的失衡标准较为严格，对一般国家的失衡标准较为宽松。因此，较之没有系统重要性指标而言，严格标准下进入第二阶段评估的国家更少，而宽松标准下进入第二阶段评估的国家则更多。中方希望更多的发展中国家参与到第二阶段评估的工作中，因此并不赞成施加该指标。实际上，进入 G20 的国家应该说已经具备其系统重要性要求，因此是否有必要在二十国内部再行划分，值得思忖。

5. 其他问题

中方还对作为检验考量值的 2015 年预测值准确性、用作私人债务率的数据来源、量化方法中的参考值在第二阶段评估中的地位等问题有所保留。根据 WEO 的预测数据，中国在 2015 年的贸易账户盈余占 GDP 比重将为 5.7%，经常账户盈余占 GDP 比重为 7.8%。然而，随着后危机时代的到来，中国已经在着手结构调整，2011 年第 1 季度中国已经出现贸易逆差。然而 IMF 提供的 2011 年至 2015 年的预测值则呈线形上升态势，显然这种预测值并不能令人满意。IMF 提供的数据来看，中国的私人债务占 GDP 比率从 1998 年即超过 100%，在 2009 年年底上升为 134.6%。而对于因为高债务低储蓄引致金融危机的美国而言，这一比率却一直稳定在 70%—90%。这种有悖常识的数据表现令人难以接受。

（三）量化方法的多国博弈

在确定参考性指南的量化方案期间，工作组召开了多次电话及现场协调会议，讨论主要围绕以下几方面展开。

第一，关于指标量化方法的选择问题。FWG 各国代表对量化方法的态度较为分化。例如就方法而言，澳大利亚、德国、西班牙、阿根廷、中国、韩国、印尼、俄罗斯和南非倾向于结构法与统计法的结合使用；而日本、英国、墨西哥、巴西、印度、土耳其则倾向于统计法；美国和欧盟则表示无所谓，哪种方法均行。中国在这一问题的态度上出现过一些变化。谈判早期中方赞成将结构法与统计法结合使用，但在 3 月 28 日的电话会议中则明确表达了对统计法（尤其是时间序列法）的偏向。由于四种方法的度量结果有着或多或少的区别，各国从本国利益出发，必然造成对于不同方法的不同偏好。

第二，是否应加入对汇率等政策的考量。由于巴黎会议公报中提及相关内容，因此工作组主席建议，由各国提供财政、货币等相关政策信息。然而，对于在量化阶段是否需要考量汇率等政策，除了德国与欧洲央行表示强烈的诉求外，其他绝大多数国家均认为该议题应放入下一阶段予以考虑，大致理由如下：首先，汇率问题实际已经在结构法中得以体现；其次，汇率政策的量化将使量化过程愈加复杂，不易在短期内达成一致意见；最后，包括 IMF 在内的部分代表认为汇率是造成失衡的因素之一，应该在第二阶段针对失衡的政策建议加以讨论，而量化阶段的主要任务是确定是否失衡。

第三，关于检验考量值的选择问题。根据 IMF 在 WEO 中的分析，各国将在 2015 年左右消除此次危机导致的产出缺口，并实现经济的基本恢复，因此建议采用 IMF 的 WEO 数据库中的 2015 年预测数据作为检验考量值。然而，很多国家对此表示了质疑，一方面数据预测时间跨度过大，预测数据会不断更新，对指标量化结果的稳定性和客观性带来影响。另一方面，由于前提假设、方法逻辑等方面的差异，各国际机构、各国统计部门提供的预测也存在差异，并无绝对准确的预测结果。有国家，如印度，提出采用各国自己提供的预测数据进行测算。但这样一来势必带来新的问题，各国将采取有利于本国的预测数据，参考性指南的实际效用将大打折扣，该提议并未得到其他国家的响应。由于 FWG 代表们对该数据的争论较大，在最后的定案中改为采用 2013—2015 年的平均预测值。

第四，关于历史数据区间选取。部分国家对 IMF 选择 1990—2004 年的数据作为考量区间提出异议。在此期间，部分国家的经济社会结构发生较大变化，如东西德统一、欧元区建立、亚洲国家的经济转型等。尽管 G20 工作组的 Basu 和 Rochon 联席主席指出数据的样本期扩展至 1990—2007 年或者 1990—2010 年将包含一个特殊时期，如全球经济危机和衰退，并指出这样会降低数据的可靠性。但是，在 2011 年 4 月 8 日的电话会议后，FWG 内部达成协议，将在华盛顿财长会上同时提供基于 1990—2004 年和 1990—2010 年的测度结果，以前者为主，后者作为参考信息提供。

第五，是否在判断失衡时引入系统重要性作为辅助指标。在 Cline 和 Williamson（2009）在 IIE 发表的论文中明确指出美国和中国是在不平衡问题中具有系统威胁性的国家。以美国代表为首的大多数国家均赞成引入系统重要性指标。个别国家如英国、加拿大赞成采用汇率法核算的 GDP 作为系统重要性指标；而阿根廷、印尼等赞成采用购买力平价核算的 GDP 作为衡量指标；还有一些国家认为两种衡量手段均可接受。美国代表在数次电话会议中多次指出，无论采用哪种量化方法，四个最大的经济体（指美、中、日、德）是必须被考虑的对象，也是应该进入第二阶段的国家。显然，如果由于一系列技术原因而导致中国游离在失衡国家以外，这将是美国无法接受的结果。面对这一形势，中国在这一问题上的态度显得较为缓和。尽管中方一直认为应该对 G20 国家一视同仁，不应对个别国家实施更为严格的标准，但并未就此项指标做出强硬表态。

　　（四）参考性指南量化方法的最终确定

　　2011 年 4 月 14—15 日召开的华盛顿财长会对参考性指南量化方案达成一致，15 日发布的公报指出：历史分析的时间框架为 1990—2004 年的数据，同时提供 1990—2010 年作为参考。量化方法将分别采用结构法（基于经济模型和经济理论，考虑每个国家的特别情况下的模型），基于各国历史时间序列的统计法，对处于相同发展阶段的国家群（区分为发达经济体和新兴市场经济体）采用组内分析的统计分组法，建立在对所有 G20 国家数据分析基础上的统计四分位法。评价是否失衡的考量值采用 2013—2015 年预测平均值，一旦在四种方法中有两种或两种以上的方法确认失衡，则表示该国在该项指标上存在失衡。评估中将启用系统重要性指标（即该国用市场汇率或者购买力评价衡量的 GDP 占到 G20 国家 GDP 总额的 5% 以上时，即被认为属于系统重要性国家）。

　　公报中特别指出，在第二阶段评估中 IMF 可以提供预测数据，而各国对自己的评估则可以采用本国提供的数据。这是对部分国家担忧 IMF 的预测数据问题而给出的折中处理。公报中并未明确指出哪些国家属于失衡国家需要进入评估程序的第二阶段。但是按照 FWG 提供的最终技术文件，中国、印度、日本、美国、法国、德国和英国已确定将进入第二阶段。

　　就此次量化技术方案的多边协调而言，有几点经验值得吸取。首先，技术复杂化引致协调难度加大。G20 尽管已经成为一个国际治理平台，属于不具有国际机制的正式政府间组织，在此平台上的决策具有一定的特殊性。这种特殊性主要体现在两个方面：（1）成员众多。在 G20 增长框架 FWG 工作组中，除二十国的成员国代表外，还包括西班牙、欧盟以及世行和国际货币基金组织的代表；（2）一致同意的方式才能得以达成最终决议。在这种情况下，在 FWG 讨论中一次给出四种方法论并非明智之举。尽管技术支持由 IMF 提供，但作为联席主席应提前预见到方法复杂化可能带来的后果。事实上，在历经两个月时间的讨论后，最后的决议是同时采用所有方法。而这些方法对于决策层和大众而言，依然显得过于复杂，也增加了对最高决策层和公众解释的难度。

其次，工作组联席主席的主导与引导作用显著。联席主席在讨论中对研讨方向具有较大影响力。这种影响力不仅体现在讨论前主要议题的确定，讨论过程中的引导，也体现在讨论后的总结工作中。由于联席主席来自 G20 成员国，因此或多或少会带有一定的主观倾向，这种倾向性将影响其对各方讨论的判断和解读。当部分国家坚持某项意见时，联席主席需有变通的处理方式，以推动最终协议的达成。

三 G20 框架下参考性指南设计之量化方法

参考性指南的量化方案并不仅是狭义上的量化手段的选择，还包括数据选取、数据处理以及标准制定等。IMF 提供的四种分析框架分别为：结构法、时间序列法、分组法和四分位法。本部分将就现阶段讨论的主要量化方法进行全面梳理，并对各种方法的优劣势进行简要分析。在 IMF 提交的一篮子量化方案中，尽管对于不同指标采用的量化方法存在些许差异，但对于失衡判断的主要方式是利用各指标的历史数据确定该指标的标准值，并在标准值上下设置浮动带，若检验值超出浮动带越远，则意味着失衡程度越大。在标准值及阈值的测定过程中涉及结构法和统计法两大类别，而统计法又划分为时间序列法、分组法和四分位法。但实际上对于结构法而言，只有外部均衡指标和公共部门均衡指标有相应的结构法，对于私人部门均衡指标并没有提供相应的结构法而是全部采用统计法进行量化。

（一）量化指标的关键词

一是合意标准：也称参考值，指合意标准确定出均衡值水平。大部分指标采用合意标准的形式给出参考值。

二是阈值：边界值或者触发值，即可以接受的最低（最高）水平，一般由参考值上下加上一个波动范围确定的边界值。

三是平衡与否的判断条件：以合意标准为中心设置的可以接受的上下波动范围，往往以标准差定义阈值水平。根据测算方法的区别，标准差有两种计算方式：（1）基于历史数据的标准差是基于统计方法，即计算该指标的历史数据的标准差；（2）对于采用结构法而言，其标准差以置信水平（通常 5% 或 10%）的形式给出。

（二）针对外部均衡指标的结构法

1995 年开始，IMF 成立汇率咨询小组（CGER），主要从事对 G7 国家的汇率水平进行内部评估。早期，IMF 主要依赖经常账户表现给出意见。2001 年开始至今，采用均衡实际有效汇率测算方法。CGER 方法内部实际包含三个模型：宏观均衡（MB）、简化均衡实际汇率和外部可持续性（ES）。在 IMF 提交给 FWG 的结构法模型中，对经常账户指标分别采用 MB 和 ES 模型进行测算，两种方法的估计均衡值取算术均值，作为其标准。而投资收益与转移支付盈余指标则仅采用 ES 模型进行测算，并将测算得到的均衡值作为其标准。

1. MB 模型基本原理

基本思想：CA = S – I，即认为经常账户应该反映一国的储蓄与投资差额。

MB 模型主要工作步骤：

A. 利用面板数据方法估计 1973—2004 年间 54 个国家 CA 和各个经济基本面指标间的关系；

B. 利用各国的中期基本面预测值，计算出均衡的 CA 水平；

C. 利用 CA 观察值和 CA 标准值之间的关系来确定需要调整的实际汇率水平。尽管这一步骤在 CGER 的技术手册中存在，但尚未在参考性指南方法论中执行。

2. MB 模型中使用的主要变量以及理论关联

财政盈余占 GDP 比重：与 CA 间存在正相关关系。财政盈余越高，意味着国民储蓄上升，因此往往 CA 也越高。

人口因素：a. 老龄人口比重与 CA 为负相关关系。老龄人口越多，越倾向于花费，储蓄越少，CA 越低；b. 人口增长率主要用于反映劳动人口的变动情况，人口增长率与 CA 正相关，增长率高，劳动人口多，CA 越高。

净国外资产（NFA）有两种效应：a. NFA 越大，一国可以承受贸易赤字越大，NFA 与 CA 负相关；b. NFA 越大，海外投资收益越多，NFA 与 CA 正相关。一般认为 b 的影响大于 a。

石油净出口占 GDP 比重：石油净出口比重越大，CA 盈余越大。由于石油价格波动剧烈，很难在短期内通过汇率变动得以消除，因此在石油需求相对稳定的假设下，石油价格变动将直接影响石油的进出口表现，而石油进出口表现又将直接影响 CA 表现。

经济发展阶段与经济增长（相对收入：以 PPP 方法计算的人均收入

与美国人均收入的比率；经济增长：实际人均 GDP 增长率）：起步阶段的发展经济体，投资率高，进口较大，CA 盈余较少（但发展经济体，如阿根廷、中国、印度尼西亚等实行出口导向政策，因此尽管投资率高，但出口也高，CA 盈余也会较高）。

虚拟变量 1（经济危机）：经济危机伴随经济增长下滑，CA 表现恶化，筹资能力也随之降低，同时净海外负债有缩小倾向。

虚拟变量 2（金融中心）：对于处于国际金融中心地位的国家和地区（比利时、中国香港、卢森堡、荷兰、新加坡和瑞士），由于国际资本流动较大，往往也伴随着较高的 CA 顺差或净贷出头寸。

3. MB 模型优缺点比较

MB 优点：针对每个国家设计不同的模型，体现了国别差异；可以直观观察各经济基本变量与贸易账户之间的关联；易于政策建议和操作。

MB 缺点：（1）为了抽象以建立模型，因此不得不施加较强的假设，而假设存在一定的逻辑悖论；（2）该模型中主要变量之间的理论背景不清晰；（3）研究期限可能不能反映各国存在的不同的经济结构变化；（4）模型较复杂，参数与研究期限设置将直接影响评估结果，且透明性较差，存在暗箱操作的可能；（5）虽然已做分组研究，但是对于新兴市场国家而言，各国差异较大，重要的宏观经济变量之间的关联关系不稳定，同一理论框架并不适合组内国家；（6）部分假设并不适合所有国家，前提逻辑也存在一些商榷之处。

4. ES 模型理论基础与分析框架

前提假设：跨代预算约束假设认为一国未来的贸易顺差应足以偿付目前的外债。

利用面板数据方法估计 1973—2004 年间 54 个国家 CA 和各国经济。

5. ES 模型中使用的主要变量以及理论关联

净海外资产头寸和经济增长速度：如果海外资产收益率大于经济增长率，则贸易盈余较小。

（扩展）海外资产和负债实际收益率：如果海外资产收益率大于海外负债的收益率，则贸易盈余较大。

6. ES 模型优缺点比较

ES 优点：可以从局部均衡的角度，了解不同时期贸易余额与国内外资产收益率、经济增长率和国外资产之间的关系。

ES 缺点：（1）属于局部均衡，假设其他宏观经济因素不起作用，或者不变，与现实差距太大；（2）不适用于双顺（或双逆）的国家，也不适用于国际货币发行国；（3）根据模型设计理念，得到的贸易顺差标准是用于满足未来偿债的最低水平，而非合意水平；（4）传统的封闭经济模型并不能完全解释目前的全球经济失衡问题，现实情况无法在 CGER 模型中得到反映：例如新兴国家大量吸收直接投资，形成出口能力；而发达国家输出直接投资，形成投资收益。

7. 对 CGER 模型结构法的中国立场

结构方法中的 CGER 模型首先无论是其构建的意识形态，还是模型本身的基本假设，以及模型变量与参数设置方面均存在较大问题。其次，模型方法的复杂性以及模型参数的非透明设置，即不利于方法的监督验证，也不利于在政府层面的合作上开展讨论。最后，该模型长期以来实际上是 IMF 指责中国控制汇率水平的一个主要工具。因此，即使从数据表现来看，其给出的标准值较高，需要调整的幅度较小，也不应表现出过于积极的赞同态度。

此外，由 MB 方法的工作步骤来看，第三步将落脚到汇率调整上去。尽管汇率是纠正外部失衡的一个重要手段，但并不是唯一的影响因素。调整汇率也可能因为 J 曲线等其他影响而无法在短期内立即改善外部失衡。而承认并采用该方法，可能意味着在第二阶段将依照该模型的设计初衷走到第三步，即用经常账户（可能会替换成贸易账户）观察值和经常账户（贸易账户）标准值之间的关系来确定需要调整的实际汇率水平。基于以上考虑，CGER 方法仅应作为 IMF 的独立研究，供参考讨论，但不应放入量化方案中。

（三）针对公共部门均衡指标的结构法

1. 针对公共债务指标的衡量

公共债务占 GDP 比重的参考值，设置为对于发达国家该指标应控制在 60%，新兴市场国家为 40%。该结果参考了欧盟对于欧洲国家制定的标准，根据《马斯特里赫特条约》，公共债务占 GDP 目标比率应控制在 60% 以内。IMF 同时指出经验研究中常将新兴市场国家的标准设置为 40%，在其财政监测报告中也因此沿用这一标准。

由于缺乏在全球不平衡框架下较为全面的债务分析框架，因此在对公共部门均衡指标的结构法中利用统计法给出了阈值范围。

2. 针对财政收支指标的衡量

IMF 提出采用 CAPB（周期调整后的基本财政平衡）作为财政收支均衡与否的代理指标。CAPB 即在预算基本平衡表中去掉与失业相关的支出。然而，目前只有发达国家公布 CAPB 数据，发展中国家只提供预算基本平衡表。显然，这种处理将使得数据口径存在较大差异。但由于主要依赖于统计法，而时间序列法只针对本国数据统计，分组法则只针对本组国家（分为发达国家和新兴市场国家）数据统计，因此数据口径的影响相对较小。但若采用四分位法，对 G20 所有国家的数据特征进行统计计量，则不应该忽视这种口径差异带来的影响。

中国在公共部门均衡指标上存在的压力较小，跟随大多数的态度是一种明智的选择。以避免战线拉得太长，而导致最终缺乏谈判重点。

（四）针对所有指标的统计法

统计法基本原理是通过对历史数据的观察归纳出标准，主要采用的量化统计标准为均值、标准差、中位数、四分位数和四分位间距。统计法的优点在于方法简单，验证容易，过程透明，人为干预程度低。

1. 时间序列方法

每个国家分别对各自 1990—2004 年的数据取简单平均并作为参考值。对每个国家计算标准差，以 2015 年的预测值距离参考标准的距离在几个标准差之内来确定失衡幅度。

2. 国家分组方法

将组内所有国家 1990—2004 年的历史数据汇总到一起，求组内均值作为参考值。阀值则由组内汇总数据的标准差确定。

3. 分位数法

将所有国家 1990—2004 年的历史数据汇总到一起，求中位数、第一四分位数（位于所有样本点的从小到大 25% 的位置的数值）、第三四分位数以及整体样本的标准差。就方法而言，如果数据中有异常值，中位数可以更有代表性。

4. 对统计法的中国立场

统计方法存在的主要问题：第一，对于研究期限和频率的依赖程度高，对某些国家变换样本会可能会带来截然不同的结果；第二，以标准差作为合理或不合理水平的确定，将使得指标波动性较大的国家（尤其是经历过严重危机冲击的国家），标准差也较大，而历史上该数据表现稳定的国家，则其标准差较小，这种判断并不科学；第三，没有任何经济理论依据，不考虑国家的背景因素。

实际上，统计法的基本假设认为过去的历史是均衡的，是可参照的。但是，正如在讨论参考性指南指标时，已经指出不均衡问题背后，既可能存在合理的成分，也可能存在不合理的成分。由于人口结构、发展阶段、资源禀赋等差异引起的不平衡，实际是全球化程度提高下的正常变动，其存在具有合理性和可持续性。如人口年龄结构差异会引起投资储蓄行为模式差异，老龄化程度高的社会储蓄率也相对较低；发展阶段较低的国家，劳动力成本较低，劳动密集型产业的投资回报率较发达国家更高，因此导致投资生产活动的转移。然而，统计法无法对此做出区分，尤其是当样本时期的一国指标处于上升或下降阶段时，统计法可能引致的错误辨识问题显得更为严重。

但是在 G20 平台下，统计法简单、透明、技术方面争议较小等优点使得其博弈成本相对较低，有助于最终协议的达成。对于中国而言，如果采用针对全部国家的四分位法，随着逆差国数据的进入，将极大地增加调整压力；如果采用分组法也存在同样的问题（新兴市场国家中如印度就属于逆差国）。因此，针对单个国家的时间序列法显然更符合中国利益的选择。实际上各国有各自不同的发展特点、发展模式和发展优势，如中国 2002 年之前并未加入 WTO，参与国际贸易的程度相对较低，1999 年欧元区建立对欧洲国家间贸易的影响等。因此，采用抹杀国别差异的分组法和四分位显然是有失偏颇的。

（五）量化方案的分析结论

综观 IMF 最初提供的量化方法，并没有净投资收益与转移支付指标的量化介绍。中方在巴黎会议上坚持的取消经常账户指标，代之以贸易账户和净投资收益与转移指标，在 IMF 提交的方案中并没有被采纳。在框架工作组讨论时，部分与会代表认为这是由于认知差异造成的。因为经常账户实际就是后两个指标之和，因此中方不应该执着于这一要求。但是必须强调的是，如果不采用经常账户指标，那么 IMF 提供的基于 CGER 模型的结构分析法（尤其是 MB 法）将完全丧失作用。因为该方法的理论基础正是建立在对经常账户与投资储蓄之间关系的分析基础之上。

实际上，技术细节的选择（如历史数据的时间区间、检验值的预测表现等）都将对结果（标准值和阈值）产生较大影响。但是，无论选择哪种方法，中国都不可避免地将进入第二阶段。为了提高谈判的效率，中方代表提出第一阶段量化方案只承担确定失衡与否的工作，而过程中产生的各种数据不作为第二阶段调整的依据。这一提议在一定程度上缓解了参与者对于标准值和阈值的顾虑，毕竟正如美国代表指出的如果最后确定的失衡国家中没有美国、德国、日本和中国，那么参考性指南的工作几乎就失去了意义。

第三节　全球失衡的治理与主要进展

全球经济失衡现象的存在，是以人类经济活动的国际化程度提高作为基本的发生发展背景。在开放经济条件下，由于制度固化和竞争力变动，一国很难在长期内保持国际收支的基本平衡。通常是在一段时间内出现经常账户顺差（如 19 世纪初的英国和 20 世纪的美国），在另一时期内出现经常账户逆差（如 20 世纪初的英国和 20 世纪早中期的美国）。而经常账户差异在一定范围内又可以反映为资本回报的转移。在哲学意义上，不平衡是绝对的、常态的，而平衡则是相对的、暂时的，而且失衡与均衡是同时存在、相互转化的。然而，21 世纪以来随着全球化的深入、非对称的国际货币体系以及国家间经济结构和制度差异，导致经常账户失衡出现持续化、长期化的表征。全球经济失衡已经成为世界经济持续、健康所面临的挥之不去的阴影，逆差国位于这片阴影的中心，顺差国虽然情况略好，但由于外部金融失衡等问题也同样处于阴影之中。

一　外部失衡调整的不对称性和早期约束

在从失衡走向均衡的过程中，往往需要有关国家承担调整的代价。根据半个世纪以来的外部失衡的调整经验，顺差国和逆差国在承受外部调整冲击时的成本和压力是有区别的，后者所承受的代价要高于前者。首先，逆差国的经济调整压力往往先于顺差国。IMF（2007a）分析了在 1960—2006 年，42 个先进经济体、60 个新兴市场和 17 个石油输出国的经常账户表现。研究发现，逆差的校正开始于经常账户逆差占 GDP 的 4% 左右时，而新兴市场的顺差调整则往往在超过 GDP 的 5% 左右时。其次，逆差调整往往对应着货币贬值和经济增长的减速，而顺差调整则对应着货币升值和经济增长的加速。此外，逆差的纠正常常与逆差国国内的财政整顿、储蓄率和投资率变动相关，外部冲击只是其表现形式而非实质性原因。最后，顺差国的调整往往是主动的，是由于其他因素的制约（如逆差国需求变化等）而随之做出的适应性变化；而逆差国的调整则往往是被动的，伴随着经济形势的急剧恶化，往往以危机的形式出现。

在金本位制下，一国的货币供给规模与其国际收支余额相一致，因此在理论上国际收支盈余或逆差都是暂时的，即国际收支失衡可以通过黄金的输出与输入来影响物价的涨跌，进而影响进出口的变化，自发产生再平衡过程。从 20 世纪 60 年代开始，由于特里芬两难的作用，当美国国际收支恶化，美元贬值压力上升时，抛售美元兑换黄金行为增加，最终导致了布雷顿森林体系的解体①。调整失衡的固定汇率协调机制从此消失，取而代之的是浮动汇率制度下的货币协调机制，导致全球经济危机爆发的频率显著增加。1970—2002 年，以标准普尔定级为违约（being in default）或者该国得到 IMF 的非优惠性贷款超过其配额的 100% 为标准，约出现了 53 次债务危机（黄薇，2010）。

二 IMF 在全球经济再平衡方向的努力

20 世纪 80 年代，在面临失衡难题时，G7 是通过政治协商产生的广场协议（1985 年）和卢浮宫协议（1987 年）来解决的。由于布雷顿森林体系等传统的再平衡机制被破坏，因失衡导致的经济危机频繁爆发，而且其持续时间和破坏性逐步加深。因此，国际货币基金（以下简称 IMF）于 1992 年建立了一个国际收支委员会，专门负责追踪和研究全球账户失衡问题，并从 1995 年起发布年度统计报告。根据国际货币基金组织的协议，一个有巨额长期经常项目赤字的国家，可能会被视为出现"根本性失衡"，其国际收支有出现危机的可能。

美国的经常账户赤字占国内生产总值（GDP）的比率从 1989 年的 1.7%，增长为 2004 年的 5.3%，并在之后三年中持续超过 5% 的高水平。这一现象引发了国际社会的广泛关注，2003 年在 IMF 与世界银行的迪拜年会上，IMF 与 G7 一起指出失衡的风险以及需要政策协调促进再平衡。

① 1945 年年底通过的《布雷顿森林协定》意味着全球进入以黄金为基础，美元为主要储备货币形式的新型金本位时期。美元直接与黄金挂钩，可以以每盎司黄金 35 美元的价格向美国要求兑换。

根据 IMF 执行董事会在 2007 年通过的《对成员国政策双边监督的决定》，一个有巨额长期经常项目赤字的国家，可能会被认定该国存在汇率的"根本性失衡"（Fundamental Disequilibrium），其国际收支有出现危机的可能。① 随着失衡问题的持续恶化，以及随后爆发的美国次贷危机，全球经济失衡问题成为各界关注的焦点。

2006 年开始，IMF 开始启动针对全球经济失衡的第一次"多边磋商机制"（Multilateral Consultation on Global Imbalance），从过去的双边监管向多边监管迈进。这是首次在多边平台上正式探讨全球失衡的相关问题，在 2007 年 4 月的 IMF 半年会上，参与第一次磋商的中国、欧元区、日本、沙特阿拉伯和美国五个国家和地区提交了各自应对失衡的政策方案和细节。然而，由于 IMF 仅拥有监督提议权利，与已经升格为首脑峰会的 G20 相比，该磋商的影响力和执行力都略显逊色。2010 年年底随着世界经济渐趋平稳，G20 对于全球经济治理开始向着更具有根源性、更为长期的全球失衡问题方向前进。

三　G20 平台上全球经济再平衡议题的主要进展

2010 年 10 月 G20 庆州财长会前夕，在美国财长盖特纳给各位财长的信函中就再平衡问题提出了量化外部失衡，采取政策措施调整的建议。尽管在庆州会议上矛盾集中于美国的量化宽松政策和汇率问题上，该提议并未得到响应，但在会议公报中依然将失衡问题列于其中，并提出量化失衡的倡议——参考性指南。

为了提高协调效率，在 2010 年 11 月的 G20 首尔副财长会上提出建立一个增长框架工作组（由 G20 各成员经济体代表，西班牙代表，世界银行代表和 IMF 代表组成），并赋予该工作组向其他国际组织（如 WTO，UNCTAD 等）请求技术支援的权利。工作组在 IMF 提供的技术协助基础上进一步讨论协商，并将讨论结果提交财长会参考。2011 年在 G20 框架下共举办 3 次财长与副手会，2 月份在巴黎财长与央行行长会（以下简称财长会）上确定了参考性指南中包含的 6 个指标；4 月份的华盛顿财长会进一步对失衡程度量化方法做出确认，并确定出 7 个具

---

① IMF 并未就"根本性失衡"给出明确的正式界定，但大体而言它被广泛接受的含义是当出现严重的持续经常账户逆差应贬值却没贬值时的情况，或者相反情况。

有系统重要性的失衡国家；10 月份的巴黎财长会上宣布 7 个失衡国家同时提交促进全球经济再平衡的戛纳行动宣言草案，并由 11 月首脑峰会通过并宣布。

在增长框架工作组以及其他多边组织的共同努力下，2011 年 G20 在再平衡建设中的主要成就包括：首先，在参考性指南的指标建设中，将政策关注引导至内外部两大方面的失衡问题。对于失衡的量化已经逐步演化成一套跨越对外部门、公共部门和私人部门三大层面的 6 个失衡度量指标：公共债务占 GDP 比重、财政盈余占 GDP 比重、私人储蓄占 GDP 比重、私人债务占 GDP 比重、贸易盈余占 GDP 比重，以及净投资收益与转移支付占 GDP 比重。显然这一变化较之以前各国仅就外部失衡相互指责、推诿而言，前进了一大步。其次，在失衡国家的确定中，首次引入了系统重要性国家的概念。系统重要性国家不仅在世界经济中具有较大分量，而且其政策往往具有较大的外溢影响。对于系统重要性国家的判断方法是基于名义汇率或者购买力平价（PPP）的 GDP 占全球 GDP 比重超过 5% 的国家。再次，通过财政部长会确定了衡量失衡的量化手段，并确定了 7 个失衡国家：中国、法国、德国、印度、日本、英国和美国。在 IMF 等机构的协助下，将对这些国家导致失衡的政策扭曲进行分析，并提出具体的政策建议。最后，二十国宏观互评（MAP）工作在再平衡工作中得到进一步推进，并提出了"戛纳行动决议"。即通过各国在提交全球经济与国内经济展望基础上，提出与实现"强劲、可持续、平衡增长"目标的相关财政与货币政策措施，以实现不同国家间的观点与信息交流。

四　G20 在治理全球再平衡方面存在的问题与优势

尽管 G20 在再平衡工作中取得了重要进展，但是也存在一些问题。首先，在参考性指南和宏观互评工作谈判中，由于意见分歧较多，各国能够就政策协调达成共识的部分较少。一致同意方式的议事流程，不仅效率低下而且最终只能通过相互妥协达成协议[①]。其次，各国在宏观互评中均以国内目标优先，国际目标为辅，提出应对失衡的各种政策手段存在不易推行或难以在短期内显现效果的可能。如中国承诺以改革国有企业和开放

---

① 由于各国偏好不一致，最终通过的参考性指南量化几乎包含了 IMF 最初推荐的所有方案：四种不同的量化方法，两套不同的历史时间区间，新引入的系统重要性指标。

金融市场来提高内需，以及发达经济体承诺整顿财政等，这些措施都难以在短期奏效。最后，全球经济再平衡与国际货币体系改革等议题有着天然的联系，但是就 G20 的工作进展而言目前对于这些议题之间联系的探索略显不足，金融再平衡问题还未成为全球经济再平衡的重要问题。

拥有发达和新兴经济体两大阵营的 G20，其主要优势首先在于首脑峰会的领导能力，财政部长与央行行长会的执行能力，副手和工作组会的操作能力，以及国际货币基金组织、世界银行、国际贸易组织、联合国贸发会、国际清算银行等的专业信息和咨询服务。这一架构使得 G20 成为承担再平衡这样的中长期宏观命题的唯一选择。其次，由于 G20 各成员国发展阶段和情况差距很大，既有发达国家也有发展中国家，既有资源出口国也有资源进口国，还存在货币区经济体。因此，对于失衡问题的关注点存在较大差异，但是这种差异的存在也使得对于失衡的理解具有较好的全面性和前瞻性。最后，G20 的宏观互评工作增强了政策透明性，并正在加大对于政策可监测性的建设，这些工作将有助于各国提高政策协调能力。

第四节　全球再平衡进程的数量评估

2008 国际金融危机以来，全球经济再平衡进程取得一些明显进展，主要表现为各国经常账户不平衡占 GDP 比例明显下降。但是，由美国与中国、日本、德国三国构成的大国失衡的镜像关系仍然存在。当前全球经济不平衡缓解主要归因于全球贸易增速下滑，结构性调整以及经济周期不对称性等因素。随着发达经济体经济增速在中长期逐步恢复，贸易保护主义等势头被遏制，全球经济失衡有可能再次扩大。在长期全球经济再平衡取决于各国能否协调合作减弱新兴市场国家的结构性扭曲政策、发达国家的内部结构不平衡、金融市场的全球不平衡发展等因素的负面影响。

一　全球经济再平衡的进展

以各国经常账户盈余或赤字绝对值之和占全球 GDP 比重来度量，全球经常账户失衡在 20 世纪 70 年代不到 1%，到 80—90 年代该比重缓慢扩大到 2%—3%。亚洲金融危机后至 2008 年国际金融危机前，全球失衡快速扩大，一度达到 6% 以上。以 G20 国家为例，2001 年经常账户盈余的总规模是 2092 亿美元，赤字总规模为 4796 亿美元。其中，经常账户盈余占

GDP 比例超过 4% 的国家数只有 3 国，分别是俄罗斯（11.1%）、沙特阿拉伯（7.6%）和印度尼西亚（4.8%）；经常账户赤字占 GDP 比例超过 4% 的国家数只有巴西（-4.2%）一国。

到 2007 年，G20 国家经常账户盈余的总规模达到 10375 亿美元，赤字总规模达 9929 亿美元，分别是 2001 年的 5 倍和 2 倍。其中，经常账户盈余占 GDP 比例超过 4% 的国家数增加到 5 国，分别是沙特阿拉伯（24.3%）、中国（10.1%）、德国（7.5%）、俄罗斯（6.0%）和日本（4.8%）；经常账户赤字占 GDP 比例超过 4% 的国家数上升到 4 国，分别是南非（-7.0%）、澳大利亚（-6.2%）、土耳其（-5.9%）和美国（-5.1%）。

尽管学者对导致全球失衡的各种原因在相对重要性上存在争议，但主流观点通常从"储蓄—投资"缺口视角将全球失衡持续扩大归结为部分经济体的过度储蓄。根据这一观点，全球失衡扩大与 2008 年金融危机最终爆发存在紧密的内在关联。虽然很难推定失衡直接导致了金融部门过度杠杆化以及房地产价格泡沫，但国际上很多学者和官员都认为，盈余国过多的储蓄压低了世界利率，从盈余国家流向赤字国的资本则助推了后者的信贷繁荣。

危机前持续扩大的外部失衡实际上反映了多种内部经济失衡或者经济政策的干预。譬如发达经济体政府财政赤字、私人部门过度消费、金融监管政策缺乏系统性、新兴经济体外汇储备持续积累、补贴出口的贸易以及汇率政策等。因此，国际金融危机后以 G20 为代表的主要经济体开始在强劲、可持续、平衡增长框架下推动全球再平衡进程，再平衡进程需要盈余国家经济增长从外需转向内需驱动，而赤字国家则有必要增加国内储蓄，实施财政整顿。

危机后全球失衡显著缩小，相比峰值时缩小 30% 左右。失衡好转主要表现为 G20 中所谓"过度失衡经济体"经常账户不同程度的好转。其中，美国经常账户赤字占 GDP 比重从 2007 年 5.1% 下降到 2012 年 3.0%，中国盈余则从 10.1% 降至 2.3%，日本盈余从 4.8% 降至 1%，德国盈余从 7.5% 降至 7.0%。其中，中国外部失衡好转幅度大幅超出 IMF 和 OECD 等国际组织的预测。如 2011 年 4 月的《世界经济展望》中，IMF 曾预测 2012 年中国经常账户盈余占 GDP 比重还将回升至 6.3%。

二　全球经济再平衡进程的推动因素

全球金融危机之后的几年间，全球经济不平衡出现了缓和趋势。事实上，短短几年间引起全球经济不平衡的根本因素发生巨大变化的可能性很小。这些因素中包括通常为人们所提及的金融市场不完善、财政状况不平衡、新兴市场国家政策扭曲、人口结构等因素，也还包括未被重视的其他一些经济、政策和制度因素，例如全球产业结构格局的变化、全球的货币体系缺陷、全球经济和金融一体化过程等。金融危机之后，经济、政策和制度方面格局性的因素尚没有出现明显改变，推动全球再平衡进程的主要因素体现在全球贸易增速下滑，赤字国与盈余国的部分结构性调整以及经济周期不对称性上。

（一）全球贸易增速下滑

全球经济不平衡具有规模效应，即给定其他因素不变，如果初期存在经常账户不平衡，随着贸易高于经济增速的增长，经常账户不平衡将不断恶化。从这一角度来看，经常账户好转主要由各国进口和出口规模受危机影响大幅下滑引起。2009 年，G20 国家贸易总额下降 22.8%，其中经常账户盈余国下降 23.6%，经常账户赤字国下降 21.5%。按照该降幅计算，G20 国家的经常账户盈余之和和经常账户赤字之和分别应降低 2250 亿美元和 2411 亿美元，分别占实际降低额的 70.3% 和 67.0%，即有三分之二以上的经常账户改善是由"规模效应"带来的，即贸易萎缩引起的。全球贸易超过五分之一的规模缩减与各国经济总量下降完全不成比例，传统的贸易需求理论无法解释如此大幅的贸易下滑，而金融危机时期全球性的贸易保护主义抬头应在其中产生了关键作用。

（二）结构性调整

金融危机以来，全球经济不平衡的变化过程中，存在结构性的改善趋势。这些结构性因素主要包括两个方面，一方面是经济发展过程中本身的经济规律导致的自发的结构性转变，如潜在经济增长率的变化等；另一方面是各国政府致力于经济结构调整所实行的经济政策，包括汇率政策的调整、财政整顿以及其他一些结构改革措施。

以美国为例，尽管美国经常账户赤字规模逐年扩大，但从结构上来看，2006 年以来，经常账户的结构性变化在逐渐起缓解经常账户赤字的作用。这种结构性的因素有很多，其中贸易条件的不断下降对美国的经常账户结构性改善起到了积极作用。对中国而言，人民币升值对经常账户改善起了非常重要的作用。2005 年 7 月至 2013 年 7 月的 8 年时间中，人民币兑美元汇率升值幅度超过 30%。同期内，反映中国物价相对外国物价总体水平的实际有效汇率升值了 37%。大幅度的升值对降低外部盈余起到了很大的作用。

（三）经济周期不对称性

在结构性因素之外，周期性因素主要影响一国经常账户的短期波动。如果本国宏观经济相对外国扩张，那么将通过两个渠道影响本国贸易收支。一是收入效应，伴随着国内名义收入相对更快提高，本国扩张对外国产品的真实需求，即进口相对上升，同时也扩张对本国产品的需求，即出口相对下降。二是价格效应，伴随国内物价更快上升，本国实际汇率相对升值，外国产品相对价格下降，本国扩张对外国产品真实需求，即进口量相对上升，外国减弱对本国产品的需求，即出口量相对下降。这两方面影响总体上通常会使得本国贸易盈余占 GDP 比重缩小或者贸易赤字占比上升。反之，如果本国宏观经济相对外国紧缩，那么本国贸易盈余占比一般会扩大或者贸易赤字占比缩小。

危机以来，赤字国和盈余国不对称的周期性因素在全球再平衡中发挥一定作用。譬如，美国产出缺口比贸易伙伴平均的产出缺口要更大，所以内需紧缩要大于外需紧缩程度，即进口相对出口紧缩，这导致贸易赤字好转。对于中国和德国，自身产出缺口比贸易伙伴产出缺口要小，因此外需紧缩要大于内需，即出口相对进口紧缩，这导致贸易盈余下降。另外，周期性因素经由大宗商品价格导致贸易条件的波动对中国等大宗商品主要进口国的贸易盈余也发挥了抑制作用。

三 对全球再平衡进展的评估与争议

G20 评估全球再平衡进程的一个核心问题在于，危机后全球失衡减少是否具有可持续性。借鉴宏观经济分析方法，可将导致全球失衡变化的因素分为结构性与周期性因素。一般认为结构性因素导致的全球失衡减少更具有可持续性，而由宏观经济周期所导致的失衡变化不具有可持续性。通过将经常账户变动中的结构性与周期性因素进行分解，去除宏观经济周期的影响，就可判断到目前为止全球再平衡在多大程度上反映了经济结构的改善与有关政策的调整努力。

（一）外部失衡中结构性和周期性因素的影响机制

一国外部失衡受到结构性因素和周期性因素的影响。其中，结构性因素又可以分为两类：一类来自经济基本面，譬如人口结构、人均收入水平、未来增长预期、金融发展水平、储备货币地位、经济对石油贸易的依赖程度、净对外资产规模等。这类基本面结构性因素往往变化较慢，它们在长期通过影响储蓄、投资、贸易及资本流向等对一国经常账户差额产生影响。另一类来自经济政策，譬如贸易政策、财政政策（反映为结构性财政赤字/盈余）、社会保障水平、资本管制、外汇市场干预等。

除结构性因素之外，周期性因素主要影响一国经常账户的短期波动。从分项看，本国和国外的宏观经济周期会直接影响经常账户中的贸易收支，对净要素收益也会产生一定影响。不过贸易收支余额是经常账户余额的主体，其波动也是经常账户余额波动的主要来源。从贸易收支的角度观察，如果本国宏观经济相对外国扩张，那么将通过两个渠道影响本国贸易收支。

一是收入效应，伴随着国内名义收入相对更快提高，本国扩张对外国产品的真实需求，即进口相对上升，也扩张对本国产品的需求，即出口相对下降。二是价格效应，伴随国内物价更快上升，本国实际汇率相对升值，外国产品相对价格下降，本国扩张对外国产品真实需求，即进口量相对上升，外国减弱对本国产品的需求，即出口量相对下降[①]。这两方面影响总体上通常会使得本国贸易盈余占 GDP 比重缩小或者贸易赤字占比上升。反之，如果本国宏观经济相对外国紧缩，那么本国贸易盈余占比一般会扩大或者贸易赤字占比缩小。

从历史数据来看，主要经济体贸易差额占 GDP 比重的短期波动与本国经济增速的短期波动的确呈显著负相关。不过，简单相关系数没有考虑外部经济周期的变动，也不能估计每一具体年份周期性因素对经常账户的影响有多大。更严格的数量评估还需要应用计量经济学方法。

（二）美联储和美财政部对全球再平衡进程的评估

G20 增长框架工作组磋商中，美国认为全球再平衡到目前为止的进展主要体现的是宏观经济周期的作用，结构性改善非常有限。周期性因素发挥的作用体现在，美国产出缺口比贸易伙伴平均的产出缺口要更大，所以内需紧缩要大于外需紧缩程度，即进口相对出口紧缩，这导致贸易赤字好

① 价格效应最终对贸易收支的影响方向在理论上还取决于进出口需求弹性，即反映在所谓的"马歇尔—勒纳条件"（Marshall - Lerner condition）中。这一条件含义是，进出口需求弹性之和大于1的情况下，本国相对外国价格上升才会减少贸易盈余或者增加贸易赤字。

转。对于中国和德国，自身产出缺口比贸易伙伴产出缺口要小，因此外需紧缩要大于内需，即出口相对进口紧缩，这导致贸易盈余下降。另外，美国还认为原油等大宗商品价格上涨也是中国贸易盈余下降的重要因素。

美联储和美国财政部分别对再平衡中的周期性因素应用计量经济学方法进行了测算。美联储的测算结果显示，去除宏观经济周期影响后，按不变价计算的美国贸易赤字有一定改善，但相比历史水平仍偏大，中国和德国的实际贸易盈余则有很大可能没有减少，反而上升了。美国财政部采用不同计量方法的测算结果也显示，去除宏观经济周期影响后，按不变价计算的 G20 总体失衡甚至可能比危机前峰值有所扩大。其中，德国和韩国贸易盈余可能明显上升，美国、日本、中国贸易失衡相比 2008 年仅有非常微弱的改善，G20 国家中仅俄罗斯出现明显好转。

根据美国的评估，尽管通常指标显示全球失衡已明显缩小，再平衡出现积极进展，但这一好转仅是短暂的周期性现象，不具有可持续性。因此，美国不同意 G20 传达全球再平衡已取得实质成效的信息，强调仍需更多努力以实现可持续的全球需求轮换。

（三）美国评估方法的问题

美联储和美国财政部评估外部失衡中周期性因素的思路较为接近，但具体测算方法上存在一定差异。相同点在于二者都采用了不变价的实际贸易差额作为测算的基准指标，都应用产出缺口作为宏观经济周期的代理变量。不同点在于，测算方法上美联储采取两步法，先分别估计一国出口对外国收入以及进口对本国收入的弹性，然后利用这两个弹性、外国产出缺口、本国产出缺口的估计值计算出贸易差额的周期性部分①。

美国财政部的方法更为直接，通过估计实际贸易差额占 GDP 比重与本国产出缺口、外国产出缺口的计量方程，得到的残差项即是不含周期因素的实际贸易差额占比。而本国产出缺口和外国产出缺口分别乘以各自回归系数后再相加起来就等于实际贸易差额中周期性成分的估计值。

不过，美联储和美国财政部的测算方法除在计量方程设定上相对简化，对国别性因素考虑不足有可能导致系数估计偏差外，其方法上还主要

---

① 根据美联储的基本思路，可以还原其具体计算公式如下，贸易差额占比中的周期性成分＝外国产出缺口×出口收入弹性×出口占 GDP 比重－本国产出缺口×进口收入弹性×进口占 GDP 比重。

存在两方面问题，对其测算结果和最终结论会产生明显影响。首先，美联储对于潜在产出缺口的测算方法很可能会夸大周期性因素。对于产出缺口，有关研究中通常采用 HP 滤波方法①来估计潜在产出，从而得到产出缺口。不过这一方法对样本端点处的估计会出现明显偏误，即最近年份的产出缺口估计往往很不准确。为处理这一问题，有关文献一般在样本时间范围外再增加未来几年预测数据，这样最近年份就不再是数据序列的端点，最近年份产出缺口的估计结果至少与预测数据具有一致性。

不过，美联储没有采取这一方法，而是采取了两组潜在产出估计结果的平均值。一组是对到 2006 年为止的 GDP 数据进行滤波，利用 2006 年潜在增速外推得到潜在产出估计值，另一组则是对到 2012 年为止的 GDP 数据进行滤波得到的潜在产出估计值。这一方法没有合理依据，尤其是用 2006 年潜在增速外推之后几年的潜在增速，已隐含了过强的对于危机期间及危机后全球经济增长的乐观假设。

国际学界及包括 G20 在内的主流意见都认为，危机前全球经济高速增长建立在资产价格泡沫、金融市场流动性泛滥以及全球失衡恶化等诸多不稳定因素之上，因此这一增长不具有可持续性。这一方法使得美联储会过高估计产出缺口，加之实证研究中一国出口收入弹性估计值往往大于进口收入弹性估计值，就会导致计算得到的贸易差额中周期性因素的规模偏大。

另一方面，美联储和美财政部均在以不变价计算的实际贸易差额基础上测算其中的周期性因素，这一处理方法在理论上存在缺陷。全球失衡的核心是国际收支失衡，相对价格因素和数量因素同等重要。以不变价计算的实际贸易差额占实际 GDP 比重，不仅完全剔除了贸易条件的变化，也剔除了可贸易品相对国内不可贸易品的价格变化。但无论是前者还是后者，都同时包含了结构性因素和周期性因素。譬如以大宗商品价格为代表的初级产品价格，尽管与经济周期存在紧密关系，但从长期历史数据看，初级产品价格相对制成品价格的趋势性变动往往跨越几个经济周期。推动这种趋势性变动的主要因素包括初级产品生产部门和制成品生产部门不同

---

①　HP 滤波法是宏观经济学中用来分离经济数据中趋势和周期的一种标准工具。该方法假定数据中的趋势以较为平滑的方式变化，数据中周期的长期平均值接近于 0，另外，趋势变动与周期变动无关。根据这一方法，任一时点趋势值可表示为双向移动平均，其权数形态类似阻尼谐波。

的生产率进步速度，全球需求结构变化等长期性因素。

（四）修正方法的评估

在修正以上问题的基础上，可重新估计中美贸易差额占 GDP 比重各自与本国和外国的产出缺口之间的数量关系。与美联储和美国财政部处理思路接近，本书将贸易不平衡作为外部不平衡的主要代表来进行数量分析。根据分析，完全剔除相对价格变化在理论上没有充分根据。因此与它们第一点不同之处是，本书应用的指标是按照现价计算的贸易余额占 GDP 比重，而非按照不变价计算得贸易余额占 GDP 比重。

图 6.4.1 以中国数据为例比较两种计算结果的差异。由于中国贸易条件从 20 世纪 90 年代以来呈持续恶化态势，相比现价计算的贸易余额占比，以 2007 年不变价计算的贸易余额占 GDP 比重总体呈更为陡峭的上升态势。其含义是中国实现相同价值的贸易盈余，必须出口更多或者进口更少货物。如果按照不变价贸易余额占比，那么中国 2008 年为 8.6%，2010 年到 2012 年都约为 6.0%，相比危机前峰值减少幅度为 2.6 个百分点，大幅小于按照现价计算的贸易盈余规模减少程度。

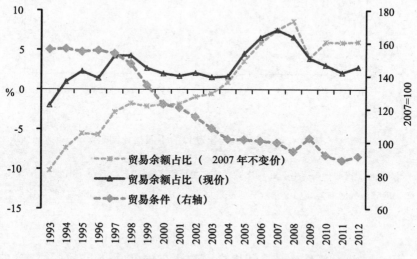

图 6.4.1 不变价和现价贸易余额占 GDP 比重及贸易条件变化

数据来源和说明：贸易条件等于出口价格指数比进口价格指数。进出口贸易额、GDP 数据来自国家统计局。进出口价格指数来自海关总署。2007 年不变价进出口量、2007 年不变价 GDP、贸易条件来自笔者计算。

　　另外，美联储应用 HP 滤波法估计潜在产出时的端点处理方法并缺乏充分现实理由或者文献依据。本书应用文献中常用的估计方法来测算潜在产出缺口。以美国为例，以下比较本书测算结果与根据美联储测算方法还原出的测算结果存在的差异，并与 IMF 和 OECD 等国际组织的估计结果进行比较。图 6.4.2 显示，2009 年以来四种估计结果之间的差异相比前 40 年存在较明显的扩大，直接用 HP 滤波法估计产出缺口幅度最小，国际组织用生产函数法估计的产出缺口居中，按照美联储方法还原得到的产出缺口最大。

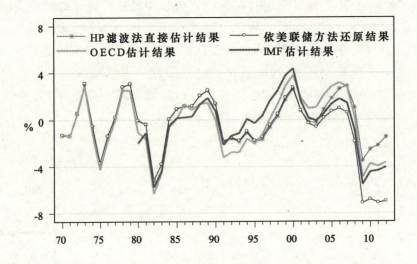

图 6.4.2　对美国产出缺口的不同估计结果

　　　　数据来源和说明：美国不变价 GDP 数据来自美国经济分析局（BEA）。HP 滤波法直接估计中，用 IMF 预测数据将美国 GDP 指数延续至 2015 年。OECD 和 IMF 对产出缺口的估计基于生产函数法。美联储方法如正文所述。

　　HP 滤波法直接估计结果和生产函数法在危机后也出现较大差异的原因在于，前者本质上是通过类似移动平均的方法追踪数据趋势，危机后美国经济增长持续乏力、失业率下降缓慢，这逐渐会被 HP 滤波法处理为数据的趋势性特征，相比之下生产函数法是以资本存量和劳动力数据为基础估计潜在产出，因此更倾向于认为产出损失是暂时性的。本书也直接应用了国际组织公布的潜在产出缺口进行计量分析，将所得结果作为参照。

本书估计周期性因素方法如下。首先应用从 1994 年到 2012 年的季度数据建立中美两国国贸易差额占比与本国产出缺口、外国产出缺口、贸易条件的周期性波动之间的计量方程。然后用回归系数与本国产出缺口、外国产出缺口、贸易条件周期性波动分别相乘再加总起来，就可得到贸易差额占比中周期性部分的估计值。

就外国产出缺口的度量而言，本书用中美两国各自十大出口贸易伙伴按照贸易加权的产出缺口代表本国面对的外部经济周期。权重以 2011 年贸易流量为基础。表 6.4.1 和表 6.4.2 分别报告了中国和美国出口贸易中的十大贸易伙伴，以及在计算外部产出缺口时用到的权重。

表 6.4.1　　　　　中国十个主要出口贸易伙伴及相对权重（％）

欧盟	美国	日本	韩国	印度	俄罗斯	新加坡	中国台湾地区	澳大利亚	巴西
31.3	28.6	13.0	7.3	4.4	3.4	3.1	3.1	3.0	2.8

数据来源和说明：数据来自联合国贸发会（UNCTAD）和笔者计算。单纯从贸易量而言，中国香港是中国内地第三大出口对象。但由于存在大量转口贸易，中国香港的产出缺口对于分析中国出口所受到的周期性影响信息量不大，所以计算没有考虑香港。另外，计入欧盟后不再单列欧盟成员国。

表 6.4.2　　　　　美国十个主要出口贸易伙伴及相对权重（％）

加拿大	欧盟	墨西哥	中国	日本	韩国	巴西	新加坡	澳大利亚	中国台湾地区
25.8	24.7	18.1	9.5	6.1	4.0	3.9	2.9	2.5	2.4

数据来源和说明：数据来自联合国贸发会（UNCTAD）和笔者计算。计入欧盟后不再单列欧盟成员国。

各经济体产出缺口估计方法如下。首先，为避免端点处估计偏误的问题，对各经济体实际 GDP 指数用 IMF 最新《世界经济展望》中对 2013—2018 年的增长预测进行延伸。其次，对延伸后的实际 GDP 指数取对数值，并进行 HP 滤波处理得到趋势值。然后，用对数转换后的实际 GDP 指数减去滤波得到的趋势值，得出各经济体产出缺口的估计值。最后，去除之前用预测值延伸的时段。

计量模型中考虑的与周期性因素直接相关的解释变量包括本国产出缺口、外国产出缺口以及贸易条件周期性波动。其中贸易条件的周期性波动同样用 HP 滤波法进行估计。为控制其他一些变量对贸易差额规模的影响，中美两国计量模型中各增加了一个时间趋势变量以及实际有效汇率的趋势值，以刻画来自基本面的长期性因素对中美贸易不平衡的作用。

美国和中国模型估计结果报告在表 6.4.3 中。

表 6.4.3　　中美贸易余额占比与周期性因素关系的计量回归结果

样本范围：1992Q1 - 2012Q4	美国模型：（OLS 估计）	中国模型（OLS 估计）
常数项	39.5 * * *（6.07）	0.08 * * *（0.02）
本国产出缺口	- 0.63 * * *（0.11）	- 0.13 *（0.08）
外国产出缺口	0.37 * * *（0.13）	1.14 * * *（0.15）
贸易条件周期波动	0.10 * *（0.04）	0.44 * * *（0.06）
实际汇率趋势	- 0.09 * * *（0.01）	- 0.14 * * *（0.04）
时间趋势	- 0.05 * * *（0.003）	0.08 * * *（0.02）
R^2	0.84	0.61
回归标准误	0.66	1.46

数据来源和说明：*，* *，* * * 分别代表回归系数在 99%、95% 和 90% 的置信水平上显著。回归系数下圆括号中报告了对应该系数的标准差。美国贸易余额、GDP 数据来自美国经济分析局（BEA）。外国产出缺口取中美两国十大主要出口贸易伙伴产出缺口的加权平均，权数以 2011 年贸易流量为基础。实际有效汇率来自 BIS。中国进出口价格指数来自海关统计。美国进出口价格指数来自美国劳工部，转载自 Wind 数据库。对于可能的内生性问题，本文用 GMM 方法进行了估计，其结果与最小二乘法非常接近，故此处省略 GMM 方法估计结果。

表 6.4.4 分别报告了中国和美国贸易不平衡中的周期性成分以及经周期调整的结构性贸易差额占 GDP 比重的估计值。

表6.4.4　　　美贸易差额中周期性成分与结构性成分估计结果（%）

年份	中国				美国		
	贸易差额占比	周期性成分	结构性成分		贸易差额占比	周期性成分	结构性成分
2005	4.5	-0.5	5.0		-5.6	-0.9	-4.7
2006	6.5	1.5	5.1		-5.6	-1.0	-4.7
2007	7.5	3.3	4.2		-5.0	-0.7	-4.3
2008	6.5	0.6	5.9		-4.9	-0.5	-4.4
2009	4.0	-0.3	4.2		-2.7	1.0	-3.7
2010	3.1	-1.2	4.3		-3.4	0.9	-4.3
2011	2.1	-1.8	3.9		-3.7	0.6	-4.4
2012	2.8	-0.2	3.0		-3.4	0.3	-3.7

　　数据来源和说明：周期性成分 = 本国产出缺口 × 对应回归系数 + 外国产出缺口 × 对应回归系数 + 贸易条件周期性波动 × 对应回归系。对应回归系数值参见表5.4.3。

　　图6.4.3和图6.4.4分别展示了从2005年到2012年，中美结构性贸易差额和周期性因素的变化情况。

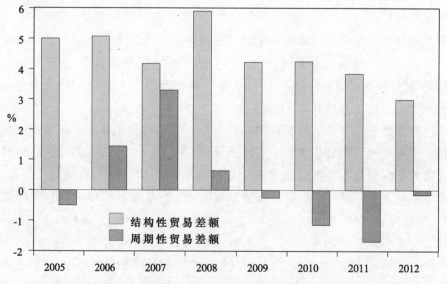

图6.4.3　中国结构性贸易差额和周期性贸易差额（2005—2012年）

　　数据来源和说明：数据来源见表6.4.4。

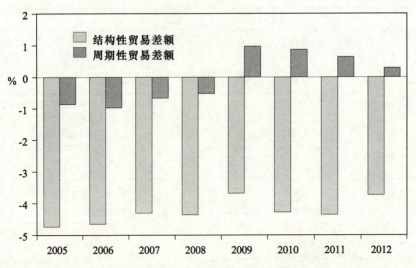

图 6.4.4   美国结构性贸易差额和周期性贸易差额（2005—2012 年）

数据来源和说明：数据来源见表 6.4.4。

结果显示，其他条件不变，中国经济高于潜在产出 1 个百分点将导致本国贸易盈余占 GDP 比重下降约 0.13 个百分点，十大贸易伙伴 GDP 高于潜在产出 1 个百分点将导致中国贸易盈余占比上升 1.1 个百分点。对美国而言，其经济高于潜在产出 1 个百分点将导致贸易赤字占比增加约 0.63 个百分点，十大贸易伙伴 GDP 高于潜在产出 1 个百分点将导致美国贸易赤字占比下降约 0.37 个百分点。

根据这些估计系数以及产出缺口数值，可以推算出各年中国和美国贸易不平衡中的周期性因素。模型估计结果显示，2009—2012 年，周期性因素对我国贸易不平衡起到了一定缓解作用，平均幅度为 0.9 个百分点。剔除周期性因素后可看到，我国结构性贸易盈余在 2008 年达到峰值 5.9% 后经历了明显的下降，2012 年我国结构性贸易盈余约为 GDP 的 3%，相比峰值时期缩小了近一半。美国结构性贸易赤字在 2008 为 4.4%，2012 年缩小至 3.7%。周期性因素对 2009—2012 年美国贸易赤字的缓解幅度平均是 0.7%。从总体上看，尽管不同时间失衡改善的势头有快慢之分，但到目前为止中国结构性外部失衡相比危机前已有明显改善，美国改善则相对较弱一些。

中国经常账户结构性改善来自多种因素作用。其中，最为突出的因素体现在两个方面。首先，全球经济尤其是发达经济体潜在产出增速相比危机前明显放缓是中国经常账户失衡相对规模下降的重要原因。IMF 的估计结果显示，2000—2007 年美国潜在产出增速平均为 2.9%，而 2009—2012 年平均仅为 1.5%，危机后潜在增速降幅接近 50%。整个发达经济体潜在产出增速从前一时期平均 2.5% 下降到危机后平均 1.3%，降幅也接近 50%。中国出口大幅减速应在很大程度上反映了这一外部的结构性特征。

其次，人民币实际有效汇率继续升值对改善经常账户失衡也是重要的作用因素。根据经验估计结果，实际汇率趋势性上升 1% 将导致我国贸易顺差占 GDP 规模下降 0.14 个百分点。从 2009 年到 2012 年，人民币实际有效汇率升值幅度约为 10%，这意味着贸易盈余占比大约因此而减少 1.4 个百分点。实际有效汇率升值主要源于包括劳动在内的要素价格相对国外更快上升，以及名义汇率相对升值。虽然国内对于汇率调节外部失衡的有效性在实证研究上仍存在一定争议，但从方向上可以认为，如果没有汇率升值，经常账户不平衡应比目前要更大。

第五节　总结

在全球经济再平衡方面，G20 面临一系列的挑战和难题。这其中，如下几个方面需要给予特别关注。

首先是处理再平衡中的保护主义倾向。随着经济失衡现象的持续以及发达经济体遭遇的失业难题，对于经济全球化发展的理解已经出现了不同的声音。一种声音认为全球化有助于经济发展，如世界银行指出在 20 世纪的最后 20 年中，只有那些比较开放的发展中国家获得了比富裕国家更快的发展速度，而较封闭的发展中国家经济发展速度相比富裕国家更为缓慢。另一种声音认为，逆差国国内经济状况不佳和失业高企是全球化造成的结果，并提出应对全球化加以限制和规范。如在 2011 年 8 月 22 日，美国哥伦比亚大学地球研究所所长 Jeffrey Sachs 指出全球化在成为跨国公司和超级富豪的巨大财源的同时，也使得逆差国缺乏技能的就业者深受其害。因此，解决再平衡中的保护主义倾向是 G20 所面临的一大难题。

目前主要发达经济体陷入经济困境，财政政策空间缩小，常规经济政策往往显得无能为力。各种保护主义政策，如贸易保护、汇率干预、资本流动管制等一系列措施已经开始在世界范围内蔓延。德国默克尔总理在2010年首尔峰会前夕、胡锦涛总书记在2011年戛纳峰会均就贸易保护主义发出警告，认为全球经济面临的威胁之一是回到贸易保护主义。在19世纪，李嘉图、米塞斯等经济学家已经证明自由贸易能保证经济活动中的最高效率，任何一种贸易保护主义（无论以何种形式）都必定导致资本和劳动产出的减少，既不利于全球福利增加，也不利于本国经济发展。今天，全球化已经使得各国间的经济联系更加紧密，相互间的经济依存度已大为增强。对于国家发展而言，经济合作主义远比贸易保护主义要更为现实。为避免重蹈20世纪30年代的覆辙①，迫切需要G20这样的全球性多边平台对世界经济发展环境加以建设。G20对再平衡方面的推动以及对自由市场经济的维护将有助于抑制保护主义思潮。

其次，G20需要针对再平衡问题拓展讨论议题。尽管G20目前已经确定出具有系统重要性的7个失衡国家以及具有指导性质的"戛纳行动决议"，但其决议本身并不具有法律效力，还需要失衡国家间的权衡和协调。目前确认的7个失衡国家中既有赤字国也有盈余国，在全球再平衡过程中需要承担更多调整的义务，可以考虑以这些国家为核心成立均衡发展经济理事会。理事会由于成员数量有限，将有助于降低政策协调成本、提高议事和监督效率。在国际货币基金组织、世界贸易组织、联合国贸发会等国际机构的辅助下，均衡发展经济理事会可以为全球经济发展提供相应的公共产品。除了完成全球经济失衡的治理工作外，还包括明确国际经济往来中的行为指南，树立国际经济活动一般规则（以保证国家经济的稳健增长、减轻负的外部性和抵御保护主义），并指导现有国际机构改革以完善针对突发冲击的应急机制。这些工作将为全球经济迈向良性竞争，实现均衡和可持续发展奠定基石。

此外，应进一步拓宽全球经济再平衡的内涵和需求，不仅是单个国家内部需要进行政策的调整改进，在全球层面也需要建设一个更加合理和稳健的国际货币体系，积极维护自由贸易投资金融往来环境。全球经济再平衡并不是意味着更多的束缚，更不是意味着减少国际往来的规模。而是要

---

① 大萧条期间，美国通过《斯穆特－霍利关税法》对2万多种进口产品征收高额关税；1932年英国通过《进口税法案》予以还击，引发全球贸易大战。1931年英国宣布放弃金本位制，大幅贬值；1933年美国也采取同样措施。

通过多边治理甚至全球治理，为各国提供公共产品，为主权国家营造一个更加健康、透明、稳定的国际发展大环境。

最后，从发展趋势的预测和目前的各国经济政策来看，全球经济不平衡在短期内消失的可能性很低。主要原因有二。其一，全球经济不平衡的问题不仅仅是新兴市场国家扭曲型政策的结果，同时也是发达国家经济结构不平衡的外在表现。因此，全球经济不平衡的本质因素是各国本身的经济结构不平衡。然而，经济结构的调整通常是一个缓慢的过程，且并不能轻易成为宏观经济政策首要关注的问题。要完全依靠各国经济政策的协调合作实现全球不平衡并非易事。其二，各国的政策目标通常会将长期结构问题让位于短期波动问题。政策上也不能寄希望于宏观经济政策对全球经济不平衡作出明显而快速的作为。

目前，引发全球经济不平衡的本质性因素仍然存在，包括新兴市场国家的结构性扭曲政策、发达国家的内部结构不平衡、各主要国家经济周期的不对称性、金融市场的全球不平衡发展等。在今后一段时期，随着中国汇率制度灵活性不断提高，中国经常账户盈余逐步恢复平衡将对全球经济不平衡的缓解起到主要的作用。而在赤字国一方，主要赤字国美国的经常账户赤字短期内并不会出现根本性改善的趋势。其原因在于，美国美元的国际货币地位和投资储蓄的结构性不平衡将持续，前者将为后者的持续维持提供保障。而对于美国政府来说，也没有完全的理由要求对这种状况作根本性的改变。

除了中国之外，当前主要国家并没有真正致力于改善外部失衡的问题，金融危机之后外部失衡的调整主要还是一些经济自发因素所致。对于美国来说，由于其享有国际货币的地位，其外部失衡的问题并不是政策主要关注的问题。而美国关注国内的量化宽松政策客观上起到了美元贬值的作用，对美国经常账户赤字起到了一定的作用。对于财政赤字而言，在危机爆发后，美国高额的财政赤字也无助于外部失衡的调整。对于日本来说，经常账户盈余是一个长期存在的问题。日本采用"质和量"的宽松货币政策以来日元明显贬值，并不利于缓解外部盈余问题。德国由于处于欧元区内，其汇率制度本身具有特殊性。各种结构性因素对于德国外部盈余的作用并不明显。

以上分析表明，在今后一段时间，尽管新兴市场国家经常账户有可能出现明显改善，但是，发达国家的经常账户不平衡将持续。一种可能的情形是，随着危机影响消退，经济周期不对称因素减弱，发达经济体潜在产出增速在中长期逐步恢复，伴随全球贸易超出经济增速的快速增长，全球再平衡进程出现反复，全球经常账户不平衡再次有所扩大。另一种情形是，国际上也还存在一些不具有可持续性的政策面结构性因素可能在未来消失。譬如金融危机后贸易保护主义上升，产生了压缩全球失衡的效果。当贸易保护主义可能随着各国经济形势变化而逐渐淡出，也将使之前被压制的失衡再次表露出来。

因此，当前我国对于外部失衡大幅缩减的现象，尚不能过于乐观，需认识当前再平衡进程仍具有不稳定性，与诸多外部因素存在紧密关联。国内包括汇率体制、要素价格、社保以及城镇化等领域的政策改革仍亟待抓住时机积极推进，以形成我国内外均衡的良好增长模式。

第 七 章

结论和政策建议

G20 在亚洲金融危机过后诞生，又在 2008 年全球金融危机中兴起，但是 G20 重要性提升主要源于全球化背景下，发达经济体和新兴经济体经济联系日益加深，以及新兴经济体经济实力的上升[①]。G20 涵盖了世界上主要的发达经济体和新兴经济体，但是各国的资源禀赋、经济发展水平和经济特征存在显著的差别，正是这些差异需要有关国家在一个统一的平台下就全球治理相关问题展开讨论，从而实现全球范围内强劲的、可持续的经济增长。虽然随着 G20 影响力逐渐上升，诸如国际政治、气候变化、食品安全和反腐等非经济议题都被纳入 G20 会议议程，但金融稳定、国际货币体系改革、全球再平衡、全球宏观经济政策协调和经济增长等经济金融议题一直是 G20 关注的重要议题。

G20 峰会已经就一些非经济问题展开讨论，但 G20 峰会的主导作用仍然表现在稳定全球金融市场，推动国际金融机构改革，加强全球金融监管和改革国际货币体系四个方面。因此，本项研究将结合中国的实际情况，就 G20 框架下的四个主要议题开展专题研究。这些专题具有战略性、长期性，并且集中体现了中国在全球经济中的地位和作用变化，以及中国在全球治理中的利益诉求。

本书的主要结论如下。

第一，我们认为以美元为主导的国际货币体系加剧了全球金融不稳定，新兴经济体在国际金融规则制定中的作用被低估，未来国际货币体系改革应以实现储备货币多元化，反映新兴市场的重要性为方向；中国应当

---

① 参见金中夏主持（2013）：《基于 G20 视角的我国国际经济金融战略问题研究》，CF40 课题报告，2013 年 9 月。

通过强化 SDR 的作用推动储备货币体系改革，通过人民币地位的提升推动国际货币体系多元化，积极参与 IMF 改革与全球金融监管体系改革，并以加速国内结构性改革来推动外部环境的变革。人民币国际化能让中国获益，也可能严重影响中国的金融稳定，因此，中国资本项目自由化和人民币国际化必须采取一种渐进的模式。中国不断增长的经济规模和贸易量是人民币国际化有利的条件。然而其他条件，例如金融市场的深度和流动性，在现阶段仍不具备。为了创造人民币国际化的条件，中国政府应该鼓励金融市场发挥更加重要的作用。

第二，我们认为加强宏观审慎监管，防范系统性风险，提高银行资本充足率，增强银行的损失吸收能力，建立危机处理机制已经成为国际金融监管改革的基本共识；混业与分业、《巴塞尔协议Ⅲ》实施要求和实施进度，银行税和金融交易税是国际金融监管改革的主要争议；中国应当以金融监管改革促进金融为实体经济服务，通过国际金融监管合作提升中国在全球经济治理中的影响力，妥善权衡金融监管与维护金融竞争力的关系，并提升财政部的金融监管职能。针对国际资本流动管理问题，我们将 52 个样本国家分为新兴市场经济体和发达经济体两个小组，检验了国际资本流动的动因。研究发现，新兴市场经济体各类资本流动的全球推动因素均为全球风险偏好的变化，而发达经济体资本流动的全球推动因素包括美国利率与美国经济增长率；新兴市场经济体与发达经济体面临各种类型资本流动的本国拉动因素既有相同之处，也有不同之处。相同之处在于，本国经济增长率无论对新兴市场经济体而言还是发达经济体而言均是重要的拉动因素。不同之处在于，本国利率是新兴市场经济体短期资本净流动与净资本流动的重要拉动因素，而本国通胀率是发达经济体短期资本流动的重要拉动因素。

第三，我们认为由于当前利率水平处于历史低位，短期内主要发达经济体公共债务利息负担仍然可控；从长期来看，公共债务的可持续性取决于利率和增长率的赛跑；发达经济体已在结构性财政改革方面取得进展，但仍需要继续推进。非传统货币政策退出将对全球市场利率、汇率、资产价格、资本流动等金融变量产生调整压力，由于缺乏经验导致的不确定性将使得调整过程出现超调的可能性增大，这将加剧新兴经济体稳定宏观经济和金融体系的困难。不过，不同类型新兴经济体面临的冲击将存在显著异质性，这将取决于特定国家宏观经济周期状态、市场成熟度以及有关监管政策。如果一国经济宏观经济运行低于其潜在产出，即面临总需求不足的问题，那么资本流出将使得国内需求进一步收缩。如果一国金融市场存在缺陷、市场深度不足，那么由大规模资本流出造成的外部冲击很可能造成宏观经济冲击，如果没有采用针对性的宏观审慎政策及短期资本流动管理的措施，那么该国将被动面临外部环境变化的挑战。

第四，我们认为资源禀赋差异、全球产业格局与生产模式变化、人口年龄结构和收入弹性等基本面因素，国际货币体系与国际金融监管，投资储蓄失衡是全球经济失衡的主要原因。全球贸易增速下滑、结构性调整和经济周期不对称性是全球再平衡进程的推动因素。今后一段时间，尽管新兴市场国家经常账户有可能出现明显改善，但是，发达国家的经常账户不平衡将持续。一种可能的情形是，随着危机影响消退，经济周期不对称因素减弱，发达经济体潜在产出增速在中长期逐步恢复，伴随全球贸易超出经济增速的快速增长，全球再平衡进程出现反复，全球经常账户不平衡再次有所扩大。另外，国际上一些不具有可持续性的政策面结构性因素可能在未来消失。譬如金融危机后贸易保护主义上升，产生了压缩全球失衡的效果。贸易保护主义可能随着各国经济形势变化而逐渐淡出，这将使之前被压制的失衡再次表露出来。因此，目前我国对外部失衡大幅缩减的现象，尚不能过于乐观，需认识到当前再平衡进程仍具有不稳定性，与诸多外部因素存在紧密关联。我国应抓住时机积极推进包括汇率体制、要素价格、社保以及城镇化等领域在内的政策改革，形成内外均衡的良好增长模式。

第五，我们认为中国参与 G20 具有重要的意义。G20 不仅拥有全球经济规模靠前的 19 个国家及欧盟领导人峰会所带来的领导力和影响力，也具备财长与央行行长会的执行能力，副手和工作组会的操作能力，同时还享受来自国际货币基金组织、世界银行、国际清算银行、贸发会、世界贸易组织、国际劳工组织、粮农组织、OECD 等各类国际组织提供的专业信息和咨询服务配套。相比其他全球经济治理平台而言，G20 在危机应对、政策协调、改革规划、领导人督促方面依然具有其自身优势。G20 也是现阶段唯一一个能够做到兼顾议事效率、成效和南北共同利益的全球性大国共治型经济治理平台。G20 不仅有助于实现维护开放稳定外部经济环境的诉求，也助推中国国内经济改革。因此，一直以来中国对 G20 的合作持积极态度。经过数年的争取，2016 年中国即将接棒成为 G20 峰会主席国。

　　借助 G20 平台，中国预期实现如下目标。首先，保障全球商品与服务市场的开放性和稳定性。过去 20 年中，中国经济的腾飞离不开外部市场的扩张。根据世界贸易组织秘书处的统计，2013 年中国已经成长成为全球第一货物贸易大国。同时服务贸易也保持着较高的发展速度，2013 年中国的服务贸易进出口总额高达 5396.4 亿美元，较上年增长 14.7%。未来，对于开放型经济的中国而言，维护一个开放的国际市场环境将有利于保持中国的经济发展态势。中国在贸易、投资领域的全球（如 WTO）、多边（如金砖合作等）、区域（如亚洲的 RCEP、亚太的 FTAAP 等）乃至双边合作（如中美 BIT 等）均是实现这一目标的主要手段。其次，实现国际金融体系的稳健性与公平性。与其他新兴经济体类似，中国的金融市场目前还落后于西方发达国家，更容易受到国际金融危机的影响。在该利益诉求下，中国积极推动各级各类货币互换网、外汇储备库、金融安全网、金融监管等各种金融稳定方式的建设。此外，由于人民币还不是主流国际货币，中国不仅需要加强金融影响力建设，还需要防范由此带来的各种金融风险。截至 2014 年 6 月底，我国外汇储备高达 3.99 万亿美元，居世界首位。中国巨额外汇储备面临至少三个方面的风险：货币政策的独立性风险、美元贬值风险、外汇储备投资风险。在此背景下，中国不仅积极推动对现有国际金融机构如世界银行、IMF 的改革，而且努力通过构建新的国际金融机构，推动人民币国际化进程，以积极培育中国在货币和金融领域的全球话语权与影响力。最后，保障大宗商品的可获取性和供应的稳定性。随着中国经济的快速发展，中国对于能源、矿产品、粮食等的需求和消耗快速增加。如何以公平、合理的价格获得国际资源以应对国内需求的巨大缺口将成为未来 10 年中国需要解决的重要国际经济问题。具体来看，中国参与 G20 的意义包括如下几个方面。

　　首先，G20 的治理目标与中国对外部经济环境建设的需求基本一致。G20 已经在应对国际金融危机、维护金融市场稳定、推动世界经济稳定、可持续、平衡发展等方面取得了良好的合作治理效果。巩固全球经济增长、维持全球经济环境的有序性不仅是 G20 的核心目标，也是中国经济发展现实需求。中国的经验证明，稳定的外部经济发展环境、有序的经济活动秩序、有竞争力的国民生产能力是开放型国家经济发展的重要推动力。长期以来，中国遵循互利共赢的国际经济合作理念，既保障了经济合作的持续性，也逐步实现了国家间共同富裕的目标。G20 不仅成为推广中国经济治理理念的最佳平台，也为保障未来中国经济持续发展提供了机制化保障。

其次，中国亦将 G20 对话框架视为协调发达经济体和新兴经济体经济发展立场的重要平台。过去作为重要的南方国家代表，中国一直将推动南南合作视为己任。新兴经济体所代表的南方国家参与全球经济治理，保障了治理规则的多元性。世界原本是多元、多维的，理解世界的观念也是如此，有组织的沟通与协商有助于融合不同观念并引导世界经济的多样性发展。此外，随着中国经济的崛起，中国对于经济规则与秩序的偏好开始发生变化，逐渐向着北方国家的方向靠近。例如根据联合国贸发会2015年公布的数据，2014 年中国取代美国成为吸引外商直接投资最多的国家，同时中国的对外直接投资首次超过对内直接投资。近年来的这些变化，也使得中国更加需要一个集合了南北国家的全球经济治理平台，以中和两方对于全球经济治理的不同需求。

最后，G20 合作成为助推中国国内经济治理转型的重要动力源泉。全球治理与国家治理相辅相成、相互促进。中国国内治理本身就具有全球治理的价值和意义，其在全球治理中的角色相当程度上取决于国内治理。一方面，作为世界上最大的发展中国家，中国能将占世界五分之一人口的国家经济治理好本身就是对全球经济的巨大贡献。另一方面，中国还可以把国内经济治理的成功经验输出给世界，为其他国家提供经济治理的借鉴与参考。中国共产党的十八大报告指出，全球治理机制正在发生深刻变革，这是中国官方对于全球治理问题的最新理论概括和战略判断，此举表明中国正在成为全球治理的重要参与者和治理机制变革的重要推动者。十八届三中全会关于全面深化改革的决定中关键的一条是，到 2020 年完善国家治理体系和能力的建设。这一战略目标既为中国提高自身治理能力和深入参与全球治理指明了方向，也提出了更高的要求。

总之，G20 能否真正成长为全球经济治理的主导机制，还要根据其在以下三个领域的表现决定：一是中美两个大国是否能够妥善解决政治互信、携手共建全球经济秩序；二是 G20 国家间能否求同存异，在博弈与妥协中找到平衡；三是 G20 能否通过内部机制化建设，提高合作成效和实施监督能力。在参与 G20 的合作过程中，中国也收获了在全球经济治理中的影响力和向心力。凭借理性务实的观念和成功的经济实践，中国将会继续在促进全球经济增长、国际金融架构改革、反对贸易保护主义、促进全球发展等问题上与其他国家一道努力，共同促进世界经济的稳定与发展。中国有必要也有能力来引导和建设 G20，使其向着长期治理与短期问题兼顾的协调发展方向前进。

参考文献

（一）中文文献

1. 本杰明·科恩（1971）：《货币地理学》，中译本：代先强译，西南财经大学出版社 1999 年版。

2. 曹永福：《美国经济：复苏渐趋巩固，失衡有所回归》，《全球宏观季度报告：2012 年第 1 季度》，中国社会科学院世界经济与政治研究所外部经济环境监测报告，2012 年 4 月 10 日。

3. 陈平、王雪：《人民币国际化视角下汇率政策的思考》，《广东社会科学》，2012 年第 4 期。

4. 崔志楠、邢悦：《从"G7 时代"到"G20 时代"——国际金融治理机制的变迁》，《世界经济与政治》，2011 年第 1 期。

5. 冯孝忠：《人民币国际化四点隐忧》，《苹果日报》，2010 年 11 月 18 日。

6. 高海红：《金融全球化持续发展的表现和影响》，《经济全球化与世界经济发展趋势》，余永定、李向阳编，社会科学文献出版社 2002 年版。

7. 高海红：《全球流动性风险和对策》，《国际经济评论》，2012 年第 2 期。

8. 格林斯潘：《金融危机的发展趋势》，《格林斯潘在纽约经济学家俱乐部发表的演讲》，《中国金融》，2009 年第 5 期。

9. 何东、马骏：《评对人民币国际化的几个误解》，《中国经济观察》（博源基金会），2011 年第 7 期。

10. 何东、麦考利：《本国货币的离岸市场：货币和金融稳定问题》，载于博源基金会编：《人民币国际化：缘起与发展》，社会科学文献出版社 2011 年版。

11. 何帆、张斌、张明、徐奇渊和郑联盛：《香港离岸人民币金融市场的现状、前景、问题与风险》，《国际经济评论》，2011 年第 3 期。

12. 黄海洲：《人民币国际化：新的改革开放推进器》，《国际经济评论》，2010 年第 4 期。

13. 黄薇：《拿什么来拯救走在钢丝绳上的国家们》，《中国经济》，2010 年第 6 期。

14. 金灿荣：《G20 的缘起与前景》，《现代国际关系》，2009 年第 11 期。

15. 金德尔伯格：《疯狂、惊恐和崩溃：金融危机史》（中译本，第四版），中国金融出版社 2007 年版。

16. 金中夏和李良松：《二十国集团成员国利益关系研究——基于经济和金融角度》，《国际金融研究》，2014 年第 5 期。

17. 李波、伍戈、裴诚：《升值预期与跨境贸易人民币结算：结算货币选择视角的经验研究》，《世界经济》，2013 年第 1 期。

18. 李春顶：《G20 主要经济体的结构改革路径分析与比较》，《经济社会体制比较》，2013 年第 6 期。

19. 李稻葵、刘霖林：《双轨制推进人民币国际化》，《中国金融》，2008 年第 10 期。

20. 李杰豪、张心雨：《轮金融危机背景下全球经济治理的完善与发展——从八国集团到二十国集团》，《湖南科技大学学报》，2011 年第 3 期。

21. 马骏：《人民币离岸市场发展对境内货币和金融的影响》，载于《人民币国际化：缘起与发展》，博源基金会编，社会科学文献出版社 2011 年版。

22. 麦克威廉姆斯：《政府债务管理：新趋势与挑战》，中译本，译者：张伟、余亮等，中国金融出版社 2006 年版。

23. 努特·韦林克：《金融监管安排：危机中的教训》，《中国金融》，2009 年第 5 期。

24. 潘英丽、吴君：《体现国家核心利益的人民币国际化推进路径》，《国际经济评论》，2012 年第 3 期。

25. 特里芬（1960）：《黄金与美元危机——自由兑换的未来》，中译本，译者：陈尚霖和雷达，商务印书馆 1997 年版。

26. 托马斯·G. 怀斯：《治理、善治与全球治理：理念和现实的挑战》，

《第三世界季刊》，2000 年第 5 期。

27. 王信：《如何看人民币国际化过程中的问题与收益》，中国金融 40 人论坛，2011 年 7 月 26 日。

28. 吴海英、徐奇渊：《中国出口真实规模的估计》，中国社科院世经政所 CEEM（世界经济预测与政策模拟实验室）讨论稿，2014 年 4 月 25 日。

29. 夏斌和陈道富：《国际货币体系失衡下的中国汇率政策》，《经济研究》，2006 年第 2 期。

30. 休谟（1752）：《休谟经济论文选》，中译本，译者：陈玮，商务印书馆 1984 年版。

31. 徐奇渊：《金融体制改革的认识和分歧：问卷调查报告》，中国社会科学院国际金融研究中心政策评论，2013 年第 032 号。

32. 徐奇渊、何帆：《人民币国际化对国内宏观经济的影响——基于人民币跨境结算渠道的分析》，《广东社会科学》，2012 年第 7 期。

33. 徐奇渊、李婧：《国际分工体系视角的货币国际化：美元和日元的典型事实》，《世界经济》，2008 年第 2 期。

34. 徐奇渊、刘力臻：《人民币国际化进程中的汇率问题研究》，中国金融出版社 2009 年版。

35. 徐奇渊、杨盼盼：《人民币国际化，苦练内功不可少》，《人民日报》，2014 年 7 月 10 日第 23 版。

36. 杨小凯：《分工与专业化——文献综述》，载汤敏、茅于轼主编：《现代经济学前沿第三集》，商务印书馆 1999 年版。

37. 殷剑峰：《人民币国际化：贸易结算 + 离岸市场，还是资本输出 + 跨国企业？——以日元国际化的教训为例》，《国际经济评论》，2011 年第 4 期。

38. 英瓦尔·卡尔松、什里达特·兰法尔主编（1995）：《天涯成比邻——全球治理委员会的报告》，赵仲强、李正凌译，中国对外翻译出版公司。

39. 余永定（2011）：《人民币国际化路径再思考》，中国社会科学院国际金融研究中心，Policy Brief No. 2011.056。

40. 余永定（2011a）：《应暂停出台人民币国际化新政策》，《第一财经日报》，2011 年 12 月 15 日。

41. 余永定：《从当前的人民币汇率波动看人民币国际化》，《国际经济评论》，2012 年第 1 期。

42. 詹姆斯·N. 罗西瑙：《没有政府的治理》，张胜军、刘小林译，江西人民出版社 2001 年版。

43. 张斌（2011）：《人民币国际化：颠倒的次序》，中国社会科学院国际金融研究中心，Policy Brief No. 2011. 036。

44. 张斌（2011a）：《中国对外金融的政策排序——基于国家对外资产负债表的分析》，《国际经济评论》，2011 年第 2 期。

45. 张斌（2011b）：《香港离岸人民币市场发展的困惑》，中国社会科学院国际金融研究中心政策评论，No. 2011. 069。

46. 张斌和徐奇渊：《汇率与资本项目管制下的人民币国际化》，《国际经济评论》，2012 年第 4 期。

47. 张海冰：《二十国集团机制化的趋势及影响》，《世界经济研究》，2010 年第 9 期。

48. 张海冰：《二十国集团机制化的趋势及影响》，《世界经济研究》，2010 年第 9 期

49. 张礼卿：《资本账户应渐进、有选择开放》，《中国外汇》，2012 年第 9 期。

50. 张明：《人民币国际化：基于在岸与离岸的两种视角》，中国社会科学院国际金融研究中心，Working Paper，No. 2011W09。

51. 张明：《人民币汇率已经达到均衡水平了吗?》，中国社会科学院国际金融研究中心，RCIF Policy Brief No. 2012. 023。

52. 张明：《强势美元对全球经济影响几何?》，《人民日报》，2015 年 2 月 4 日 22 版。

53. 张明和郑英：《透视新一轮资本管制浪潮》，《中国金融》，2011 年第 9 期。

54. 张宇燕和张静春：《货币的性质与人民币的未来选择——兼论亚洲货币合作》，《当代亚太》，2008 年第 4 期。

55. 赵瑾：《G20：新机制、新议题与中国的主张和行动》，《国际经济评论》，2010 年第 5 期。

56. 中国人民银行调查统计司课题组：《我国加速开放资本账户开放条件基本成熟》，《中国证券报》，2012 年 2 月 23 日。

（二）英文文献

57. Acharya, Viralet al. "Measuring Systemic Risk", FRB of Cleveland Working Paper No. 2010 – 10 – 02.

58. Ades, A. and H. B. Chua (1993), "Regional Instability and Economic Growth: Thy Neighbor's Curse", Economic Growth Center, Yale University, CenterDiscussion Paper No. 704.

59. Aizenman, J. and Marion, N. P. (2003), "The High Demand for International Reserves in the Far East: What's Going On?" Journal of the Japanese and International Economies, 17, 370 – 400.

60. Aizenman, J., and Pasricha, G. K. (2009), "Selective Swap Arrangements and the Global Financial Crisis: Analysis and Interpretation". International Review of Economics & Finance, 19 (3): 353 – 365.

61. Aizenman, J., Jinjarak, Y., Park, D. (2010), "International Reserves and Swap Lines: Substitutes or Complements?" International Review of Economics & Finance, 20 (1): 5 – 18.

62. Alex Cukierman (2011), "Reflections on the Crisis and on its Lessons for Regulatory Reform and for Central Bank Policies", Journal of Financial Stability, Volume 7, Issue 1, pp. 26 – 37.

63. Allen, F. and D. Gale (2000), "Financial Contagion." Journal of Political Economy 108 (1): 1 – 33.

64. Alpanda, Sami, Gino Cateau and Cesaire Meh (2014), "A policy model to analyze macroprudential regulations and monetary policy", BIS working Paper No. 461, 2014.

65. Andabaka B. A., and ? valjek, S. (2012), "Public Debt Management before, during and after the Crisis", Financial Theory and Practice, 36 (1), 73 – 100.

66. Angelini, Paolo, Stefano Neri and Fabio Panetta (2012), "Monetary and Macroprudentioal Policies", ECB Working Paper No. 1449.

67. Angkinand, A., Barth, J. R. and Kim, H. (2010), "Spillover Effects from the US Financial Crisis: Some Time-series Evidence from National Stock Returns", in Gup, B. E. (Ed.), The Financial and Economic Crises: An International Perspective, Edward Elgar, Chelten-

ham, pp. 24 – 52.

68. Arellano, M. , and Bond, S. (1991), "Some Tests of Specification for Panel Data: Monte Carlo Evidence and an Application to Employment E-quations", The Review of Economic Studies, 58 (2), 277 – 297.

69. Arellano, M. , and Bover, O. (1995), "Another Look at the Instrumental Variable Estimation of Error-components Models", Journal of Econometrics, 68 (1), 29 – 51.

70. Arellano, Manuel and Bond, Stephen (1991), "Some Tests of Specification for Panel Data: Monte Carlo Evidence and an Application to Employment Equations", Review of Economic Studies, Vol. 58, No. 2, pp. 277 – 297.

71. Arellano, Manuel and Bover, Olympia (1995), "Another Look at the Instrumental Variables Estimation of Error components Models", Journal of Econometrics, Vol. 68, No. 1, pp. 29 – 51.

72. Arin, K. P. and F. Koray, et al. (2006), "International Transmission of Fiscal Shocks an Empirical Investigation", LSU Department of Economics Working Paper Series (2006 – 03) .

73. Aschauer, D. A. (2000), "Public Capital and Economic Growth: Issues of Quantity, Finance, and Efficiency", Economic Development and Cultural Change, 48 (2), 391 – 406.

74. Backus, D. and P. J. Kehoe, et al. (1993), "International Business Cycles: Theory and Evidence", National Bureau of Economic Research.

75. Baek, I. (2006), "Portfolio Investment Flows to Asia and Latin America: Pull, Push or Market Sentiment?" Journal of Asian Economics, 2006, 17, pp. 363 – 373.

76. Baig, T. and I. Goldfajn (2001), "The Russian Default and the Contagion to Brazil", in Claessens, S. and K. J. Forbes (Eds), International Financial Contagion, Kluwer Academic, Norwell, MA: 267 – 99.

77. Balakrishnan, Ravi, TamimBayoumi and VolodymyrTulin (2009), "Rhyme or Reason: What Explains the Easy Financing of the U. S. Current Account Deficit?" IMF Staff Papers 56 (2), pages 410 – 445, June.

78. Banerjee, Ryan N. and Hitoshi Mio (2011), "The Impact of Liquidity

Regulation on Banks", BIS working paper, NO. 470, 2011.

79. Barro, R. J. (1974), "Are Government Bonds Net Wealth?" The Journal of Political Economy, 1095 – 1117.

80. Barro, R. J. (1989), "The Neoclassical Approach to Fiscal Policy", Modern Business Cycle Theory: 178 – 235.

81. Barroso, Joao Barata R. B. , Luiz A. Pereira da Silva, and Adriana Soares Sales (2013), "Quantitative Easing and Related Capital Flows into Brazil: Measuring its Effects and Transmission Channels Through a Rigorous Counterfactual Evaluation", Working Papers Series 313, Central Bank of Brazil, ResearchDepartment.

82. Batten, Dallas S. , and Mack Ott (1985), "The Interrelationship of Monetary Policies under Floating Exchange Rates: A Note", Journal of Money, Credit and Banking 17 (1): 103 – 10, 1985.

83. Baumeister, C. and Benati, L. (2010), "Unconventional Monetary Policy and the Great Recession-Estimating the Impact of a Compression in the Yield Spread at the Zero Lower Bound", Working Paper Series No. 1258, European Central Bank.

84. Baur, D. G. and R. A. Fry (2009), "Multivariate Contagion and Interdependence. " Journal of Asian Economics 20 (4): 353 – 366.

85. Baxter, M. and A. C. Stockman (1989), "Business Cycles and the Exchange – rate Regime: Some International Evidence. " Journal of Monetary Economics 23 (3): 377 – 400.

86. Baxter, M. and M. J. Crucini (1993), "Explaining Saving-investment Correlations. " The American Economic Review 83 (3): 416 – 436.

87. Bayoumi T. and Eichengreen B (1994), "One Money or Many? Analysing the Prospects for Monetary Unification in Various Parts of the World", Princeton Studies in International Economics, No. 76.

88. Benassy – Quere, Agnès and Damien Capelle (2011), "On the Inclusion of the Chinese Renminbi in the SDR Basket", CEPII, WP No 2011 – 19.

89. Bergin, P. R. and R. C. Feenstra (1999), "Pricing to Market, Staggered Contracts, and Real Exchange Rate Persistence. " NBER Working Paper, No. 7026.

90. Bergsten, C F (2007), "Objections Do not Invalidate Substitution Account Benefits", Financial Times, 28 December.

91. Bernanke, B. (1995), "The Macroeconomics of the Great Depression: A Comparative Approach". Journal of Money, Credit and Banking, Vol. 27, No. 1 1995.

92. Bernanke, B. (2005), "The Global Saving glut and the U. S. Current Account", remarks at the Sandridge Lecture, Virginia Association of Economics, Richmond, VA, March 10.

93. Bernanke, B. (2009), "The Crisis and the Policy Response", Stamp Lecture, London School of Economics, London, England.

94. Betts, C. and M. B. Devereux (2000), "Exchange Rate Dynamics in a Model of Pricing-to-market." Journal of International Economics 50 (1): 215 – 244.

95. BIS (2010), Triennial Central Bank Survey (2010), "Foreign Exchange and Derivatives Market Activity", September.

96. BIS (2012), "82nd BIS Annual Report 2011/2012", http: // www. bis. org/publ/arpdf/ar2012e. htm.

97. BIS (2013), "83rd BIS Annual Report 2012/2013", http: // www. bis. org/publ/arpdf/ar2013e. htm.

98. Blanchard, O. and Milesi-Ferretti, G. M. (2009), "Global Imbalances: In Midstream?" IMF Staff Paper SPN/09/29.

99. Blanchard, O., Giavazzi, F. and Sa, F. (2005), "The US Current Account and the Dollar", CEPR Discussion Papers 4888.

100. Blanchard, O., Giovanni Dell' Ariccia, and Paolo Mauro (2010), "Rethinking Macroeconomic Policy", IMF Staff Position Note.

101. Blundell, R., & Bond, S. (2000), "GMM Estimation with Persistent Panel Data: An Application to Production Functions", Econometric Reviews, 19 (3), 321 – 340.

102. Blundell, Richard; Bond, Steve and Windmeijer, Frank (2000), "Estimation in Dynamic Panel Data Models: Improving on the Performance of the Standard GMM Estimator", IFS Working Papers WP00/12, Institute for Fiscal Studies.

103. Bordo (1975), "John E. Cairnes on the Effects of the Australian Gold Discoveries, 1851 – 73: An Early Application of the Methodology of Positive Economics", History of Political Economy 7 (3): 337 – 359.

104. Bordo, M. (1986), "Financial Crises, Banking crises, Stock Market Crashes and the Money Supply: Some International Evidence, 1870 – 1933" in Financial Crises and the World Banking System, Ed. by F. Capie and G. Wood. London, The Macmillan Press: 190 – 248.

105. Bordo, M. D. and E. U. Choudhri, et al. (1987), "Money Growth Variability and Money Supply Interdependence under Interest Rate Control: Some Evidence For Canada", NBER Working Paper, No. 1480.

106. Borio, C. and P. Disyatat (2010), "Unconventional Monetary Policies: an Appraisal", The Manchester School, University of Manchester, 78: 53 – 89.

107. Boyer, B. H. and M. S. Gibson, et al. (1997), "Pitfalls in Tests for Changes in Correlations", International Finance Discussion Papers No. 597, Board of Governors of the Federal Reserve System.

108. Branson, W. H. (1975), "Monetarist and Keynesian Models of the Transmission of Inflation", The American Economic Review, 115 – 119.

109. Brei, Michael and Leonardo Gambacorta (2014), "The Leverage Ratio over the Cycle", BIS working paper, NO. 471.

110. Brenner, Robert (2010), "The Consequences of Dependence on Asset Price Bubbles", Rethinking Capitalism Conference, University Center, UC Santa Cruz, April 8.

111. Brittain, B. (1981), "International Currency Substitution and the Apparent Instability of Velocity in Some Western European Economies and in the United States". Journal of Money, Credit and Banking: 135 – 155, 1981.

112. Brownlees, Christian and Robert Engle (2012), "Volatility, Correlation and Tails for Systemic Risk Measurement", SSRN Working Paper.

113. Burdekin, Richard C. K. (1989), "International Transmission of US Macroeconomic Policy and the Inflation Record of Western Europe", Journal of International Money and Finance 8 (3): 401 – 423.

114. Calvo, G. A. and E. G. Mendoza (2000). "Rational Contagion and the Globalization of Securities Markets." Journal of International Economics 51 (1): 79 – 113.

115. Calvo, S. and C. Reinhart (1996), "Capital Flows to Latin America: Is There Evidence of Contagion Effects?", Policy Research Working Paper Series No. 1619, the World Bank.

116. Caruana, J., Lay, K. and Leipziger, D. (2007), "Strengthening Debt Management Practices—Lessons from Country Experiences and Issues Going Forward", Background Paper Prepared by the Staff of the IMF and the World Bank, March 27.

117. Caruana, Jaime (2010), "The Challenge of Taking Macroprudential Decisions: Who will Press Which Button", 13th Annual International Banking Conference.

118. Cecioni, M., G. Ferrero and A. Secchi (2011), "Unconventional Monetary Policy in Theory and in Practice", Occasional Papers No. 102, Bank of Italy.

119. Chinn, M. D., Eichengreen, B., and Ito, H. (2011), "A forensic Analysis on Global Imbalances", NBER Working Paper 17513, National Bureau of Economic Research, Cambridge, MA.

120. Chinn, Menzie and Jeffrey Frankel (2007), "a chapter in G7 Current Account Imbalances: Sustainability and Adjustment", National Bureau of Economic Research, pp. 283 – 338.

121. Choudhri, E. U. and L. A. Kochin (1980), "The Exchange Rate and the International Transmission of Business Cycle Disturbances: Some Evidence from the Great Depression", Journal of Money, Credit and Banking, 12 (November): 565 – 574.

122. Chudik, A. and R. Straub (2011), "Size, Openness, and Macroeconomic Interdependence", Federal Reserve Bank of Dallas Globalization and Monetary Policy Institute Working Paper No. 103.

123. Chuhan, P. Claessens, S. and Mamingi, N. (1998), "Equity and Bond Flows to Latin America and Asia: the Role of Global and Country Factors", Journal of Development Economics, 1998, 55,

pp. 439 – 463.

124. Chuhan, Punam; Claessens, Constantijn A. and Mamingi, Nlandu. (1993), "Equity and Bond Flows to Asia and Latin America: the Role of Global and Country Factors", World Bank Policy Research Working Paper, No. 1160.

125. Coeuré, B. (2012), "Challenges to the Single Monetary Policy and the ECB's Response", Speech at the Institut d' études Politiques, Paris, 20.

126. Connolly, R. A. and F. A. Wang (2003), "International Equity Market Comovements: Economic Fundamentals or Contagion?" Pacific-Basin Finance Journal 11 (1): 23 –43.

127. Cook, D. and M. B. Devereux (2006), "External Currency Pricing and the East Asian Crisis", Journal of International Economics 69 (1): 37 – 63.

128. Cooper, R. (2009), "Necessary Reform? The IMF and International Financial Architecture", Harvard International Review, Vol. 30, No. 4, pp. 52 – 55.

129. Cooper, R. N. (1985), "Economic Interdependence and Coordination ofEconomic Policies", Handbook of international economics 2: 1195 – 1234.

130. Cooper, R. N. (2008), "Globalization, demography, and sustainability", Journal of Economic Perspectives, 22 (3): 93 – 112.

131. Cooper, Richard N (1986), "Dealing with the Trade Deficit in a Floating Rate System", Brookings Papers on Economic Activity, vol. 1, pp. 195 – 207.

132. Corsetti, G. and M. Pericoli, et al. (2005), "Some Contagion, Some Interdependence: More pitfalls in Tests of Financial Contagion", Journal of International Money and Finance 24 (8): 1177 – 1199.

133. Corsetti, G. and P. Pesenti (2001), "Welfare and Macroeconomic Interdependence", The Quarterly Journal of Economics 116 (2): 421 – 445.

134. Costello, D. (1991), "Trade in Intermediate Goods and International Business Cycles", University of Florida, manuscript.

135. Cuadro – Sáez, Lucía & Fratzscher, Marcel & Thimann, Christian (2009), "The Transmission of Emerging Market Shocks to Global Equity Markets", Journal of Empirical Finance 16 (1): 2 – 17.

136. Curdia, V. and Woodford, M (2011). "The Central – bank Balance Sheet as an Instrument of Policy", Journal of Monetary Economics, vol. 58, pp. 54 – 79.

137. Currie, D. and D. Vines (1995), "North – South Linkages and International Macroeconomic Policy", London: CEPR and Cambridge University Press.

138. D' Amico, S. and King, T. B. (2010), "Flow and stock effects of large-scale treasury purchases", Finance and Economics Discussion Series No. 2010 – 52.

139. Darby, M. R., and J. R. Lothian (1989), "The International Transmission of Inflation Afloat", in "Money, History and International Finance: Essays in Honor of Anna F. Schawartz", edited by M. D. Bordo. Chicago: University of Chicago Press.

140. Darby, Michael R.; Lothian, James R.; et al. (1984), "The International Transmission of Inflation", Chicago: University of Chicago Press.

141. Dedola, L. and G. Lombardo (2012). "Financial Frictions, Financial Integration and the International Propagation of Shocks", Economic Policy 27 (70): 319 – 359.

142. Devereux, M. B. and J. Yetman (2010), "Leverage Constraints and theInternational Transmission of Shocks", Journal of Money, Credit and Banking 42: 71 – 105.

143. Dierckx, S. A. C. H. A. (2011), "The IMF and Capital Controls: Towards Post Neoliberalism?", In 6th ECPR General Conference, 25 – 27.

144. Dornbusch, R. (1976), "Exchange Rate Expectations and Monetary Policy", Journal of International Economics 6 (3): 231 – 244.

145. Dornbusch, R. and Y. C. Park, et al. (2000), "Contagion: Understanding How It Spreads", World Bank Research Observer 15 (2): 177 – 197.

146. Eggertsson, G. and Woodford, M. (2003), "The Zero Bound on Interest Rates and Optimal Monetary Policy", Brookings Papers on Economic Activity, vol. 1, pp. 139 – 211.

147. Ehrmann, M. and M. Fratzscher, et al. (2005), "Stocks, Bonds, Money Markets and Exchange Rates: Measuring International Financial Transmission", NBER Working Paper No. 11166.

148. Eichengreen B (2009), "The Dollar Dilemma", Foreign Affairs, 88 (5), Sep/Oct, 2009.

149. Eichengreen, B. and A. K. Rose, et al. (1995), "Exchange Market Mayhem: the Antecedents and Aftermath of Speculative Attacks." Economic policy: 249 – 312.

150. Eichengreen, B. and A. Rose, et al. (1996), "Contagious Currency Crises: First Tests." Scandinavian Journal of Economics 98 (4): 463 – 84.

151. Elmendorf, D. W., and Mankiw, N. G. (1999), "Government Debt", Handbook of macroeconomics, 1, 1615 – 1669.

152. Engle, R. F. and Susmel, R. (1993), "Common Volatility in International Equity Markets", Journal of Business and Economic Statistics, 11, 167 – 176.

153. Eric J. Pan (2010), "Challenge of International Cooperation and Institutional Design in Financial Supervision: Beyond Transgovernmental Networks", Chicago Journal of International Law, Vol. 11, pp. 243 – 284.

154. Eusepi, S., and Preston, B. (2010), "Debt, Policy Uncertainty and Expectations Stabilization", CAMA Working Paper Series 20.

155. Evans, P. (1986), "Is the dollar high because of large budget deficits?" Journalof Monetary Economics 18 (3): 227 – 249.

156. Fan, G. (2006), "Currency Asymmetry, Global Imbalance, and Rethinking again of International Currency System", Global Imbalance, and Rethinking Again of International Currency System, June.

157. Feldstein, M. (1995), "The Effect of Marginal Tax Rates on Taxable Income: A Panel Study of the 1986 Tax Reform Act", Journal of Political Economy, 551 – 572.

158. Feldstein, Martin (2010), "U. S. Growth in the Decade Ahead, NBER Working Paper", No. 15685.

159. Fernandez – Arias, E. (1996), "The New Wave of Private Capital Inflows: Push or Pull? Journal of Development Economics", 1996, 48, pp. 389 – 418.

160. Fernandez – Arias, Eduardo (1996), "The New Wave of Private Capital Inflows: Push or Pull", Journal of Development Economics, Vol. 38, No. 2, pp. 389 – 418.

161. Fischer, S. (1987), "International Macroeconomic Policy Coordination", NBER Working Paper 2244.

162. Fisher, Irving (1935), "Are Booms and Depressions Transmitted Internationally through Monetary Standards?" In Journal of Money, Credit and Banking 35 (1): 60 – 90.

163. Fleming, J. M. (1962), "Domestic Financial Policies under Fixed and under Floating Exchange Rates", Staff Papers – International Monetary Fund: 369 – 380.

164. Forbes, K. and Warnock, F. (2011), "Capital Flow Waves: Surges, Stops, Flight, and Retrenchment", NBER Working Paper No. 17351.

165. Forbes, K. J. and M. D. Chinn (2004), "A Decomposition of Global Linkages in Financial Markets over Time", The Review of Economics and Statistics 86 (3): 705 – 722.

166. Forbes, K. J. and R. Rigobon (2002), "No contagion, only interdependence: measuring stock market comovements", The Journal of Finance 57 (5): 2223 – 2261.

167. Forbes, K. J. and Rigobon, R. (2001), "Measuring Contagion: Conceptual and Empirical Issues", inClaessens, S. and Forbes, K. J. (Eds), International Financial Contagion, Kluwer Academic, Norwell, MA, pp. 43 – 66.

168. Fratzscher, M (2011), "Capital Flows, Push versus Pull Factors and the Global Financial Crisis", ECB Working Paper Series, No. 1364.

169. Fratzscher, M. and Straub, R. (2009), "Asset Prices and Current Account Fluctuations in G7 Economies", Working Paper No. 1014, Europe-

an Central Bank, Frankfurt.

170. Fratzscher, Marcel (2011), "Capital Flows, Push versus Pull Factors and the Global Financial Crisis", NBER Working Paper, No. 17357, August.

171. Fratzscher, Marcel and Lo Duca, Marco and Straub, Roland (2012), "A Global Monetary Tsunami? On the Spillovers of US Quantitative Easing", http://ssrn. com/abstract = 2164261.

172. FSB (2011a), "Shadow Banking: Scoping the Issues", http:// www. financialstabilityboard. org/publications /r_ 110412a. pdf.

173. FSB (2011b), "Shadow Banking: Strengthening Oversight and Regulation", http://www. financialstabilityboard. org/publications/r_ 111027a. pdf.

174. FSB (2014), "Global ShadowBanking Monitoring Report 2014", FSB annual report.

175. Gao, Haihong and Yu Yongding (2012), "Internationalisation of the Renminbi", BIS paper, No. 61.

176. Garber, Peter (2011), "What Drives CNH Market Equilibrium", Maurice R. Greenberg Centre for Geoeconomic Studies and International Institutions and Global Governance Program, Council on Foreign Relations, November. http://www. cfr. org/china/drives-cnh-market-equilibrium/p26292.

177. Ghosh, Atish R.; Kim, Jun; Qureshi, Mahvash S. and Zalduendo, Juan (2012), "Surges", IMF Working Paper, WP/12/22, January.

178. Godfrey, Brian and Brian Golden (2014), "Measuring Shadow Banking in Ireland using Granular Data", Irving Fisher Conference.

179. Goldberg, L. and C. Tille (2009), "Macroeconomic Interdependence and the International role of the Dollar." Journal of Monetary Economics 56 (7): 990 – 1003.

180. González, A., Ter ? svirta, T., &Dijk, D. V. (2005), "Panel Smooth Transition Regression Models", (No. 604) . SSE/EFI Working Paper Series in Economics and Finance.

181. Goodhart, Charles (2011), "The Basel Committee on Banking Supervision", Cambridge University Press.

182. Goodhart, C. A. E. (1999), "Myths about the Lender of Last Resort", International Finance 2 (3): 339 – 360.

183. Goodhart, Charles (2011), "The Basel Committee on Banking Supervision", Cambridge University Press.

184. Grassman, Sven (1973), "A Fundamental Symmetry in International Payment Patterns", Journal of International Economics, vol. 3, pp. 105 – 116.

185. Greenspan, A. (2005a), "Current Account", remarks at Advancing Enterprise 2005 Conference, London, February 4.

186. Greenspan, A. (2005b), "Mortgage banking", Remarks at American Bankers Association Annual Convention, Palm Desert, CA, September 26.

187. Griffin, John M. ; Nardari, Federico and Stulz, Rene M (2004), "Are Daily Cross – Border Equity Flows Pushed or Pulled?" Review of Economics and Statistics, Vol. 86, No. 3, pp. 642 – 657.

188. Hakkarainen, Pentti (2014), "Shadow Banking – What Kind of Regulation for the (European) Shadow Banking System?", Deputy Governor of the Bank of Finland.

189. Hau, H. (2000), "Exchange Rate Determination: The Role of Factor Price Rigidities and Nontradeables", Journal of International Economics 50 (2): 421 – 447.

190. Hayek, F. A, (1970), "The Denationalization of Money", London: Institute of Economic Affairs, 1970.

191. He, Dong (2011), "RMB Internationalisation", roundtable workshop in HK, HKMA, 23 May.

192. Hernández, L. Mellado, P. and Valdes, R. (2001), "Determinants of Private Capital Flows in the 1970s and 1990s: Is There Evidence of Contagion?" IMF Working Paper WP/01/64.

193. Herndon, T. , Ash, M. , and Pollin, R. (2014), "Does High Public Debt Consistently Stifle Economic Growth? A Critique of Reinhart and Rogoff", Cambridge Journal of Economics, 38 (2), 257 – 279.

194. Higgins, M. (1998), "Demography, National Savings, and Interna-

tional Capital Flows", International Economic Review, 39.

195. Holtz – Eakin, D. , Newey, W. , and Rosen, H. S. (1988), "Estimating Vector Autoregressions with Panel Data", Econometrica, 51, 1371 – 1395.

196. Holtz – Eakin, D. , W. Newey and H. S. Rosen (1988), "Estimating Vector Autoregressionswith Panel Data", Econometrica 56, 1371 – 1396.

197. Hsiao, F. S. T. and M. C. W. Hsiao, et al. (2003), "The Impact of the US Economy on the Asia – Pacific Region: Does it Matter?" Journal of Asian Economics 14 (2): 219 – 241.

198. Huffman, Wallace E. , and James R. Lothian (1984), "The Gold Standard and the Transmission of Business Cycles, 1833 – 1932", In A Retrospective on the Classical Gold Standard, 1821 – 1931: National Bureau of Economic Research, Inc.

199. Hume, D. (1752), "Of the balance of trade", In David Hume: Writings on Economics, ed. Eugene Rotwein, Madison: University of Wisconsin Press, 1970.

200. IMF (2007), "Global Financial Stability Report", April.

201. IMF (2007a), "World Economic Outlook: Spillovers and Cycles in the Global Economy", Washington D. C. IMF.

202. IMF (2010), "Global Financial Stability Report: Sovereigns, Funding, and Systemic Liquidity", October.

203. IMF (2010a), "Global Financial Stability Report", April.

204. IMF (2010b), "The Fund's Role Regarding Cross-Border Capital Flows", prepared by the Strategy, Policy and Review Department, November.

205. IMF (2011a), "World Economic Outlook", April.

206. IMF (2011b), "International Capital Flows: Reliable or Fickle", World Economic Outlook, April.

207. IMF (2011c), "Recent Experiences in Managing Capital Inflows: Cross-Cutting Themes and Possible Framework", February 14.

208. IMF (2011d), "Managing Sovereign Debt and Debt Markets through a Crisis-Practical Insights and Policy Lessons", April 18.

209. IMF （2011e）， "2011 Staff Reports for the G – 20 Mutual Assessment Process （MAP）", http：//www. imf. org/external/np/g20/map2011. htm.

210. IMF （2011f）, "Consolidated Spillover Report：Implications from the A-nalysis of the Systemic – 5". The International Monetary Fund, Washington, DC.

211. IMF （2012）, "2012 Spillover Report", July.

212. IMF （2012a）, "Global Financial Stability Report-The Quest for Lasting Stability", April.

213. IMF （2013）, "Unconventional Monetary Policies：Recent Experiences and Prospects", Board Paper.

214. IMF （2015）, "Acceptances of the Proposed Amendment of the Articles of Agreement on Reform of the Executive Board and Consents to 2010 Quota Increase ", March 4. http：//www. imf. org/external/np/sec/misc/con-sents. htm.

215. IMF and World Bank （2001）, "Guidelines for Public Debt Management", Washington：IMF and World Bank.

216. IMF and World Bank （2003）, "Guidelines for Public Debt Management：Amendment", Washington：IMF and World Bank.

217. IMF-WB （2013）, "Helping Developing Countries Address Public Debt Management Challenges-An IMF World Bank Capacity Building Partnership ", http：//www. imf. org/external/np/pp/eng/2013/030513. pdf, March 5.

218. Jeanne, O. （1998）, "Generating Real Persistent Effects of Monetary Shocks：How Much Nominal Rigidity Do We Really Need?" European E-conomic Review 42 （6）：1009 – 1032.

219. Joyce, J. P. , and Noy, I. （2008）, "The IMF and the Liberalization of Capital Flows", Review of International Economics, 16 （3）, 413 – 430.

220. Joyce, M. , D. Miles, A. Scott and D. Vayanos （2012）, "Quantitative Easing and Unconventional Monetary Policy – An Introduction", The E-conomic Journal, vol. 122 （564）, pp. F271 – 88.

221. Kaminsky, G. L. and C. M. Reinhart （2000）, "On Crises, Contagion,

and Confusion", Journal of International Economics 51 (1): 145 – 168.

222. Kenen, P. B. (2010), "Reforming the Global Reserve Regime: The Role of a Substitution Account", International Finance, Vol. 13, No. 1, pp. 1 – 23.

223. Kenen, Peter B. (1983), "International Money and Macroeconomics", in K. A. Elliott and J. Williamson eds. , World Economics Problems, Institute for International Economics, Washington.

224. Kim, Y. (2000), "Causes of Capital Flows in Developing Countries", Journal of International Money and Finance, 2000, 19, pp. 235 – 253.

225. Kindleberger, C. (1978), " Manias, Panics, and Crashes ", New York Basic.

226. Kindleberger, Charles P. , (1984), "International Propagation of Financial Crisis in the Experience of 1888 – 93", In W. E. Engel et al. eds, International Capital Movements, Debt, and the Monetary System. Mainz: Hase and Koehler Verlag.

227. Kodres, L. E. and M. Pritsker (2002), "A Rational Expectations Model of Financial Contagion", The Journal of Finance 57 (2): 769 – 799.

228. Kollmann, R. and Z. Enders, et al. (2011), "Global banking and international business cycles", European Economic Review 55 (3): 407 – 426.

229. Kose, M. A. and E. S. Prasad, et al. (2003), "How Does Globalization Affect the Synchronization of Business Cycles?" American Economic Review 93 (2): 57 – 62.

230. Kose, M. Ayhan, Christopher Otrok, and Charles Whiteman (2008), "Understanding the Evolution of World Business Cycles", forthcoming, Journal of International Economics.

231. Krichene, Noureddine (2008), " Recent Inflationary Trends in World Commodities Markets", IMF Working Papers 08/130, International Monetary Fund.

232. Krishnamurthy, A. and Vissing – Jorgensen, A. (2011), "The Effects of Quantitative Easing on Interest Rates: Channels and Implications for Policy", Brookings Papers on Economic Activity, vol. 2, pp. 215 –

87, 2011.

233. Krugman (1998), "International Finance Multiplier". Working Paper, Princeton University.

234. Kumar, M. S. and Woo, J. (2010), "Public Debt and Growth", IMF Working Paper No. 10/174, International Monetary Fund.

235. Lane, P. R. (2001), "The New Open Economy Macroeconomics: A Survey", Journal of International Economics 54 (2): 235 – 266.

236. Lane, P., Milesi – Ferretti, G. M. (2011), "External Adjustment and the Global Crisis", IMF Working Paper, WP/11/197.

237. Lastrapes, William D., and FaikKoray (1990), "International Transmission of Aggregate Shocks Under Fixed and Flexible Exchange Rate Regimes: United Kingdom, France, and Germany, 1959 to 1985", Journal of International Money and Finance 9 (4): 402 – 423.

238. Levy – Leboyer, M. (1982), "Central Banking and Foreign Trade: The Anglo – American Cycle in the 1830s. Financial crises, theory, history and policy", C. P. Kindleberger and J. P. Laffargue. Cambridge, Cambridge University Press: 66 – 116.

239. Li, L. and N. Zhang, et al. (2012), "Measuring Macroeconomic and Financial Market Interdependence: A Critical Survey", Journal of Financial Economic Policy 4 (2): 128 – 145.

240. Li, L. Y. (2011), "Deepening Interdependence or Decoupling Hypothesis in east Asia Through Trade Transmission: Empirical Studies Using Dynamic Factor Models and Standard Approaches", Dissertation, Claremont Graduate University.

241. Li. X. (2009), "Path Selection of the Monetary and Financial Cooperation in Eastern Asia under Global Financial Crisis", In Northeast Asia Forum Vol. 5, pp. 000.

242. Mann, C. L. (2005), "Breaking Up is Hard to Do: Global Co – dependency, Collective Action, and the Challenges of Global Adjustment", CESifo Forum.

243. Martin Feldstein (1986), "The Budget Deficit and the Dollar", NBER Working Papers 1898, National Bureau of Economic Research, Inc.

244. Mascaro, A. and A. H. Meltzer (1983), "Long – and Short – term Interest Rates in a Risky World", Journal of Monetary Economics 12 (4): 485 – 518.

245. McCauley, Robert (2011), "Renminbi Internationalization and China's Financial Development Model", for the Council on Foreign Relations/China Development Research Foundation workshop on the Internationalization of the Renminbi, Oct 31 – Nov 1, Beijing.

246. McKinnon, R. I (1979), "Money in International Exchange: The Convertible Currency System", Oxford University Press.

247. McKinnon, R. I. (1982), "Currency Substitution and Instability in the World Dollar Standard", The American Economic Review 72 (3): 320 – 333.

248. Meade, James E. (1951), "The Theory of International Economic Policy: I. The Balance of Payments", London: Oxford University Press.

249. Miles, D. (2011), "Monetary Policy and Financial Fislocation", Royal Economic Society Lecture, . http: //www. bankofengland. co. uk/publications/speeches/2011/speech521. pdf.

250. Miles, M. A. (1978), "Currency Substitution, Flexible Exchange rates, and Monetary Independence", The American Economic Review: 428 – 436.

251. Minford, P. (1985), "The Effects of American Policies – A New Classical Interpretation", In International Economic Policy Coordination, National Bureau of Economic Research: 84 – 138.

252. Minsky, H. (1992), "The financial instability hypothesis", The Jerome Levy Economics Institute Working Paper No. 74.

253. Modigliani, F. (1961), "Long – run Implications of Alternative Fiscal Policies and the Burden of the National Debt", The Economic Journal, 730 – 755.

254. Mody, A, Taylor, M, and Kim, J, (2001), "Modeling Fundamentals for Forecasting Capital Flows to Emerging Markets", International Journal of Finance and Economics, 6, pp. 201 – 216.

255. Morgenstern, O. (1959), "The International Timing of Business Cy-

cles", In International Financial Transactions and Business Cycles, Princeton University Press: 40 – 73.

256. Morsy, Hanan (2009), "Current Account Determinants for Oil – Exporting Countries", IMF Working Papers 09/28, International Monetary Fund.

257. Mundell Robert (1983), "The Case for a Managed International Gold Standard", in Michael Connolly ed., The International Monetary System: Choices for the Future. New York: Praeger, pp. 1 – 19.

258. Mundell, Robert A. (1968), "International Economics", New York: Macmillan.

259. Murase, Tetsuji (2010), "Hong Kong Renminbi Offshore Market and Risks to Chinese Economy", Newsletter No. 40, Institute for International Monetary Affairs.

260. Mussa, M. (1979), "Macroeconomic Interdependence and the Exchange Rate Regime", In R. Dornbusch and J. A. Frenkeleds International Economic Policy, pp. 160 – 204. The Johns Hopkins Press.

261. Mussa, M. (1986), "Nominal Exchange Rate Regimes and the Behavior of Real Exchange Rates: Evidence and Implications", Carnegie – Rochester Conf. Ser. Public Pol., 25: 117 – 213.

262. Neely, C. (2012), "The Large – scale Asset Purchases Had Large International Effects", Federal Reserve Bank of St. Louis Working Paper No. 2010 – 018A.

263. Nelson R. M. (2013), "The G 20 and International Economic Cooperation: Background and Implications for Congress", http://www.fas.org/sgp/crs/row/R40977.pdf.

264. Obstfeld, M. (2012a), "Financial Flows, Financial Crises, and Global Imbalances", Journal of International Money and Finance, Vol. 31, No. 3, pp. 469 – 80.

265. Obstfeld, M. (2012b), "Does the Current Account Still Matter?", American Economic Review, Vol. 102, No. 3, pp. 1 – 23.

266. Obstfeld, M. and K. Rogoff (1995), "Exchange Rate Dynamics Redux", Journal of Political Economy 103 (3): 624 – 60.

267. Ocampo, J. A. (2009), "Latin America and the Global Financial Crisis", Cambridge Journal of Economics, 33 (4), 703 – 724.

268. Ocampo, J. A. (2010a), "Reforming the Global Reserve System", in Stephany Griffith – Jones, José Antonio Ocampo and Joseph E. Stiglitz (eds). "Time for a Visible Hand: Lessons from the 2008 World Financial Crisis," Oxford University Press, New York, Chapter 16.

269. Ocampo, J. A. (2010b), "Why should the Global Reserve System be Reformed?" Briefing Paper 1, Friedrich Ebert Stiftung, January.

270. Ostry J D, Ghosh A. R, Habermeier K, et al. Capital Inflows (2010), "The Role of Controls", Revista de Economia Institucional, 12 (23): 135 – 164.

271. Oudiz, G. and J. Sachs (1984), "International Policy Coordination in Dynamic Macroeconomic Models", NBER Working Paper, No. 1417.

272. Page, S. A. B, (1977), "Currency of Invoicing in Merchandise Trade", National Institute Economic Review, Vol. 81, pp. 77 – 81.

273. Pain, N. and Wakelin, K. (1997), "Export Performance and the Role of Foreign Direct Investment", The Manchester School Supplement, 66.

274. Palais – Royal Initiative (2011), "Reform of the International Monetary System: A Cooperative Approach for the Twenty – first Century", Global Journal of Emerging Market Economies, 3 (2), 185 – 193.

275. Pan, Eric J. (2010), "Challenge of International Cooperation and Institutional Design in Financial Supervision: Beyond Transgovernmental Networks", Chicago Journal of International Law, Vol. 11, pp. 243 – 284.

276. Pericoli, M. and M. Sbracia (2003), "A Primer on Financial Contagion", Journal of Economic Surveys 17 (4): 571 – 608.

277. Psalida, L. and Sun, T. (2011), "Does G – 4 Liquidity Spill Over?" IMF Working paper WP/11/237.

278. RCIF (2012), "人民币国际化争论辨析", RCIF Policy Brief No. 2011. 050。

279. Reinhart C M, and Rogoff K S (2010), "Growth in a Time of Debt (Digest Summary)", American Economic Review, 100 (2), pp. 573 – 578.

280. Reinhart, C. and Montiel, P. (2001), "The Dynamics of Capital Movements to Emerging Economies during the 1990s", MPRA Paper No. 7577.

281. Reinhart, Carmen M. and Reinhart, Vincent R. (2008), "Capital Inflow Bonanzas: An Encompassing View of the Past and Present", NBER Working Paper, No. 14321, September.

282. Rodrik D. (2010), "Diagnosticsbefore Prescription", The Journal of Economic Perspectives, 24 (3): 33 – 44.

283. Romer, D. (1996), "Advanced Macroeconomics", McGraw – Hill, New York.

284. Romer, D. (2006), "Do Firms Maximize? Evidence from Professional Football", Journal of Political Economy, 114 (2), 340 – 365.

285. Rose, Andrew K (1991), "Expected and Predicted Realignments: The FF/DM Exchange Rate During the EMS", C. E. P. R. Discussion Papers 552.

286. Schclarek, A. (2004), "Debt and Economic Growth in Developing and Industrial Countries", Lund University Department of Economics Working Paper, No. 34.

287. Schoenmaker, Dirk (2012), "Banking Supervision and Resolution: The European Dimension", DSF Policy Paper, No. 1.

288. Stephen, Carse and Wood Geoffrey (1981), "The Choice of Invoicing Currency in Merchandise Trade", National Institute Economic Review, vol. 98, pp. 60 – 72.

289. Stiglitz, J. E., Greenwald, B. (2010), "Towards a New Global reserve System", Journal of Globalization and Development", 1 (2): 1 – 24.

290. Stockman, A. C. and L. E. O. Svensson (1987), "Capital Flows, Investment, and Exchange Rates", NBER Working Paper No. 1598.

291. Stockman, A. C. and L. L. Tesar (1991), "Tastes and Technology in a Two – country Model of the Business Cycle: Explaining International Co – movements", Federal Reserve Bank of Cleveland Working Paper No. 9019.

292. Stockman, Alan C. (1993), "International Transmission under Bretton Woods", In "A Retrospective on the Bretton Woods System: Lessons for International Monetary Reform", edited by M. D. Bordo and B. Eichengreen. Chicago: University of Chicago Press.

293. Suh, Hyunduk (2011), "Evaluating Macroprudential Policy with Financial Friction DSGE Model", Indiana University.

294. Sula, Ozan& Willett, Thomas D. (2009), "The Reversibility of Different Types of Capital Flows to Emerging Markets", Emerging Markets Review 10 (4): 296 – 310, December.

295. Summers, L. H. (2004), "The US Current Account Deficit and the Global Economy", The Per Jacobsson Lecture, Washington D. C.

296. Sun, Yi (2011), "Structural Change, Savings and Current Account Balance", International Review of Economics & Finance 20 (1): 82 – 94.

297. Svensson, L. E. O. (1985), "Currency Prices, Terms of Trade, and Interest Rates: A General Equilibrium Asset – pricing Cash – in – advance Approach", Journal of International Economics 18 (1 – 2): 17 – 41.

298. Svensson, L. E. O. and S. van Wijnbergen (1989), "Excess Capacity, Monopolistic Competition, and International Transmission of Monetary Disturbances", Economic Journal 99 (397): 785 – 805.

299. Swoboda, Alexander (1969), "Vehicle Currencies and the Foreign Exchange Market: the Case of the Dollar", in Robert Z. Aliber eds., "The International Market for Foreign Exchange", Praeger Publishers, New York.

300. Tavlas, G. S. (1991), "On the International Use of Currencies: the Case of the Deutsche Mark", Princeton Studies in International Economics, International Economics Section, Department of Economics Princeton University.

301. Taylor, Mark P. and Sarno, Lucio (1997), "Capital Flows to Developing Countries: Long – and Short – Term Determinants", World Bank Economic Review, , Vol. 11, No. 3, pp. 451 – 470.

302. The White House (2012), "Economic Report of The President", United

States Government Printing Office, Washington.

303. Truman, Edwin M. (2015), "What Next for the IMF?" Peterson Institute for International Economics, Public Brief 15 - 1. http: //iie. com/publications/pb/pb15 - 1. pdf.

304. UNCTAD (2011), "Global Imbalances and External Sustainability", UNCTAD contribution to the G20 Mutual Assessment Process (MAP), January.

305. Van Wijnbergen, S. and R. Dornbusch, et al. (1985), "Interdependence Revisited: A Developing Countries Perspective on Macroeconomic Management and Trade Policy in the Industrial World", Economic Policy: 82 - 137.

306. Vinals, Jose, Jonathan Fiechter With Aditya Narain, Jennifer Elliott, Ian Tower, Pierluigi Bologna, and Michael Hsu (2010), "The Making of Good Supervision: Learning to Say No", IMF Staff Position Note.

307. Vines, D. and D. A. Currie (1995), "North - South linkages and international macroeconomic policy", New York, Cambridge University Press.

308. Wang, Qing (2011), "RMB Internationalization", Roundtable workshop in HK, HKMA, 23 May.

309. Wheeler, G. (2004), "Sound Practice in Government Debt Management", World Bank Publications.

310. White, William R. (2012), "Ultra Easy Monetary Policy and the Law of Unintended Consequences", Working Paper No. 126. Federal Reserve Bank of Dallas, Globalization and Monetary Policy Institute. http: //www. dallasfed. org/assets/documents/institute/wpapers/2012/0126. pdf.

311. Willet, T. D. Liang, P. and Zhang, N. (2010), "The Slow Spread Of The Global Crisis. " Journal of International Commerce, Economics and Policy (JICEP) 1 (01): 33 - 58.

312. Willett, T. D. and E. Nitithanprapas, et al. (2004), "The Asian Crises Reexamined. " Asian Economic Papers 3 (3): 32 - 87.

313. Williams, Eric. C (1968), "Restrictions on the Forward Exchange Market: Implications of the Gold - Exchange Standard", The Journal of Fi-

nance, vol. 23, pp. 899 – 900.

314. Williamson, J. (2010), "The Future of the Reserve System, Journal of Globalization and Development", 1 (2): 1 – 15.

315. Woodford, M. (1990), "Public Debt as Private Liquidity", The American Economic Review, 80 (2), 382 – 388.

316. Woodford, M. (1995), "Price – level Determinacy without Control of a Monetary Aggregate", Carnegie – Rochester Conference Series on Public Policy Vol. 43, 1 – 46, North – Holland.

317. Woodford, M. (2003), "Interest and Prices: Foundations of a Theory of Monetary Policy", Princeton NJ: PrincetonUniversity Press.

318. Wright, J. (2012), "What Does Monetary Policy Do at the Zero Lower Bound?", The Economic Journal, vol. 122 (564), pp. F447 – 66.

319. Wyplosz, C. (2011), "Debt Sustainability Assessment: Mission Impossible". Review of Economics and Institutions, 2 (3), 37.

320. Yellen, J. L. (2013), "Challenges Confronting Monetary Policy", In Speech at the 2013 National Association for Business Economics Policy Conference, Washington, DC, March Vol. 4.

321. Yeyati, Eduardo Levy and Williams, Tomas (2011), "Financial Globalization in Emerging Economies: much ado About Nothing?" Policy Research Working Paper Series 5624, World Bank.

322. Young, Allyn (1928), "Increasing Returns and Economic Progress", The Economic Journal, vol. 152, pp: 527 – 542.

323. Yu, Yongding (2010), "Will US fiscal Deficits Undermine the Role of the Dollar as Global Reserve Currency? If So, Should US Fiscal Policy Be geared to Preserving the International Role of the Dollar?", Edited by Jeffrey D. Sachs, Masahiro Kawai, Jong – Wha Lee, and Wing Thye Woo "The Future Global Reserve System— An Asian Perspective", Asia Development Bank.

324. Yu, Yongding (2012), "Revisiting the Internationalization of the Yuan", ADBI working paper 366.

325. Yuan, K. (2005), "Asymmetric Price Movements and Borrowing Constraints: A Rational Expectations Equilibrium Model of Crises, Conta-

gion, and Confusion", Journal of Finance 60 (1): 379 – 411.

326. Zhang, N. (2011), "Equity market linkages between the US and Asia: evidences on decoupling debates in the recent financial crisis", paper presented at the 86th Western Economics Association International Conference, San Diego, CA, 29 June – 3 July.